究極の鍛錬

ジョフ・コルヴァン　米田 隆 訳

サンマーク出版

はじめに――『新版　究極の鍛錬』に寄せて

「あなたが人生で実現したいもっとも重要なことは何だろうか？　それが何であろうと、想像を絶するほど群を抜いた業績は誰でも手に入る」

これが本書のメッセージだ。しかし、この本が初めて世に出た2008年当時、ほとんどの人はこのようなメッセージを、あまり役に立たない、ちょっとやる気を起こさせるものとしか思わなかった。特定のごく狭い分野の研究グループの人間以外は、もっとも厳密な意味でこのことが実際に真実であることを知らなかったし、それが人を凡庸から成功へ導くものであることも知りはしなかった。その道は長く、困難ではあったが、明白だった。もっとも驚くべきことに、その道は広い分野において、多くの人々に利用可能だったのである。

「できること、できないことは不可思議な天賦の才能の有無によって決まるのではない」ということを研究が示していた。「天賦の才能など存在しない」ということを示唆する研究さえある。その代わり、研究者たちが「究極の鍛錬」と呼ぶ、よく練られた一連の訓練法が、私たち自身の達成レベルをほぼ左右していることが示された。成功への過程は本来我々が自分でコントロールできるのだ。

２００８年当時、このことを知る一般人は皆無に等しかった。もしフォーチュン誌が２００６年に並外れたパフォーマンスについての記事を書くように私に依頼していなかったら、私自身も知らなかったかもしれない。そのとき私は、人間のパフォーマンスの実態に関する見逃されていた科学的研究の宝庫を発見した。そして、それが我々の人生を形づくる核心として強く信じているものと画然と食い違っていることに気づいたのである。だからこそ私はこの本を書かなければならないと思ったのだ。

本の反響を見るかぎり、日常の鍛錬を通じ、研究のメッセージがある程度正しいことを感覚的に非常に多くの人々が理解していたものの調査結果を見るまでは、その方法や理由を自分自身で明確に言語化することができなかった。しかし、ひとたび本書でその研究を読んで理解すれば、人々は夢中になった。すでに究極の鍛錬の原則が骨の髄まで染み込んでいると私が思っていたアスリートやコーチ、音楽家でさえも、この本を活用しようとした。ある分野で以前はその原則を見下していたビジネスパーソンでさえ、この本を新事実のように受け止めた。とりわけ強烈だったのは、世界中の親たちが自分の子どもたちにはぜひこのメッセージを聞かせたいと言ったことだ。

その後、多くの本や記事がこの研究を取り上げた。洞察に満ちたものもあれば、不完全で誤解を招くものさえもあった。その発信元がどこであれ、今日このテーマに関する科学的研究と、その本質的なメッセージに気づいた人の数は本書の発刊前に比べはるかに増えている。このような「究極の鍛錬」に関する認識レベルの高まりを考慮し、本書のメッセージに対するいくつかの誤解に対処し、研究をアップデートするために改訂する時期に来たと判断した。


世間に「究極の鍛錬」の基本的なメッセージを伝える必要は今も変わらない。今日、何百万人もの人々が本書のメッセージを受け入れ、褒め称えてくれているが、さらに何百万人もの人々がまだこのメッセージを疑っている。こうした人々の「天賦の才能が大事だ」という信念や「自分には才能がない」という悲劇的な思い込みは依然、変わっていないように思われる。

こうした人々は本書のメッセージをまだわかろうとしない。世の中の人が信じている才能の果たす役割は限定的なのだ。こうした才能というものが仮に存在したとしてても、その才能だけで人が自動的に偉大になるわけではない。よりよいパフォーマンスや偉大ささえも、選択的努力の賜物だということが研究を通じ圧倒的に証明されている。私たちがこれまで考えていた以上に高いパフォーマンスを実現する能力は「究極の鍛錬」を行う私たち自身の手に委ねられているのだ。多くの人が本書によって「究極の鍛錬」の方法を理解し、人生において究極のパフォーマンスを手にすることを祈っている。

ジョフ・コルヴァン

新版　究極の鍛錬　目次

第1章　世界的な業績を上げる人たちの謎

第2章　才能は過大評価されている

第3章 頭はよくなければならないのか

第4章 世界的な偉業を生み出す要因とは？

第5章 何が究極の鍛錬で何がそうではないのか

第6章 究極の鍛錬はどのように作用するのか

第7章 究極の鍛錬を日常に応用する

第8章 究極の鍛錬をビジネスに応用する

第9章 革命的なアイデアを生み出す

第10章 年齢と究極の鍛錬

第11章 情熱はどこからやってくるのか

装幀　野副さつき
編集協力　株式会社ぷれす
本文デザイン　荒井雅美（トモエキコウ）
ＤＴＰ　天龍社

第1章

世界的な業績を上げる人たちの謎

偉大な業績を上げることは以前より
いっそう価値あるものになっている。
だが、そのためにどうすればよいのだろうか？

成功する人はどこが違うのか

１９７８年半ば、シンシナティにあるプロクター・アンド・ギャンブル（以下Ｐ＆Ｇ）の巨大な本社の一室に、大学を卒業したばかりの22歳の二人の男性がいる。そんな様子を頭に浮かべてみてほしい。

彼らへの課題はアメリカの製粉会社ダンカン・ハインズ製のホットケーキ粉、ブラウニーミックスの販売促進を考えることだった。二人は同社の厳格なルールに従い何回もメモを推敲（すいこう）していた。二人は見るからに優秀で、実際一人はハーバード、もう一人はダートマスというアメリカでも有数の大学を卒業したばかりだった。しかし、Ｐ＆Ｇの同期の中では、そうした学歴もとくに際立つものではなかった。Ｐ＆Ｇが毎年採用する若いやり手の社員たちとの違いは、野心の強さではなかった。特定のキャリアプランやキャリアゴールでもなかった。いや、実際彼らは午後にはいつも丸めた紙とゴミ箱でバスケットボールごっこに興じたものだ。のちに当時のことを振り返って、彼らのうちの一人はこう語っている。

「我々はもっとも成功しそうもない二人だとみなされていた」

この二人の若者をここで取り上げた理由はたった一つ、一人はジェフリー・イメルトであり、もう一人はスティーブン・アンソニー・バルマーだからだ。50歳になる前に、二人は世界でももっとも重要な企業であるゼネラル・エレクトリック（GE）とマイクロソフトのCEOにそれぞれ就任し、企業社会の頂点を極めている。良識のある人が彼らの新入社員時代の様子を見ていたとしても、おそらく誰も二人の今日の成功を想像できなかっただろう。

これを聞けば、ではいったいどうやって彼らが今日の地位を手に入れたのかと、誰もが問いたくなるだろう。

それは生まれつきの「才能」だったのか？

もしそうならば、22歳になっても片鱗（へんりん）を見せることのなかった不思議な才能ということになる。

それでは「知能」なのか。彼らはたしかに優秀だ。しかし同期や他の多くの優秀な者たちと比べ、際立って優秀であったという証拠はない。とてつもない努力をしたのだろうか。もちろん、ある程度まではそうした努力はしただろう。

しかし、何らかの理由があったからこそ、彼らはビジネス界最高のポジションまで上り詰めることができたはずだ。そして、その理由はおそらくもっとも大きな謎なのである。それがわかればイメルトやバルマーの例に当てはめられるだけではなく、我々のまわりの人間や我々自身にも応用することができる。

もしその特定の何かが我々の常識を超えたものであれば、いったいそれは何なのだろうか。

群を抜いた業績は誰にでも手に入る

友人、親戚、同僚、あるいはお店やパーティで出会う人々を見てみよう。我々はどのように日々を過ごしているだろうか。多くは働き、スポーツ、音楽、趣味、ボランティア活動など、その他数々の活動に携わっている。我々は自ら取り組んでいることをどれだけうまく行っているだろうか。

ここで自分に正直に問いかけてみてほしい。

たいていの場合、問題なくやっているると答えるかもしれない。続けられる程度にはこなしているからだ。仕事でも解雇されてはいない。むしろ、おそらく何度も昇進しているだろう。そしてスポーツやその他の趣味についても同様で、楽しめる程度の腕前はある。しかし、取り組んでいる事柄で真に「偉大な業績」（国際的に評価されるような驚異的な高い基準で）を上げている人たちは、例外にすぎないだろう。

彼らはなぜ偉大な業績を上げられないのだろうか。実業家であればジャック・ウェルチやアンディ・グローブ、ゴルファーでいえばタイガー・ウッズ、バイオリニストではヤッシャ・ハイフェッツのようにどうしてなれないのか。結局のところ、周囲のほとんどの人は、おそらく、そこそこに善良で誠実であり、勤勉に取り組んでもいる。なかには20年、30年、40年という長い期間にわたって取り組んできた人たちもいるはずだ。なのに、なぜこうした努力にもかかわらず、彼らは偉業を達成できないのか。その理由ははっきりしない。実際、偉業を達成したり、その域に近づいたりした者さえほとんどなく、いたとしてもほんの一握りにすぎないというのが厳しい現実の姿だ。

この謎はあまりにも当たり前のことのようにみえるので、謎であることにさえ気がついていない。にもかかわらず、この謎は、我々の組織、そして人生が成功するか失敗するかということや信じている理念が正しいのか間違っているのか、という点で決定的に重要なことなのである。このことをいくつかの事例を取り上げて、もっともらしく説明することは可能だ。たとえば、「趣味や遊びには、仕事ほど真剣に取り組んでいないからだ」と説明することはできる。しかし、仕事はどうだろう。我々は仕事のために何年にもわたり教育を受け、起きている時間のほとんどをそのために捧げているではないか。仕事より重要で、優先順位が高いとふだんは考えている家族との時間も、実際仕事につぎ込んだ時間と比較するとその差にたいていの人々は困惑することだろう。実は、優先順位が仕事にあるということが歴然と証明されてしまうからだ。それだけ時間を費やしたにもかかわらず、そこそこの仕事しかできていない自分を見せつけられることになる。

実態はこれよりももっとひどい。多くの研究成果から、ほとんどの人が何年たっても、自分の分野で傑出した成果を上げていないだけでなく、習いはじめの水準から抜け出せないことが判明している。会計監査に従事して何年も実務経験を積んだ会計士の能力は、企業の粉飾発見の訓練を受けたばかりの新人会計士の能力とあまり差がないという調査結果が出ている。

ある一流の研究者は、臨床心理学者が人格障害を判断するのに、その経験年数とスキルの間には相関関係がないと結論づけている。手術の後どれぐらいの期間入院するかを予想する能力も、ベテラン外科医と見習い医師との間にほとんど差はない。株式ブローカーであれば推奨すべき株の銘柄の選択、保護観察官であれば累犯の予想、大学の入学審査官では入学願書の評価能力などにも、それぞれの研究結果から**経験豊かな人と経験が少ない人との能力には格別差がないことが明らかになってきた。決定的に重要だとみなされている数々の専門領域におけるスキルと経験には、相関関係がないのだ。**

・多くの人は何年たっても成果を上げていない

ごく最近行われた実業家の調査研究でも同様のことが検証されている。フランスのＩＮＳＥＡＤビジネススクールとアメリカ海軍大学院の研究者は、**こうした現象を「経験の罠（わな）」と呼んでいる。企業は通常、経験のある管理者を高く評価するが、厳格な調査を通じ、押しなべて「経験のあるマネージャーは高いパフォーマンスを行ってはいない」という重大な事実が明らかになっている。**

また、少なくともいくつかの分野ではもっと奇妙な現象すら現れている。**経験を積むことでむしろ能力が低下することがあるのだ。**経験を積んだ医師のほうが経験の浅い医師に比べ、医学知識が少ないというたしかなデータすらある。内科医も同様に、時間の経過とともに心音聴診やレントゲンに基づく診断能力が低下してくる。会計監査人もある種の評価業務においては時間とともにその能力が低下する。

こうした研究成果をみていてやっかいなのは、「偉大な業績」に関する謎は深まるばかりで、解決をみないことだ。なぜある種の人だけが素晴らしい業績を上げるのかという問いに対し、多くの人間がその答えだと考えるものが二つある。一つは「努力」だ。人はたいてい懸命に頑張ることができれば、著しい上達を示す。だから私たちは子どもたちに、何事においても頑張ればうまくなるものだと言う。これはこれとして正しいことではあり、その結果、子どもは他の子どもたち同様に遜色なく物事ができ、問題なく仲間に受け入れられるようにはなる。しかし、けっしてずば抜けて物事ができるようになるわけではない。単に長時間をつぎ込んだとしても、誰もがみなめざす分野で達人になれないことは科学的研究でも明らかになっている。

つまり、単に「努力すればよい」という一番目の直感的回答は、ずば抜けた能力の謎への適切な回答とはなりえない。

二番目は「才能」だ。卓越した能力を説明する際、直感的に思いつく「才能」という言葉は、一番目の努力とはまったく逆である。しかし、一番目の「努力」を信じることを否定するものではない。二番目に「才能」という言葉が思い浮かぶことを理解するには、少なくとも2600年前の古代ギリシャのホメロスの時代まで遡る必要がある。

「霊感を受けた吟遊詩人を呼びなさい」
「デモドカスよ、神は盲目と引き換えにその甘美なる声を汝に与えた」

これはあの『オデュッセイア』から多く引用されるものの一つであり、また、神から賜った幾多の才能の持ち主への『イリアス』からの引用の一つである。古代ギリシャの時代から、人間は多くの重要な事柄（たとえば天体はどのように動き、病気はどのように発生するのか）について大きく見方を変えてきた。しかし、特定の人がなぜ特定分野で驚異的な能力を発揮するのかについては、その見方を変えていない。ホメロスがかつて考えたようにデモドカスが素晴らしい曲をつくり、吟じえるのは神から与えられた才能をもってこの世に生を受けたからだと考えているからだ。このことに関し、現代人は古代ギリシャ人と同じ言葉をただ翻訳だけして今でも使っている。

ホメロスのように、偉大な業績を上げる人々は神からの啓示を受け、神によって息吹を与えられた者と依然みなしている。その偉大さの理由を誰も説明できないので、誰かから与えられた能力の持ち主であるとみられているのだ。

さらに、才能のある人は若いうちから自分の才能に目覚める幸運も手にしていると信じている。こうした偉大な業績を生み出す人の説明は、努力すればよいとする説明とは矛盾する一方、我々の頭の中にしっかりと根を張っているため、ある意味で我々を満足させる説明となる。それは、何百億ドルもの売上がある企業の戦略を立案したり、チャイコフスキーのバイオリン協奏曲を演奏したり、ゴルフボールを330ヤード飛ばしたりするなどどうやっても我々ができないような偉業を、何の苦もなくやり遂げてしまうことを説明してくれるからだ。

この「天賦の才」説は、同時になぜ偉業を成し遂げる人の数がこれほど少ないかも説明し、また神から与えられた才能はおそらくは偶然に授けられたものではないことも説明してくれる。

自分自身の能力について、こうした説明を受けることはやや憂鬱ではあるが、自分がこの程度なのもしかたがないと受け入れさせてくれる。天賦の才を持ち合わせる人は100万人に一人であり、そのチャンスに恵まれたかそうでないかのいずれかでしかないからだ。持ち合わせていないなら（もちろん我々のほとんどが持ち合わせていないのだが）、偉大な業績を手にすることなど金輪際すっかり忘れるべきなのだ。

普通の人はほとんどの場合、「偉大な業績」の謎についてあれこれ考えることもなく、謎とはみなしていない。自分なりにいくつかの説明方法があり、最初の「努力」という説明が明らかに間違っているならば、二番目の「才能」こそ信ずべきものであるという考えに至る。二番目の説明でもっとも素晴らしい点は、偉業について悩むことから我々を解放してくれるところだ。もし何かの分野で生まれながらの才能をもっているなら、とっくに気づいているはずだ。しかし、そんな才能は持ち合わせていないのだから、他のことに心を砕くべきなのだ。だが実のところは、この説明はやっかいなことにも間違っているのである（しかし、本当は我々にとってやっかいなことではなく、むしろ朗報なのだ）。偉大な業績は、これまで考えられてきたよりもずっと我々の手の届く範囲にあるのだ。

偉大な業績に関する新しい発見

他の知識と同様に、「偉大な業績」に関する知識も過去数十年間で大いに進歩している。

科学者たちは１５０年ほど前から盛んにこのことに目を向けはじめたが、もっとも重要なのは、過去40年間に蓄積された研究の山である。本書が最初に出版されたとき、その研究は一部の学者以外にはほとんど知られておらず、偉大なパフォーマンスに関するほとんどの人の信念はホメロスと同じだった。研究結果は驚くほど明確で、明らかに重要だった。ただ、それが人々の頭の中に入っていなかっただけなのだ。

偉大なパフォーマンスの現実に対する関心は、その後爆発的に高まった。この関心の高まりは、本や論文の雪崩現象を引き起こし、その中には正確で役に立つものもあれば、かなり誤解を招くものもあり、新たな研究の二次的な雪崩現象を促した。全体として、これらの新しい研究は、基礎研究の主要な発見を圧倒的に支持している。

いくつかの研究は、この研究（そして本書）の大局的な論文を反証しようとしている。それらについていえるのは、メディアの注目を集めることに成功したということくらいで、それが第一の目的と思われるケースもある。しかし、よくみてみると、これらの研究のほとんどは、後述するように、基礎研究が行っていない主張を「論破」

したり、著者が導き出した結論を裏づけているわけではないデータの誤りを「暴く」ものであったりするのである。

さらに重要なことは、議論が科学雑誌の枠を超え、議論のない現実の世界へと移行していることである。すぐれたパフォーマンスに関する新たな発見は、世界中の人々の新しいスキルの習得方法に革命をもたらしている。ビデオゲームをする、絵を描く、拳銃を（ホルスターから）抜く、株取引をする、患者の静脈に針を刺す、ソフトウエアのプログラムを書く、物語を書く、何かを売る、アメリカ手話を学ぶ、数学を教える、写真を撮る、心理療法を行う、さまざまなスポーツを行う、さまざまな楽器を演奏する、などなど。多くの場合、パフォーマンスの向上は、以前に達成されたどんな進歩よりも劇的に大きい。一般の人々は、研究者たちの発見がとてつもなく有効であることを自ら発見しているのである。

さまざまな分野を対象に、高い業績を上げる達人たちの研究が行われてきた。そうした研究対象には経営、チェス、水泳、外科手術、飛行機の操縦、バイオリンの演奏、営業、小説の執筆ならびにその他多くの分野が含まれている。これら何百もの調査研究の結果は、いずれも偉大な業績に関し一般の人が思い込んでいる事柄と真っ向から矛盾する内容なのである。具体的にいえば、次のようになる。

高業績を上げる達人たちがもっている才能は、我々が思っているようなものではないのだ。天賦の才というものがたとえ存在したとしても、彼らの業績を説明するにはけっして十分なものではない。生まれつきの能力というものは単にフィクションにすぎないと主張する研究者もいる。つまり、あなたは生まれながらにして優秀なクラリネット演奏者や車のセールスパーソン、債券トレーダーや脳外科医ではないのだ。なぜなら、誰も生まれながらにそうした才能をもってはいないからだ。

そして、こうした見方を必ずしもすべての研究者がしているわけではない。しかし、才能論者は自分たちが実証できると信じている生まれつきの「才能」というものが、「偉大な業績」をもたらすために重要な役割を果たしていることを説明しようとすると、それがどんなに難しいことかを痛感するのだ。

・達人を達人たらしめているのは「究極の鍛錬」

生まれつきの特殊な分野の能力だけではなく、我々が達人ならもっていると思っている一般的な能力についてさえも、事実は我々が考えていることとは違っている。チェス、音楽、ビジネス、医学など多くの専門分野で「偉大な業績」を達成している人に接すると、この人たちはみな「まばゆいほどの知能」と「ものすごい記憶力」をもっていると思い込んでしまう。もちろんなかにはそうした人もいるが、多くはそうではない。たとえば、国際的に活躍するチェスの名手の中にはＩＱが通常の人よりも低い人さえいる。こうした人を特別な存在にしていることが何であるにせよ、一般的な意味での能力に依存しているわけではない。**達人たちの一般的能力は驚くほど平均的なのだ。**

「偉大な業績」の大部分の要因を説明するように思えるものは、研究者が「deliberate practice」（本書では以下、「究極の鍛錬」と訳すこととする）と呼ぶものだ。何が究極の鍛錬なのかは結果として大変重要になってくる。しかし、それはたいていの人が仕事で行っているものではないことは明らかだ。だからこそこのことを明らかにすれば職場での「偉大な業績」に関する謎も解明してくれる。

我々のまわりで何十年にもわたって懸命に働いている人が、なぜ「偉大な業績」を上げられないのかその謎の解明をしてくれる。究極の鍛錬はまた、ゴルフ、オーボエの演奏やその他の趣味で鍛錬を積んでいると思っている方法とも根本的に違う。**究極の鍛錬は苦しくつらい。しかし効果がある。究極の鍛錬を積めば、パフォーマンスが**

高まり、死ぬほど繰り返せば偉業につながる。究極の鍛錬について多くを語る必要があるが、ここではカギとなるいくつかのポイントについて述べることにとどめたい。

・「究極の鍛錬」のポイント

究極の鍛錬は重要概念であり、それですべてが説明できると主張すれば、あまりに単純かつ矮小化しすぎることとなる。そして、すぐに次の重要な質問を思い浮かべることができる。

実際にはどんな訓練をする必要があるのか。正確にはどのように行うのか。具体的にどのような技術や能力を手に入れる必要があるのか。

研究の結果、多くの分野で応用できることがすでにわかっている。たとえばバレエと医療診断の両分野や、保険販売、野球といった異なる複数の分野における「偉大な業績」の、共通要素を見つけようとすれば、たしかにくじけそうにはなる。しかし、いくつかの要因がこうした分野だけではなく、それ以外の多くの分野の達人の能力を説明するカギとなっていると思われる。

組織は通常、偉業をもたらす原則を応用することが実に下手だ。企業はこうした原則を企業内でまったく活用しようとはしていない。しかし、大半の企業がこうした状況にあるということは、この原則を理解し、幅広く応用できる企業は大きな飛躍ができることになる。実際にそれを求める企業は増えている。

偉業についての大きな疑問は、究極の鍛錬を実行することの難しさをめぐるものだ。うまくいかない主な要因は、分野を問わず心理的なものだ。たとえば、肉体的な要求がもっとも厳しいスポーツの世界においても同様のことがいえる。どの分野でもあまりに過酷な集中力を求められるので、精神的な消耗が強いられる。研究者が主張するように究極の鍛錬の実行は大変に困難で、たいていの場合、本質的に楽しいものではない。なのに、なぜほとんどの人ができないこうした厳しい究極の鍛錬を、達人は毎日毎日何十年にもわたって続けることができるのだろうか。どこから、そのための情熱が生まれてくるのだろうか。そうあらためて考えると、この質問の意味するところは深い。しかし、その質問への答えは次々と発見されている。

・あらゆる技能が向上しつづけている

新しい観点から偉業を理解すれば、汎用性が高い内容を含んでいるのでその影響力は計り知れない。多くの研究者が広範な分野で偉業に関する研究成果を継続的に検証し、同様の研究結果をみている。

偉業へのこうした新しい見方はようやく市民権をもつようになった。あらゆる分野で偉業への社会ニーズはかつてなく高まっているからだ。**高まる偉業への社会ニーズには多くの理由がある。もっとも顕著な理由は、あらゆる分野で能力の基準自体が向上しているという点があげられる。少し大げさにいうならば、何事においても以前よりもうまくやれるようになってきているということだ。**家庭から始まり、こうした例は至るところに存在している。コンピュータは毎年、少ない金額でより大きな能力を提供している。しかも同じ現象がすべての業界で起こっている。かつてあなたのおとうさん、おかあさんの車はどれくらい長持ちしただろう。5万マイルだったかもしれない。今トヨタの新車は20万マイル走れるといっても、誰も不自然には思わないだろう。車のタイヤについても同様だ。ワールプールの洗濯機は、他のどの有名ブランドの洗濯機よりもより多くの機能をもっている。水も電気も消費量が少なく、5年前と比較すると物価の違いを考えても安い。**世界のあらゆる業界で、経営は高い水準で行われることを求められており、競争に打ち勝つには、継続的に事業運営を改善することが必要となる。だからこそ、偉業のもつ価値は以前よりはるかに重要でかつ必要になってきているのだ。**

個人のあらゆる分野での業績に関しても、同じ傾向がみられるようになっている。たとえばスポーツを考えてみよう。スポーツはそれ自身興味をひく対象であるだけではなく、後に述べるように、スポーツの偉大なる業績からビジネスやその他の分野に関しても多くのことを学ぶことができる。それは単に昔風の、勝つことがすべてだという意味で役に立つといっているわけではない。スポーツの記録は継続的に塗り替えられてはいるが、この間どれほど劇的な進歩がみられたか、何がその理由かについては一般には十分に理解されてはいない。たとえば、百年前のオリンピックの記録を考えてみよう。当時もっとも素晴らしい記録だったものが、今日でみれば、高校生のたいして感心しない記録と大差はない。1908年のオリンピックの男子200メートル走の記録は22・6秒で、**今日の高校生の記録のほうがそれよりも2秒以上速く、これは大変な差といえる。今日の高校生のマラソンのベスト記録は、1908年の同種目でのゴールドメダリストの記録を実に20分も上回っている。**近ごろの子どもは体が大きくなったからこうした記録の更新が可能になったと考えているとしたら、それは大間違いだ。コペンハーゲン大学のニエル・H・セシャ博士たちの研究によれば、走ることにおいて体の大きさはけっして利点ではないことがわかってきた。一ストライドごとに、自分自身の体を持ち上げなければならないからだ。小さければ小さいほどよいと同博士は主張している。

いずれにせよ体の大きさや力の強さが無関係な競技で、常に能力の基準が向上するという同様の現象がみられる。たとえば、高飛び込みで2回転宙返りは1924年のオリンピックまであまりに危険だとみなされていたため事実上禁止されていたが、今日ではたいした難度の技とは思われてはいない。なぜこうした現象が起こるのか、その理由を知ることが重要なのだ。今日のスポーツ選手は、体格が違っているだけではなく、より効率的な訓練を受けているからだ。それは我々が覚えておくべき重要な考え方だ。知的分野においてもその水準は、少なくともスポーツと同様に向上しつづけている。

13世紀イギリスの偉大な研究者で教師でもあったロジャー・ベーコンは、当時理解されていた数学の習得には少なくとも30〜40年かかるだろうと書き残している。今日、彼が13世紀当時に語っていた数学（当時、微積分は発見されていなかった）は、今日何百万人もの高校生たちに教えられているものだ。この事実に誰も驚きはしないが、これがいったい何を意味するか考える必要がある。教えるべき知的材料の中身は同じであり、人間の脳はまったく変わっていない。700年ちょっとでは、人間の知能全般が向上するには十分な時間がないからだ。むしろスポーツ同様、**人間のもっている能力の使い方のレベルが、飛躍的に向上したにすぎないと考えるべきなのだ。**

チャイコフスキーが1878年に「バイオリン協奏曲」を書き終えたとき、当時の著名なバイオリニストだったレオポルト・アウアーに曲の初演を依頼した。アウアーは、楽譜を見て演奏は引き受けられないと断った。その曲を演奏するのは不可能だと思ったからだ。しかし、今日ジュリアード音楽院を卒業するような若手バイオリニストなら、誰でもその曲を演奏することができる。音楽も同じなのだ。人間それ自身が変わっているわけではない。しかし、我々はずっとうまく演奏する方法を身につけただけなのだ。

達人の能力に関する新しい研究では、この傾向が継続していることを示している。そして、すでに水準がとてつもなく高まったようにみえる分野でも向上は続いている。たとえば、チェスの世界大会の研究では最近、19世紀初頭のチェスの世界大会に比べ、今日の競技水準ははるかに向上したと評価されており、高性能のチェスのソフトウエアを使い、かつての勝者は今日の競技者に比べ、多くの戦略的な間違いをしていることを発見している。実際のところ昔の世界チェスチャンピオンの能力は、今日のマスターレベルの少し下の水準とほぼ似通ったものでしかなく、グランドマスターにも及ばないし、とうてい世界チャンピオンレベルの水準ではない。研究者は次のように結論づけている。

「こうした結果は、過去200年間のチェスの競技において劇的に最高水準の知的業績が改善したことをほのめかしている」

この研究でも競技は変わっていないないし、人間の知能が変化するのに十分な時間は経過していない。自分たちのもつ能力の利用方法が大きく変わっただけなのだ。

ビジネスでの業績の水準は過去に比べ過酷なまでに上昇しつづけていることは疑いない。だからこそビジネス分野の達人は、その価値を増しつつあるのだ。ビジネスの達人が価値を増している最大の理由は以下の諸点だ。情報技術が消費者にかつてない力を与え、消費者はこの力を借りてより多くを求めている。オンラインでものを買うようになったため、みなこのことを理解している。買い手は、これまでにないほど多くの情報を入手することができるようになった。今や車の販売企業の仕入れ値を理解するようになっているのだ。誰もがカナダで処方された薬がいくらかを知っており、大学構内の本屋では135ドルで売られている教科書が、イギリスに発注すると70ドルで手に入ることも知っている。そして、消費者が売り手のことを知り節約できる金額は、買い手企業が供給元で実現したコスト削減の金額と比べれば、たいしたものではない。企業戦略コンサルタントのゲイリー・ハメルがよく言うように、顧客の無知が利益の源泉なら、あなたのビジネスは今後困ることになるだろう。

何よりも個人の能力に価値がある

かつてないほど業績を上げなければならないのは、企業ばかりではない。個人としてもこの問題に直面している。経済分野で歴史的変革が起こっているため、進歩しつづけなければならないというプレッシャーがある。

実際に何が起こっているのか理解するには、一歩引いて冷静に考える必要がある。毎日郵便でどれほどのクレジットカードの勧誘を受けるだろう。自分の子どもたちも受けているだろうか。ひょっとすると自分の飼っているペットまで（これは実際に起こっているのだ）勧誘の対象になっているかもしれない。おそらく依頼もしていないのに、自分の名前と住所を刻印した小切手を受け取ることになるかもしれない。おまけにその小切手には手紙が添えてあり、どうぞこれであなたの必要な支払いをしてくださいと強く利用をすすめている。こんなことが起こっているのも、2008年から2009年の金融危機における一時的な凍結の後は世界の金融機関で金余り現象が起こっているからだ。文字どおり、自分たちではどうしていいかわからないくらいの資金量があり、消費者に向かってどうぞ使ってくださいといっているのだ。

こういう状況にあるのは金融機関ばかりではない。あらゆる種類の企業がはるかに必要以上の資金を保有している。アメリカの企業は3兆ドルの預金を保有しており、過去最高の水準になっている。

アメリカ企業は過去最高水準の規模で自社株の買いを実行している。投資家を満足させるだけの余剰資金をうまく活用するアイデアがないからだ。経営陣によるこうした株主還元の動機は、自社株買いや配当を通じ株主還元することで株主自身によるよい余剰資金の運営方法があるかもしれないと判断しているのだ。

・今もっとも必要なのは人的資本

こうした出来事はもっと大きな現象の始まりなのだ。ルネッサンスとともに急激に発達した交易と富の蓄積は20世紀末までおよそ500年間続いているが、この間金融資本はビジネスにとって希少資源だった。金融資本をもちさえすれば、より多くの富を創造することができる。金融資本をもっていなければ、富の創造手段がないことになる。今やこうした金融資本が希少であった時代は終わりを告げた。金融資本があり余る今日の状況というのは、歴史上予想外に生じた変化だ。希少資源は今やお金ではなく人間の能力なのだ。

こうした主張をすると、本当に正しいのか疑問に思うかもしれない。だから、人のほうがお金より希少資源であるという真実を突き止める必要がある。幸いなことに、証拠は簡単に見つけることができる。金融資本はほとんどいらないが、膨大な人的資本を必要とするビジネスモデルで、今や多大な株主価値を創造することが可能になっている。

世界でもっとも価値のある企業のうちの５つについて考えてみよう。アップル、アルファベット（グーグルの親会社）、マイクロソフト、メタ、アマゾンだ。彼らは自社の施設では実質的に何も製造しておらず、非常に収益性が高いため、追加の財務資本はまったく必要がない。その中には、数千億ドルもの現金や有価証券が眠っている。それは経済全体の現象だ。マッキンゼー・グローバル・インスティテュートは、「産業機械や工場ではなく、特許、ブランド、商標、著作権から価値が生み出されることが増えている」と述べている。つまり、価値は機械や筋肉からではなく、思考からもたらされるようになっているのだ。

これらの企業も自らの成功が、人的資本の上に成り立っていることをよく理解している。どの企業も最高の知能をもつ社員を採用し、採用にあたってはとてつもなく厳しいテストを課すことで有名だ。どの会社も何がコア・コンピタンス（企業にとって競争力の核となるもの）が何かと問われれば、でき上がった商品それ自身と回答する者はいないだろう。採用こそが大事であり、希少資源が何であるかみなよく理解しているのである。

こうした現象が大きな意味をもつのは、単に情報技術産業で驚異的な成功を収める企業に当てはまるだけではなく、すべての企業に当てはまるからだ。

ここで、ほとんどすべてを金融資本に依存しているように思えるもっとも極端な企業例を考えてみよう。それはエクソンモービルだ。同社は株式公開されている最大の石油会社であり、ほぼ間違いなく世界最大の資本集約型企業だ。長年にわたり、毎年200億ドル以上の投資を事業につぎ込み、世界のどの企業と比べても最大規模の資本投資を行っている。しかし、その一方で何十億ドルの資金を、配当や自社株買いで株主還元しており、再投資しきれない資金を株主に活用してほしいと申し出た株主還元の例としては、本当にかつてない規模だ。

ＣＥＯであったレックス・ティラーソン（彼が国務長官になるとは誰も想像していなかった）に、なぜこのような方針をとったのかと尋ねた。たしかにレックスはＣＥＯとして投資したお金で、とてつもない利益を稼ぎ出している。ではなぜ、もっと投資し、さらなる株主価値創造を図らないのだろうか。制約があるからだという。制約はお金ではなく人材だという。

「通りに出て出合い頭の人間をエクソンモービルのエンジニアや地質学者や研究者として採用するわけにはいかない。エクソンモービルはもっと多くの事業に資金を投下できるかもしれない。しかし、能力のある人間でこうしたプロジェクトを回そうとすると、十分な数のスタッフが社内にはいない」とレックスは語った。

ほとんどすべての企業で希少資源はお金ではなく人間の能力だ。だから企業はいまだかつてない試練の下にあり、すべての従業員が限りなくその能力を高めるために、経験したことのない強いプレッシャーを受けている。後述するが、人間の能力の開発に限界はないのだ。

・競争相手は世界中の人々

さらにもう一つ歴史的な流れを受け、企業が個人の能力開発支援のために何をしてくれるかはさておき、かつてない高いレベルでの能力開発のプレッシャーに我々はさらされている。こうした新しい潮流は大規模なグローバル労働市場の到来を意味している。これまで何世紀にもわたりグローバルな商品市場は存在していたし、グローバルな資本市場もほぼ同じくらいの期間存在していた。しかし、労働市場は別物だった。大部分の人類の歴史において、ほとんどの場合、仕事は場所と結びついていた。しばしば、仕事は顧客の居住地と結びつき、蹄鉄工は馬がいるところに住む必要があったし、パン屋は買い手のそばに店を構えなければならなかった。銀行は預金者や借り手がいるところにいなければならない。その他の仕事ではその仕事が必要とする天然資源の所在地と結びついている。炭鉱の仕事は石炭のある場所に、漁師は魚がいるところにいなければならなかった。デトロイトは自動車産業の首都となった。鉄道や五大湖を通じた運搬によって石炭、鉄、ゴム、その他自動車の生産に必要とする部品と工場を結びつけ、そして完成した自動車を全米に搬送する。

これまで数十年にわたってオフショアリング（業務の海外への移管・委託）は行われてきたが、ほとんどの場合、国をあげて取り組む類いのものではなかった。海外での生産調整には時間も手間もかかる。そのため情報化時代の前には、オフショアリングはめったに起こることはなかったので、労働者の大部分は同じ地域に住む他の労働者と競争をしていた。たとえ、より広範な地域での競争であったとしても、所詮同じ国の他の地域の労働者との競争だった。

しかし今日に至っては、先進国の何百万人もの労働者が世界中の労働者と競争している。先進国で成長している多くの仕事は情報をベースにしたもので、物理的に何かを動かしたり加工したりするものではないからだ。

たとえばこうした分野で、オフショアリングの例のいくつかを身近に知ることができる。海外の労働者が顧客間電話サービスを提供している。また我々のX線写真を解析したり、ソフトウエアを開発したりしている。他にももっと驚かされることもある。毎年何百万通のアメリカの税務申告書がインドで作成されている。大手の公認会計事務所はロンドンの顧客の会計監査にあたり、会計士のチームを飛行機でインドから呼び寄せ、彼らを3週間ホテルに缶詰めにしたうえ、監査終了とともに飛行機で送り帰した。そうしたほうがイギリスの公認会計士を雇うよりもずっと安上がりだからだ。

こうしたことが起こっているのも、コンピュータや電子通信のコストがとめどなく下がっているからだ。情報を加工し世界中に転送するコストはほとんどただになっている。これと同じ理由で製造業の海外移転も爆発的に増加している。グローバルサプライチェーン（国際的な供給網）が、あまりにも速く正確に機能するようになったので、地球の反対側にある安い労働力の活用が価値をもつようになった。

そして、地球上の至るところで急速に増加する労働力は単に労働コストが安いというだけではなく、それぞれの分野において世界でみても最高レベルの労働者にならざるをえなくなる。もちろんいくつかの職種では、このような中でも過酷な競争を回避することができるかもしれない。しかし、思っているほどそうした職種は多くはない。患者がいるところに歯医者はいつもいなければならないと考えているかもしれないが、現実はそうでもない。国民健康保険制度が歯医者をカバーしないイギリスにおいては、多くの消費者は安い航空会社を使って、よく訓練されかつ破格の安値でサービスを提供するポーランドの歯医者から治療を受けている。

あなたは自分の仕事を海外で誰かが代わりに行うなどとは思っていないかもしれない。しかし、安心する前にじっくり考えないと後で大変なことになるだろう。

「世界クラス」という言葉はあまりに安易に用いられすぎている。歴史の大半において、世界水準とは何かについてこれまで考えた人はほとんどいない。しかしそれも今は変わろうとしている。**グローバルな情報をベースとして相互に地球規模での結びつきの強まった経済においては、企業も個人もよりいっそう世界最高レベルと競争しなければならない。真に偉大であることの価値がますます高まり、世界クラスと比べ、劣ることになればその代償は、ますます高くつくことになる。**

卓越した業績を上げる秘訣(ひけつ)を知るのはいつの時代でも重要だろう。しかし今こそ決定的に重要だ。

・達人へのノウハウが人生を豊かにする

偉大な業績を上げる秘訣を知ることは、単に経済的に価値があるだけにはとどまらない。豊かさを求めることは悪いことではない。むしろほとんどの人はよりよい生活を望んでいる。仕事や老後資金を確保し、子どもの教育にお金をかけ、子どもが高い能力を身につけられるよう支援することで、多くの人を苦悩から救うことができる。人生は仕事だけではない。仕事よりもうまくできることはたくさんあるはずだ。

やりたいことが得意になること――たとえば、バイオリンを弾いたり、マラソンレースで走ったり、絵を描いたり、人を導いたり――このようなことは自分たちの経験する中でもっとも深い自己実現のもととなるだろう。私たちができるようになりたいと思っていることはほとんどが、たやすいことではない。それが人生だ。問題に遭遇し、くじけ、失望することもあるだろう。だから道を究められる知識――伝説や推測ではなく真の知識――は、どんなことでも豊かになるためだけではなく、幸せになるためにも用いることができるはずだ。

研究者たちは過去40年間で発見した卓越した能力に関する新たな知識を研究し、その成果をさらに高めていった。そして、そうした研究成果はあらゆる面で、自分を向上させることができるのだという素晴らしい希望を抱かせてくれる。残念ながら、この知識は広く伝わっていないし、理解もされていない。その結果、達人のノウハウを利用できる人はそれだけ大きな人生の価値を手にすることになる。その発見の多くには実に驚かされるものがある。いや実際こうした発見は希望に満ち、インスピレーションあふれるものであるにもかかわらず、多くの人はそうした事実を受け入れようとはしない。

19世紀のユーモア作家であるジョシュ・ビリングスの有名な言葉がある。

「困難に陥るのは、理解していないことが原因なのではない。理解していると思い込んでいることを、実は理解できていなかったことが原因である」

「偉大な業績」に関する研究成果を理解する第一歩は、確かだと思われていることが実は確かではないということを、理解することから始めなければならない。

第2章

才能は過大評価されている

生まれつきの能力というものの予想外の事実とは?

生まれつきの音楽の才能

1992年、イギリスの小さな研究グループは「生まれつき才能がある人間」を探し出そうとしたが、結局見つけることができなかった。

誰も異存がない音楽の才能というものを彼らは探していた。一般に才能がもっとも機能すると考えられている種類の分野だからだ。音楽には才能というものが存在するはずである。ある人は歌うことが下手で、ある人は歌がうまい。そこには理由があるはずだ。なぜモーツァルトが十代で交響曲が書けたのか。まだほんの子どもでしかないにもかかわらずピアノを上手に弾ける子もいれば、音階を弾くだけで精いっぱいの子もいるのはなぜだろうか。音楽の才能をもって生まれた幸運な人たちがいるのだと、多くの人は単純に思い込んでいる。そういった生まれつきの才能こそ上手に演奏できる主な理由だと思っている。

主に教育に従事する専門家で構成されているグループに対し、サンプル調査を行った研究がある。その結果、75％の人たちは歌ったり作曲したり、楽器を演奏したりするには特別の才能や生まれつきの才能が必要であると信じていた。この75％というのは、才能が必要だと信じられている他のどの専門分野と比べても、際立って高い数値だ。

まず研究者たちは257人の若者を対象に調査を実施した。この若者の集団は音楽の教育を受けているというだけで、その他の分野で共通点はみられない。能力別に五つのグループに分け、音楽学校の厳しい選抜試験を経て音楽学生になったトップグループから、6か月ほどは楽器演奏をしてみたが、その後やめてしまった者までが含まれている。研究者はこの集団を年齢、性別、演奏する楽器、社会経済階層によってグループ分けした。

そして、研究者は学生だけではなくその両親にまでインタビューした。子どもたちはどのくらい練習したのか。何歳くらいで曲とわかるようなものを演奏したのかなど調査した。研究者にとって幸運だったのは、イギリスの教育制度がこれら五つの能力別グループ分けを超えた独自の演奏能力に関する評価方法を提供してくれたことだった。イギリス全土で行われている若い演奏者の評価方法は、厳密に統一されている。具体的にいうと、楽器を学ぶ生徒のほとんどが国に評価される昇級試験を受けるからだ。評価者は、それぞれの生徒の能力を九つの等級の一つに当てはめることになっている。

研究者は257人の被験者間で音楽の能力や業績に大きな違いがあることを説明するため、調査結果を二つの方法で検証した。

調査結果ははっきりしていた。**最高レベルの演奏をする者に音楽での早熟の兆し――我々の誰もが存在すると考えている生まれつきの才能の証し――はまったくなかった。**それとは逆に、幼少期からみられた特別な才能の兆しという点においては、どのグループの調査結果も大変似通っていた。

トップグループである音楽学校の生徒においては人生の早い時期に曲を繰り返して演奏できたという点で、他の者に比べ高い能力を示していた。具体的にいうと、曲を繰り返すのに他のグループは、平均して24か月かかっていたのを、平均18か月でできるようになっていた。しかし、それだけで特別な才能がある証拠だとはいえない。なぜなら被験者とのインタビューを通じ、次のことがわかったからだ。トップグループの被験者の両親は、他グループの両親に比べ、子どもに歌いかけることに熱心だった。しかし、他のいくつかの観点でみても、他にグループ間の重要な違いを示すことはできなかった。被験者はたいがいみな8歳で自分の楽器を学びはじめていた。

・業績の違いを分けるもの

生徒たちは明らかに音楽の業績では大きな能力の違いを示しているのに、入念なインタビューを通しても特定の才能の証明を見いだすことはできなかった。彼らの能力のレベルの違いそれ自身が才能の証しなのだろうか。それ以外にいったい何があるのだろう。しかしこの研究は偶然にもその質問への一つの回答を得ることができた。**生徒が音楽的にどれだけ熟達できるか予想できる唯一の要因を見つけた。それはどれほど多く練習するかだ。**

研究者たちは全国で行われたこうした等級別試験の結果をとりわけよく研究した。もちろん他のあまり熟達していない生徒に比べ、音楽学校の入学を認められた生徒がそれぞれの等級試験にいち早くかつ簡単に合格したと思うだろう。こうした音楽学校を卒業する生徒は、通常全国のコンクールで優勝し、音楽の道を進むことになるからだ。それが音楽的に才能をもっているということなのだ。しかし結果は逆だった。研究者たちはトップ集団の生徒たちが、それぞれの等級レベルの試験の合格に平均何時間かかったか計算した。その他のグループでも、それぞれの等級試験の合格にかかる時間を同様に計算した。その結果、両者の間に統計的に意味のある違いを見つけることはできなかった。5等級の試験合格に必要とされる練習量は1200時間で、エリートの生徒であっても単に趣味として音楽を演奏する学生にとっても、必要とされる時間は同じであった。**音楽学校の生徒は、他の生徒に比べて早い段階でこうした等級試験に合格していた。それは一日の練習量が多いからだ。**

エリート集団の場合、12歳ですでに日に2時間練習しているのに、一般の生徒は15分しか練習していなかった。実に8倍の違いだ。生徒が日に少しの時間しか練習しないかたくさん練習するかにかかわらず、一定の累積時間を練習につぎ込まないかぎり、それぞれの等級レベルに合格することができないのだ。この研究チームの一員であるキール大学のジョン・A・スロボダ教授は次のように語っている。

「このことは明らかに、達人になるための近道はけっしてないということの証拠なのである」

荒っぽい言い方をすれば、五つのグループの生徒のうち一つのグループはトップレベルの音楽学校に入学し、別の1グループは楽器を演奏することすらあきらめていた。前者は後者に比べ、明らかに大きな音楽的才能に恵まれていたと一般的には思われるだろう。しかし、才能という言葉を少なくとも「容易に達人になれる能力」とするならば、トップグループの者は「才能」をもっていないことをこの調査が証明している。

才能とは何だろう

もし、才能について我々が理解していることが間違っているならば、これは大きな問題だ――また、これから間違っているという証拠をたくさん提供しようと思う。もし、ある特定の活動において特定の生まれつきの才能がないならば、けっして上達できないことになってしまうし、少なくともそうした才能をもつ人とはけっして競争できないことになってしまう。その結果、才能のない者はその活動から排除されることになるだろう。そして才能のない分野でそれほど頑張るべきではないと諭すことになるだろう。自分の子どもを、芸術、テニス、中国語などのある特定の学習から遠ざけるようになるかもしれない。なぜなら、自分の子どもがそうした分野で才能がないことが判明したからだ。

ビジネス世界で役職者は、部下が示すちょっとした証拠に基づいてキャリアを再編する。もっとも忌まわしいことだが、自分の生活において新しいことを試みるとき、それが簡単でないとわかると自分には才能がないと結論づけ、知らず知らずのうちに、けっしてそれを追求しようとはしなくなる。

才能に関する我々の見方は心の中にしみついているだけに、自分たちの将来にとても重要だ。自分の将来は自分の子どもの人生や自分の会社やそこに勤める従業員にとっても重要だ。才能というものの実体を理解することは実に価値のあることなのだ。

まず、才能＝タレントという言葉の意味するところが何かはっきりさせなければならない。一般に才能という言葉は、卓越した業績やそうした業績を上げる人を表現するため用いられている。

「メジャーリーグのレッドソックスの外野手にはタレントがいる」という表現をした場合、レッドソックスにはよい外野手がいるというだけの意味だ。ビジネスにおいてよく話題になる「タレントの争奪戦」という言葉は、より実績のある人材を引き抜こうとしていることを表している。

テレビ業界では、タレントというのはカメラの前に立つ人のことをいう。テレビタレントとよくいうがテレビをよく見る人であれば、誰でもこの場合タレントという言葉は単に中立的な意味であり、評価判断が入っていないことを知っている。

以上の意味はどれも決定的に重要なものではない。しかし、この言葉が人生のコースを変えるような意味合いで使われるときには、生まれつきの能力で他の人より何か特定のことがうまくできることを意味している。しかも、かなり特定された何かである。たとえばゴルフをする、ものを売る、作曲する、組織においてリーダーシップをとるといったことだ。そして、それは開花するより比較的早い時期に見いだされなければならない。それは生まれつきの能力で、もし生まれつきに持ち合わせていなければ、後天的には身につけることはできない。

この定義での才能は、ほとんどすべての分野で存在すると固く信じられている。音楽やスポーツ、チェスなどの競技での会話を注意して聞いてみればいい。才能という言葉を使わずに二つ以上の文章を話すことは難しいことがわかるはずだ。こうした見方は他の分野でも珍しくはない。

ニューヨークタイムズ紙の著名なコラムニストであるラッセル・ベイカーは、「言葉を操る遺伝子」をもって生まれたと信じられていた。生まれつきの書き手であると思われていたのだ。ビジネスにおいて我々はよく「ボブは生まれついてのセールスパーソンだ」とか、「ジーンは生まれついてのリーダーだ」とか、「パットはトップになるために生まれてきた人間だ」という話をする。ウォーレン・バフェットは次のように語っている。「私には生まれつき資本を配分する役割が遺伝子に組み込まれている」。それは、バフェット流の表現であり、バフェットは自分が儲(もう)かる投資を見つけ出す能力をもって生まれてきたと言っているわけである。

「才能は存在する」と誰もが信じているが、才能について誰もが本当に考え抜いているわけではない。実際ほとんどの人は、才能自体について考えたことはないのだ。才能が存在するという考え方は、実は一部の人の考えにすぎない。だから「なぜか」と問うことには価値がある。

・天才の遺伝子は存在する？

ほとんどその答えとなるものが我々の予想もつかない場所に存在している。それは19〜20世紀イギリスの貴族出身で探検家でもあるフランシス・ゴルトンの文書の中にある。ゴルトンは若いころは人は誰も同じような能力をもって生まれていると信じていた。そして、こういった能力も生きているうち、しだいに異なるレベルで発達していくと考えていた。神話学や宗教では、才能は神から与えられたものであるという考え方があったが、すでにゴルトンの時代では人はみな等しい能力をもつという考え方が普及していた。この考え方は、アメリカの独立やフランス革命に影響を与えた18世紀の平等主義に起源をもつものだ。そして、のちにヘンリー・ソローやラルフ・エマーソンなどが、当時一般的に思われてきた以上の潜在力を人間はもっているということを世の中で唱え出した。

こうした証左を19世紀の経済の発展の時代に多くみることができる。貿易や産業がヨーロッパからアメリカ、さらにはアジアへと拡大し、当時の人々はあらゆる場所で富と好機を見いだすことができた。誰もがなりたい自分になれると思った。

ゴルトンは従兄弟(いとこ)であるチャールズ・ダーウィンの書籍を読むまでは、こういった考え方を受け入れていた。しかしゴルトンは突如としてその意見を翻し、転向した者の情熱で新しい理論の普及を始めた。たしかに彼の影響はとても強く、今日でもこの問題について彼の見解は幅広く信じられている。これはおそらく、ゴルトンの強固な自信から来ているのだろう。

「『よい子でなくてはいけません』と子どもたちに教えるために書かれた話にははっ

きり書かれたり、ほのめかされたりしている次のような仮説が私は我慢できない。それは赤ん坊はみな同じように生まれるが、少年になりやがて大人の男性になっていく。そのとき差をつくり出す唯一のものは、たゆまぬ努力と高い道徳心の維持だというものだ（当時は少女や女性も注目に値するという考えは、けっしてゴルトンの頭の中には思い浮かばなかった）」

そして、ゴルトンは自分の代表的著作である『Hereditary Genius（天才と遺伝）』でこう続けている。

「私は生来平等であるという主張に対しては全面的に反対している」

ゴルトンの主張はわかりやすい。身長やその他の体型的特徴が遺伝的に受け継がれやすいように、「卓越した能力」も同様に遺伝的に受け継がれているというのだ。ゴルトンは「著名な人はたいていたい有名な一族の一員である場合が多い」ことを示すことで、自分の理論を証明したと語っている。

さらにロンドン・タイムズ紙の死亡欄を細かく調査し、まとめ上げ、とりわけ判事、詩人、軍の司令官、音楽家、画家、聖職者そして北部のレスラーにこの傾向があることを証明した。それは「特定な分野での卓越性は特定の一族に現れている。卓越性を発揮する能力は遺伝によって伝えられ、子どもが生まれると同時に卓越性も現れる」というものだ。

「北部のレスラーの卓越性の研究といわれてもなあ」と反応したくなるかもしれないが、ゴルトンのことをあまりバカにしないほうがいい。ダーウィンの考え方を体型以外の人間の特徴に適用したゴルトンは、科学を前進させた。ゴルトンは今日のあらゆる科学の分野で不可欠となっている統計上の相関関係や回帰分析の技術を発展させたのだ。

また、ゴルトンは卓越していることはどこから来るのかという、深い問いかけを自分がしていることをよく認識しており、「生まれつきか修養か（nature versus nurture）」のような言葉も生み出している。そして自らが「天賦の才（natural gifts）」と名づけた科学の分野を確立し、今日においてもその分野は続いている。その業績は現代の学術雑誌である『天才の教育ジャーナル（The Journal for the Education of the Gifted）』や『天才の概念（Conceptions of Giftedness）』という書籍へと引き継がれている。

こうした背景があるため、「天賦の才」（我々の「才能」と同じ定義）という考え方には、多くの支持者があった。しかし、もしこの考え方が間違っていたとしたらどうだろうか。

才能という概念を探究する

多くの研究者は今や天賦の才が意味するものが何であれ、一般の人が考えているものとはまったく違うものだと主張している。研究者の中には注意深い表現を用いてはいるものの、**才能それ自身の存在を証明する証拠はない**と主張している者もいる。

この主張は意外に説得力がある。前述のイギリスにおける音楽の才能に関する研究と同様、達人を対象とした多くの研究で、調査の一環として本人やその両親にインタビューを行い、彼らの輝かしい業績のカギとなる要素を探ろうとした。こうした研究で被験者になったのは、みな卓越した才能の持ち主だ。しかし、何度やっても研究者は、徹底的な訓練の前から、早熟の萌芽（ほうが）があったという証拠はどうしても見いだすことはできなかった。ときにはそのような形跡が表れたこともあったが、ほとんどの場合そうしたことは起こらなかった。一見、非常に才能があると思える人の例を目にすることはあった。しかし、研究者がより多くの例をじっくり研究してみると、少なくとも専門分野でのちに素晴らしい業績を上げるようになった人たちも、そのほとんどは早い時期から才能を示していたわけではない。

同様の発見が、音楽家、テニスプレーヤー、アーティスト、水泳選手、数学者を対象とした研究でも明らかになっている。もちろんこれらの調査の成果は、才能が存在しないことを証明しているわけではないが、おもしろい可能性を示している。つまり、**生まれつきの才能が仮に存在するとしても、それは重要ではないかもしれないという点だ。**

ひとたび訓練が始まると私たちはその才能がひとりでに現れてくるものと思ってしまう。たとえば、他の子どもたちが弾くのに6か月もかかる曲を、小さなアシュレイはたった3回のピアノレッスンで弾いてしまう。しかしこうした早熟の才能は、後年になって偉業を達成する人々に確実に起こっているわけではない。たとえば傑出したアメリカのピアニストを対象とした研究で、6年間の徹底的な訓練を経たあとでも、最終的にたどり着くピアニストとしての高い能力を予想するのは困難だった。6年間の徹底的な訓練の時点では、まだ他のライバルとの間で傑出した存在になっているわけではない。結果論でいえば、彼らにはみな才能があったといえるかもしれない。しかしその才能というのは6年間の厳しい学習の後でも現れてこないものだとすれば、どうも奇妙な概念のように思えてくる。

まだ幼い自分の子どもの才能が、自発的に開花されることを両親が報告するケースがわずかばかりあるものの、その真偽は疑わしい。非常に早い時期からしゃべり、文字を読みはじめたと報告されている子どもたちのケースを研究者は検証したが、子どもの発達や刺激に親が深くかかわっていたことが明らかになっている。親と小さな子どもの異常なまでの親しい関係を考えると何がきっかけとなったのか特定することは難しい。

たとえば赤ん坊のケヴィンが紙の上に絵の具でグジャグジャに絵を描いたとき両親には子うさぎのように見え、自分の子どもには芸術の才能があると思い込み、あらゆる方法でこの才能を開花させようとしたりする。こうしたことはよく目にする光景だ。事実、研究によればこうした親子間の交流は子どもの能力の格差につながっている。この問題については第10章でより詳しく検討することとしよう。

ゲノム研究の時代において、何が生まれつきで何が生まれつきでないのかという質問はもはや意味がないと思うかもしれない。なぜなら才能はその定義から生まれつきであり、その才能を説明する遺伝子はあるはずだ。問題は科学者が2万強ある遺伝子がどのように関係しているのか、いまだに解明できていない点にある。現時点でいえることは、特定の才能に対応する特定の遺伝子が見つかっていないという点だ。それらが見つかる可能性はあるが、現時点ではピアノを上手に弾く遺伝子や投資をうまく行う遺伝子、会計業務を得意とする遺伝子はまだ見つかっていない。

しかし、これまでみてきた証拠が示しているように、才能に対応する遺伝子を見つけるのはまだ先の話だ。あらゆる分野におけるトップパフォーマーの過去百年の能力開発速度があまりにも速いため、変化するのに何千年も要する遺伝子との関連づけをするには無理がある。このことから偉業達成の理由は、遺伝子であると説明するのは不可能だ。もし仮にいえたとしても高い業績の説明に占める遺伝子の役割はとても小さいように思える。才能懐疑論者はすでに集めた証拠をもってしても、才能が神話にすぎないと証明されているわけではないと注意深い物言いをしている。研究がさらに続けば、いずれ特定の遺伝子が特定の偉業と対応していることを突き止める可能性があることも認めている。しかし、過去数十年間に行われた何百もの研究がこのことの証明に失敗している。それどころか、この特定のタイプの遺伝子の違い、すなわち**もっとも高い能力を決定する遺伝子の違いは存在しないことを圧倒的に大多数の証拠が示している。**

モーツァルトも普通の人だった

しかし、モーツァルトの場合はどうなのだろう。才能懐疑論者の議論は、それぞれの段階では理にかなっているようにみえる。しかし、歴史上神秘的で後世までも語り継がれるような超人的能力の秘密を解き明かすという最終的な課題は、依然残されたままだ。神秘的な天賦の才という表現以外には、あのまばゆいばかりの不朽の業績を説明することはできない。それどころか、才能懐疑論者の論理に初めてふれたとき、多くの人は即座に二つの素朴な反論を思い浮かべるだろう。モーツァルトやタイガー・ウッズの能力はどう説明すればよいのだろうか。

モーツァルトは、神から選ばれ才能を与えられた偉業の達成者だ。5歳で作曲し、8歳のとき公式の場でピアニストとバイオリニストとして演奏会を行い、その後次々と作品を生み出していった。そのいくつかは神のように偉大な作品であり、現在では西欧文明の宝と幅広くみなされている。

モーツァルトは35歳で死ぬまでのほんの短い期間に、これらのすべての偉業を成し遂げた。もしこれを才能と呼ばなければ、どんな尺度をもってしても才能は評価できないことになってしまう。

・モーツァルトの父親の徹底的なトレーニングプログラム

こうした事実はもう少し詳細に検討する価値がありそうだ。モーツァルトの父親レオポルト・モーツァルトは、彼自身が有名な作曲家で演奏家でもあった。彼はまた、モーツァルトがまだ3歳のころから作曲と演奏の両面で徹底的なトレーニングプログラムを息子に課した厳格な父親でもある。レオポルトには、息子モーツァルトの教師役を担う十分な資格があった。彼は卓越した技能をもっていただけではなく、子どもに音楽をどのように教えるかに深い興味をもっていた。レオポルトの音楽家としての能力は平凡であったが、教師としては一流だった。

息子のモーツァルトが生まれたときに書いたバイオリンの教則は、その後何十年も音楽業界で強い影響力をもっていた。まだほんの幼いころから息子モーツァルトは、同居するベテラン教師の下で厳しい訓練を受けていたのだ。もちろん、子ども時代のモーツァルトの作品は素晴らしいものにみえるが、作品の真偽については議論がある。手書きの楽譜は少年モーツァルトの手によるものではないからだ。父親レオポルトは、他人が見る前に「修正」を加えていたのだ。モーツァルトに教えはじめてからレオポルトがぴたりと作曲をやめた事実には、同時に注目しなければならない。

いくつかの作品をみると、明らかに少年モーツァルトの作曲はその後のモーツァルトの独創的作風と異なっている。モーツァルトが初めて作曲した四つのピアノ協奏曲は彼が11歳のときにつくられたものだが、そのいずれも実はモーツァルトの独創的な楽曲が含まれていない。他の作曲家の作品の寄せ集めなのだ。彼はその後、16歳で今日ピアノ協奏曲として分類されてはいないが、さらに三つのピアノ協奏曲を書いた。この三つの作品はモーツァルトがロンドンでともに学んだヨハン・クリスティアン・バッハ（1735～1782年、ヨハン・セバスティアン・バッハの末の息子）の作品の寄せ集めだ。モーツァルトがまだほんの8歳のときに書かれた短い交響曲のスタイルは、当時ともに学んでいたヨハン・クリスティアン・バッハのものにとても似通っていたのだ。

これらの作品は、いずれも今日でも偉大な音楽あるいはそれに近いものとはみなされていない。モーツァルトがのちに有名になったので、もの珍しさや興味本位に演奏される以外にはめったに演奏されることも録音されることもない。今ではむしろ通常の方法で作曲家として訓練を受けるときにつくった作品とされている。つまり他人の作品をコピーしアレンジし、模倣するという方法で生み出されたということだ。しかし、その結果生まれる作品で、モーツァルトは世間の注目を集めることとなった。もっとも、こうした作品も、息子モーツァルトを世に出すことに生涯の多くを捧げた父親によって手を入れられたのかもしれないが。

本当にモーツァルト自身の手による最初の作品で、今日最高傑作の一つだとみなされている「ピアノ協奏曲第9番」は、モーツァルトがたしかに21歳という若い時期に書かれており、録音作品が多くあることでその素晴らしさは証明されている。実際、この作品はとても若い時期の作品だったかもしれないが、その時点でモーツァルトがすでに18年間厳しくかつ、専門的なトレーニングを受けたあとであることをけっして忘れてはならない。

ここで、しばし立ち止まって考えてみよう。モーツァルトがもっていたかもしれない神聖の輝きは、通常そうした輝きがもたらすと思われているように早くそして簡単には世界クラスの業績をもたらすことはなかった。

モーツァルトは、長く信じられていたように驚異的な方法で作曲したわけではなかった。ほぼ200年もの間、多くの人々は、大きな称賛を浴びた映画『アマデウス』の中で、彼の宿敵アントニオ・サリエリが言う言葉と同じことを信じてきた。「驚くべきことだ！」とサリエリは、モーツァルトの楽譜を見たときのことを思い出して感嘆する。

「実際、想像を絶するものだった。しかし、そこには何の訂正もなかった。彼は頭の中ですでに完成した音楽をただ書きとめただけなのだ！　まるで口述筆記をしているかのように、何ページも何ページも……。奇跡的だ！」

サリエリのスピーチは作り話だが、手紙の中で綴っている次の有名な記述に基づくものだ。

「全体は長いが私の頭の中にはほとんど完成し完璧な形で曲が浮かび上がってくる。楽譜に落とすことは素早くでき、実際楽譜に落としたものと頭の中で想像していたものが違うことはめったになかった」

このことはたしかにモーツァルトが超人的な能力の持ち主であることを示している。しかし、やっかいなことに実は、この手紙は偽物であることがのちに多くの学者により証明されているのだ。**モーツァルトは頭の中だけで完成した作品を創り出していたわけではなく、今でも現存する手書きの楽譜を見ればわかるとおり、執拗に書き直し、やり直し、消してはまた全体を書き直し、一部を書いては数か月、ときには数年にわたって置いておくこともあった。これがモーツァルトの作品の真実の姿だった。**作品が素晴らしいことに結果変わりはないが、普通の人が書くようにモーツァルトは作曲していたのだ。

・モーツァルトの「早熟指標」

最近の学術研究では、モーツァルトの並外れた音楽家としての能力を新たな角度からも見直そうとしている。研究者はピアニストに対して「早熟指標」というものを考案し、公式の場で演奏ができるようになるまで、近代的な訓練プログラムの下では、何年必要かを計算した。そして、その年数と歴史上有名な何人かの天才ピアニストが、実際に達人になるために要した時間を比べた。公式の場での演奏に必要な年数が、通常のピアニストの場合6年で、ある素晴らしい演奏家の場合3年であれば、その演奏家の早熟指標は200%になる。この算式でモーツァルトの早熟指標を計算すると130%であり、通常の音楽を学ぶ生徒たちよりも明らかに上だ。しかし20世紀および21世紀の天才たちの早熟指標は300~500%であることを考慮すると、基準値がますます上昇してきているといえよう。より向上した今日の訓練方法の下では、演奏家としてのモーツァルトの印象を薄めてしまうことになる。

繰り返しになるが、こうした事実がモーツァルトへの敬意に何ら影響を与えるものではないことは明らかだ。しかし、同時にモーツァルトの音楽の創造にまつわる魅惑やロマンの多くが同時に押し流されてしまうことに、不満をもつ人もいることだろう。モーツァルトの研究家ニール・ザスラウは「労働者としてのモーツァルト」という論文にこう書いている。ウィーンのモーツァルト研究家が集まる会議において、成人したモーツァルトはお金のために作品を提供し、金銭の対価のない場合はめったに作品を書くことはなかったと述べた。ザスラウは自分の発言のためにこれほどの激しさで非難を受けるとは思ってもみなかったと述懐している。

「その会議のパネル討議会で司会者は、壇上から私を非難することとなった」

ザスラウが指摘したのは、単に人間としての演奏家モーツァルトのことであり、人間としての動機をもった演奏家――神聖の輝きによって神格化されていない――モーツァルトの実像のことだったのだ。

このことは、創造的分野や芸術的分野で活躍する人の偉大さを評価する際に繰り返される重要な問題を提起している。しかし、スポーツ選手、チェス競技者、その他の客観的に評価できる仕事をする人々に関しては、その業績を正確に測れるはずだ。

金融の世界においてはファンドマネージャーや投資家は、小数点以下数桁の基準で評価されている。科学者でさえも、達成した業績の影響を何年間か計測することで、正確ではないにしろかなり客観的に能力を評価することができる。しかし、作曲家、画家、詩人、その他の創造的活動に従事する人に関しては、評価の基準が必然的に変化するため、偉業に基づいて本人の能力に関して結論を導くことには少なくとも慎重である必要がある。生存中もてはやされても死後、人々にすっかり忘れ去られる芸術家もいれば、生存中は黙殺されても後世になって発掘される芸術家もいるからだ。

ヨハン・セバスティアン・バッハの「マタイ受難曲」は、人類史上もっとも素晴らしい音楽の一つだと世間では広く認識されているが、バッハの生存中にはたった2度しか演奏されていない。バッハの音楽は、彼の死後何十年か後、フェリックス・メンデルスゾーンの称賛を受けるまで世間では取り立てて崇拝されることはなかった（メンデルスゾーン自身の音楽も今では大変有名だが、死後しばらくはまったく相手にされていなかったようである）。要は、もし私が1810年（バッハは1750年没）に偉業について研究していたとするならば、バッハには注意を払わなかったであろう。同様に、1910年に偉業に関し調査をしていたならメンデルスゾーンにも注意を払わなかったのだろうということだ。

モーツァルトに関していえば、前述のウィーンのパネル討論会で怒りをあらわにした司会者が執拗に主張していたのは、モーツァルトを同時代の他の音楽家とは比べてはならないという点だ。

「なぜなら、創作の世界ではモーツァルトが至高の地位に属している人物だからだ」。これに対して「モーツァルトは19世紀になって初めてもっとも高い地位に上り詰めたのであって、モーツァルトの存命中には同時代の作曲家と同列にあった」とザスラウは主張している。

ニューヨーカー誌の音楽批評家であるアレックス・ロスは「ザルツブルクの奇跡」と題して最近の学術研究をまとめ、モーツァルトの創作活動について次のように語っている。

「よちよち歩きの赤ん坊に『ベイビーモーツァルト』のビデオ教材を見せている熱心な両親は、モーツァルトがモーツァルトになりえたのは死に物狂いで取り組んだ結果だということを知ればがっかりするかもしれない」

父親が生み出した天才タイガー・ウッズ

「偉大な業績」の研究者たちは、タイガー・ウッズを称してゴルフ界のモーツァルトと呼んでいる。両者の類似性にはたしかに驚かされるものがある。ウッズにとって父親アールは、根っからの教師でとくに若い人には適した教師だった。そしてスポーツへの強い情熱を生涯もちつづけていた。アールは軍隊生活の半分をニューヨーク市立大学で、軍史や戦術を幹部候補生に教えることに費やしていた。高校と大学（カンザス州立大学）では野球のスター選手だった。そして、軍隊と大学で教鞭をとっていた時代、リトルリーグのコーチとして、チームを州のトーナメントに参加させていた。このことは、タイガー・ウッズがプロに転じる直前に出版し、あまり知られていないかもしれないが『トレーニング　ア　タイガー』（小学館）という本に記述されており、またアールはそこで「教えるのが大好きなのだ」とも語っている。

　アールには息子を教える十分な時間があった。そしてそのことに熱中していた。妻クルティダと息子タイガーはアールにとっては2番目の家族だった（かつてアールは一度離婚している）。アールは若いとき結婚し、最初の妻との間に三人の子どもがいたが、その後離婚している。タイガーが生まれるころには先妻との間に生まれた子どもはすでに巣立ってしまい、アールも退役し、44歳で南カリフォルニアにあるマクドネル・ダグラスに勤務した。アールはゴルフの熱狂的なファンで始めて数年なのに、大変熱心に訓練を積んだ結果、一桁台の素晴らしいハンディキャップを得るところまで上達し、プレーヤー仲間のトップ10％に入っていた。タイガーが生まれたときアールはこう語っている。

「私は正式なトレーニングを受け、準備はできていた。誰もが思いもつかないくらい早い時期に、タイガーにゴルフをさせるという新しい挑戦を始めたのだ」

状況を総括すればこうなる。一流のゴルフ専門家でかつ教えることが好きで、いち早く子どもにゴルフを教えるのが待ち遠しいと考えている自称ゴルフ狂の父親の下に、タイガーは生まれた。**アールの妻は専業主婦で、タイガー以外に子どもはいなかった。「二人の間でタイガーのことを最優先すると決めた」とアールは書いている。アールはタイガーが生後7か月のときにすでにメタル製のゴルフクラブを渡している。タイガーをガレージの高い椅子に乗せ、アールがネットに向かってゴルフボールを打つのだが、タイガーはそれを何時間にもわたって眺めていた。それは何回も何回も映画のようにタイガーの目の前で繰り返されたと、アールは語っている。アールはまだ話すこともできない子どもに、ゴルフクラブの握り方とボールの打ち方を教える新しいテクニックを開発した。タイガーが2歳になるころに二人は定期的にゴルフ場でプレーをし、練習をした。**

しだいにタイガーの天才的な成績は広く知られるようになった。小学校に入るころにはすでに地元で有名になり、大学に入るころには全米で伝説上の存在となっていた。彼の伝説について書かれたものの中でもとくに注目に値するものがある。

一つは国際的な定期競技会に参加し初めて素晴らしい成績を上げるようになった年齢についてだ。19歳のことだった。タイガーは、当時ウォーカーカップ大会にアメリカチームの一員として参加した。この試合では勝つことはできなかったが、父親の下で4歳まで、その後はプロのコーチについて大変な集中度でその時点までに17年間訓練を積んでいた。

もう一つの伝説は、本人も父親もタイガーがゴルフの天賦の才をもってこの世に生まれてきたとは、一度も言い切ってはいないという点だ。もちろんアールは、タイガーが普通の子どもであると思ってはいなかった。しかし、両親というものは自分の子がありふれた子であるとは思わないものだ。タイガーは父親から言われたことを理解し、まだ大きな数字が数えられる前から数を覚えることができるという二つの並外れた能力をもっていると、アールは信じていた。タイガーは常日ごろ、自分の成功は父親のおかげだと言っている。タイガーが幼少時代の自分のゴルフへの興味を説明しようとするとき、生まれつきだとは口にすることはなかった。むしろ次のように書いている。

「私にとってゴルフは、明らかに誰よりも尊敬する父親のようになるための試みの一つだった」

とてつもない成功の秘訣を尋ねられ、父親とその息子は常に同じ理由をあげている。それはひたすら練習することだ。

少年時代のコーチの一人は、タイガーに初めて会ったときに「モーツァルトのようだった」と回顧している。たしかにそのとおりだったのだ。

ビジネスの世界に才能はいらない

特別な才能という考え方が音楽とスポーツにおいて受け入れにくいのであれば、ビジネス界ではさらに受け入れがたいだろう。一般的にビジネスで大成した人は、仕事で特定の才能を持ち合わせているにちがいないと考えられがちだ。しかし、その証拠はきわめてつかみどころのないものだ。いやむしろビジネス界の大物の若いころをよく調べてみると、まったく反対の印象を受ける。明確にわかるような才能も、のちに偉大な経営者になることをうかがわせるようなヒントも与えてはくれなかった。

・ジャック・ウェルチの場合

いくつかの顕著な例を考えることにしよう。たとえば、ジャック・ウェルチの場合、フォーチュン誌で「偉大な20世紀の経営者」という称号を得ているが、20代の半ばになってもビジネスのこれといった兆しを示すことはなかった。ウェルチはマサチューセッツ市に住む勉強のできる子どもとして育ち、よい成績を修めていた。しかし「頭がよすぎて畏怖されるほどの存在ではなかった」とのちに自分自身のことを回想している。高校では、ホッケーとゴルフのチームリーダーとして活躍し、こうした学校での経歴の結果、アメリカ屈指の有名大学アイビー・リーグ校への入学も許可された。しかし両親には、そうした有名私立大学に行かせるお金がなかったため、マサチューセッツ大学に入学することになった。ウェルチの専攻は、ビジネスでも経済でもなくケミカルエンジニアリングだ。そののちイリノイ大学の同じ専門分野で修士号と博士号を取得した。25歳で就職活動を始めたとき、ウェルチはまだ自分の方向性がわからず、シラキュース大学やウェストバージニア大学で教職を求め面接試験を受けていたほどだ。最終的にはGEの化学品の製造開発を行う工場で働くことを決めた。

のちにビジネス世界でもっとも影響力の強い経営者になるということを予想させる片鱗(へんりん)を、ウェルチの歴史の中に発見しようと思えば難しく、むしろ不可能だといわねばならないだろう。

・ビル・ゲイツの場合

何年もの間世界最大の富豪であり、経済の仕組みの変革者であるビル・ゲイツは、ビジネスの成功が才能で説明できると信じる者にとっては、もっとも有望な人物だろう。彼は子どものときコンピュータに魅了され、13歳でコンピュータのソフトウエアのプログラムを書いたと語っている。それは三目並べ（3×3のマス目に○と×を並べるゲーム）のプログラムだった。

ビル・ゲイツの友人でのちにマイクロソフトの共同設立者となるポール・アレンとは、当時大型コンピュータの利用時間をめぐって常に競争していた。彼らはトラフォデータという会社を始め、市の通りの交通量をモニターし、データを解析するコンピュータをつくっていた。その機械はうまく動いたが誰も買わなかった。ハーバードに行ったあともゲイツは刺激に満ちあふれ、日々変化するコンピュータの世界に引き続き没頭する日々を送った。

幼年時代からのゲイツの興味がマイクロソフト設立に直接的につながったことは確かだ。問題はゲイツの話のどこを探しても、卓越した能力を示すヒントがないことだ。ゲイツはコンピュータの可能性に早くから気がついてはいたが、多くの少年も当時興味を抱いていた。当時のハーバードは、ＩＴ技術の革命が起こっていることをよく理解しているコンピュータオタクであふれていた。その中でゲイツをリーダーにするような何かがあったのだろうか。とくに何もなかった。さらに検討すると、ゲイツの成功に決定的に重要だったのはたぶんソフトウエアの専門知識ではなく、むしろビジネスを立ち上げる能力とその後大企業経営で求められるさらなる能力だった。しかし、トラフォデータの経験があったものの、世界トップクラスの企業経営に求められる能力の萌芽を当時のゲイツに見いだすことはできなかった。

・ジョン・D・ロックフェラーの場合

ビジネス界の大物を調査すると、若い時代はゲイツよりもウェルチのようなタイプである場合が多い。つまり、後年の名声と富につながるような専門分野や人物の特徴について、若い時代にその兆しさえ見いだせないケースだ。世界一の金持ちという点では、ゲイツの先達にあたるジョン・D・ロックフェラーも同様の例を示している。

ロックフェラーは貧しく敬虔(けいけん)な少年で、勤勉でまじめさとその年の割には成熟さが目立つ子どもとして育った。ロックフェラーのもっとも有名な伝記の著者ロン・チャーナウは次のように述べている。

「多くの点で、他の少年との比較でも目立たない子だった。後年ロックフェラーが目覚ましい成功を遂げたとき、かつての隣人やクラスメートの多くは、そのかすかなイメージでさえも必死にならなければ思い浮かべることができなかったほどだ」。幼いロックフェラーを知る者たちがたしかに記憶していることは、いつか金持ちになってみせると強く言っていたことだ。しかし、チャーナウは次の点に注目している。「ロックフェラー少年の夢は特別変わっていたわけではない。当時は多感な何百万もの少年たちが欲深い夢に踊らされている時代だった」

もっとも典型的な評価は、ロックフェラー家で家庭教師をしていた女性のものだろう。この家庭教師は後年こう語っている。

「ジョンが何かで優秀であった記憶はないわ。でもとにかくすべてにおいて一生懸命で、口数少なく大変勤勉な子どもだったわ」

・デイヴィッド・オギルヴィの場合

のちに偉人になる人たちの幼年時代の話は、いずれも後年起こることを何も伝えてはくれない。 ときにはもっと極端な形をとる場合もある。デイヴィッド・オギルヴィは多くの人から20世紀でもっとも偉大な広告の天才だとみなされているが、実はオックスフォード大学からは退学処分を受けている。その後パリのホテルの台所で奴隷のように働き、スコットランドでストーブを売り、ペンシルベニアでは農家で働いていた。こうしたことを通じ、オギルヴィは、キャリアの最初の17年間を表面的にはでたらめに仕事を変えながら時を過ごしていた。オギルヴィが、将来どのような人物になるかほとんど何ら重要な証拠も示すことがなかったので、彼がのちに伝説的な広告人として名をなすことを予想することは当時としては困難だっただろう。

・ウォーレン・バフェットの場合

ウォーレン・バフェットの場合はどうだろうか。もう一人の世界でもっとも金持ちの男だ。前述のとおり、自分は資本を配分する人間だと語っている。ゲイツ同様、彼がやがて卓越した能力を示すことになる分野に幼年時代から強い興味をもつだけではなく、早熟の才能も示していた。少年のころ、ビジネスや投資を学ぶことにとても興味をもっており、お金を儲けたいと思っていた。新聞配達を行い、11歳で初めて株を買った。シティ・サービスという会社の優先株だ。15歳で友人と一緒に中古のピンボールマシーンを買い、理髪店に設置した。数か月のうちにさらに2台の機械を増設した。この商売で得た利益で40エーカーの農地を購入し、農家に賃貸した。また大きな桁の足し算を暗算でできる少年としても知られていた。16歳で高校を卒業し、コロンビア大学の大学院で投資分野の権威として有名なベンジャミン・グレアムから学び、唯一、A^{+}を取得した。

バフェットの投資家としての業績は世界的に有名で、バフェットが投資のために生まれてきた男なのは誰もが納得する。しかし資本配分において生来の才能があったという説明は、彼の成功を裏付ける唯一の説明でも最もシンプルな説明でもない。少年時代のバフェットのお金への強い執着心についても、大不況のころアメリカの中西部で育った人間は同じで、この点はとくに驚くに値しない。またバフェットが株や投資に取りつかれたことも、とくに不思議でもない。バフェットの父親は証券会社に勤めており、投資家でもあり、若いバフェットが敬愛していた人物でもあったからだ。11歳でバフェットは父親のオフィスで働き、かなり若いころから自然に投資について学びはじめていた。20代前半になった時点でバフェットが投資で卓越していたという証明は何も見つかっていない。十代の一時期は、熱狂的なチャート分析者で、過去の株価の動きを分析し、株の動きを予想しようとしていた。この「罫線分析法」という技法は、多くの研究でマーケットに打ち勝つには有効ではないとされている（しかし、他の効果的でない投資技法と同様にこの技法にもまだ信奉者がいる）。のちにバフェットはマーケットのタイミングを計る投資家になろうとし、完璧なタイミングでマーケットに入り完璧なタイミングでマーケットから出るということをしようとした。この戦略も時がたてば失敗することが確実な戦略だ。バフェットも実際にこれでは成功しなかった。

コロンビア大学の大学院を卒業するとき、大学の恩師であるグレアム教授の信奉者であるバフェットは、グレアムが経営する投資会社で無給で働くことを申し出た。しかし、当時を振り返りバフェットは次のように語っている。

「ベン（グレアム教授は）は私がもたらすであろう価値と価格（バフェットがただで働くこと）をいつものように計算して、働くなと私に言った」

結局、バフェットはその後しばらくしてからグレアムの下で二年間働いた。そして故郷のオマハに戻り、25歳のとき、初めて自分が経営する投資パートナーシップ会社を始めた。

幼少期からお金と投資に大変な興味をもち、ロックフェラーのように金持ちになりたいという強い衝動をもった若者の姿がここにある。バフェットは自分をとりこにしたこの分野で、学ぶべきことはすべて学ぼうと懸命に働いた。しかし、実践の場でとてつもない業績を上げるようなことは何一つ達成していなかった。バフェットが世界レベルでみて、素晴らしいといえる業績を上げるようになったのは30代に入ってからだ。その時点でバフェットは自分が選んだこの投資分野で20年以上勤勉に働きつづけていたことになる。

大恐慌時代、株式ブローカーの息子は多くいたが、唯一バフェットだけが偉大な投資家となった。なぜだろう。それはさらなる検討を要する重要でかつ興味深い問題だ。ここまで論じてきたことでカギとなるポイントは、バフェットやビジネス界で名をなした人が地位を確立するためには、生まれつきの才能というものが大切ではなさそうだという点だ。

もっとおしなべていうならば、特定の生まれつきの才能が果たす役割に対する一般的な見方を再検討する必要がありそうだということだ。才能なんて存在しないと言い切る必要はない。そもそものような議論は、学術研究者に任せておけばよいことだ。決定的に重要なのは、こうした才能は通常考えられているより、はるかに重要ではないという点だ。第4章、第5章、第6章、第9章そして第10章でこのことに関し、多くの証拠を読者と共有するつもりだ。

特定の才能は中心的役割を果たすというわけではないということを認めたとして

も、それでもなお、偉業を生み出すには傑出した生まれつきの一般的な能力は必要だというかもしれない。標準をはるかに超えた知能や格別な記憶力なしではどの分野でも頂点を極めることはないはずだと。たとえ信じていなくてもそのように思いがちだし、このような考えは我々の心の中に深く浸透しているかもしれない。しかしこの信念は、それが本当に正しいかどうか、より詳しく検証する価値がある。

第3章

頭はよくなければならないのか

高い業績を上げるために知能と記憶は大切なのか

とてつもない桁の数字を覚えた男

1978年7月11日、ピッツバーグのカーネギーメロン大学の心理学実験室で、のちに心理学の文献でSFと呼ばれるようになる有名な実験が行われていた。ある実験のため、SFという名の一人の学部学生が任意の数字のリストを記憶しようと座っていた。有名な心理学者ウィリアム・チェース教授と博士課程を修了した研究者アンダース・エリクソンがこの学生を被験者としていた。

SFとその他を被験者に、この二人の研究者はスパン・タスクと呼ばれる標準記憶テストを実施していた。その研究では研究者が任意に並んだ数字のリストから一秒あたり一つの数字を読み上げ、20秒後被験者は自分が覚えていられるだけの桁数を復唱するというものだった。心理学者はこの実験を何年にもわたって実施していた。興味深いのは、被験者SFはとてつもなく長い桁数の数字を覚えることができるという点だ。

このスパン・タスクでは通常の人は7桁の数字しか覚えられない。せいぜい9桁止まりでそれ以上いくことはまれだ（この20秒後というのがそれをとても難しくしている。やってみてほしい）。チェース教授とエリクソン博士の担当した被験者の一人は、9日間、毎日1時間このテストを実施したが、けっして9桁以上いくことはなかった。そして、被験者はもうこれ以上覚えることは不可能だと訴え、この実験から辞退した。

もっと以前に実施した同じ研究では、二人の被験者は何時間ものテストをやったのち、覚える桁数をようやく14桁まで増やすことができた。しかし、この日は特別でSFは当時新記録の22桁を記憶するように命じられていた。それはSFにとって大変つらい実験だった。

リストを読み終えるとSFは「わかった、わかった、わかった」とつぶやき、両手を3度高らかに打ち鳴らし静かになった。

さらに神経を集中させているように見えた。「よしよし、413ポイント1」と叫び、深く息を吸い込んだ。

「7784」SFはほとんど叫んでいた。

「そうか、6で3だ」SFは叫んでいた。

「494……87そうか」と静かになり、「946！」また叫んだ。

あと一桁だけが残っていた。その一つが出ない。「946、ああ、946ポイント」

SFは叫び声を上げていた。必死だった。ついに声を振り絞るように言った。「2だ！」ついにやり遂げた。

チェース教授とエリクソン博士は結果をチェックした。そのときドアをノックする音が聞こえた。大学内の警備員だった。実験室で誰かが叫んでいると通報があったからだ。

知能や記憶力が偉大な業績を生み出すのか

SFの業績はいくつかの点で重要だ。SFの22桁の記録は長くもつことはなく、SFは次々と新しい記録を塗り替え、最終的には2年間と250時間の訓練ののち、82桁の数字まで覚えることができるようになった。これがどれほど大変なことかよく理解してもらうため、次の数字を誰かに一秒に一つずつ読んでもらい覚えられるか想像すれば十分だろう。

８３７２６８９２７８６２７９２５０８９８３６８４０８０４２６２８９１９９６
３９２７７８２１３４３１７１８９６５１８２４６５７５２９１４４５２６４３７８
５３５０８７

このリストを一度聞いただけでは正しい順番で思い出すことはどう考えてみても不可能なように思えるだろう。しかし訓練を始める前、ＳＦの記憶力は平均的なものだった。学校の成績はよかったが、知能テストの成績は平均的だった。ＳＦに関するどの情報にも驚異的記憶力を発揮するようなものはなかった。

82桁で訓練はやめたが、訓練の進行状況をみるかぎりＳＦが能力の限界に達したという証拠は、その時点では一切みられなかった。ＳＦの友人の一人がチェース教授とエリクソン博士の被験者となるが、その被験者は実に１０２桁まで記録を伸ばした。この場合もまたその時点で彼の記憶力が限界に達したという証拠はみられなかった。これを受け、チェース教授とエリクソン博士は次のように結論づけている。

「練習を積めば、記憶技術の改善に限界はないように思える」

それがＳＦの実験における一つの重要な発見だ。つまり一般的能力でみれば、平均的な人が想像もできないくらいのレベルにまでその記憶力を高めることができるのだ。ＳＦがどうしてできるようになったかが決定的に重要だが、それはのちに述べることにしよう。

2番目に重要なのは、この実験がエリクソンの心の中に一つの種を植えつけたという点だ。エリクソンはそののち偉業研究の分野で傑出した研究者になっていく。エリクソンは、ＳＦのケースは「普通の成人が目を見張るばかりの潜在能力を発揮したり、訓練で能力が驚異的に向上したりする典型的な例だ」と言っている。これこそがエリクソンのこれまで40年間の研究テーマとなっている。エリクソンは記憶の研究分野をはるかに超えて偉業研究を行ってきた。しかし、すべてはＳＦから始まったことを述べておくのは大切だろう。なぜならば、記憶力は、知能同様、偉大な業績を生み出すカギとなる力をもっていると世間では広くみなされているからだ。

頭がよいとはどういうことか

頭がよいということは、とくにビジネスで必要となる。たとえば、ＧＥの元会長ジャック・ウェルチは、世界でもっとも巨大かつ複雑な企業組織のすみずみまでを覚えているようにみえることで有名だ。事業評価の最中、ウェルチは財務諸表の26行目にある数字の矛盾をその場で見つけ出すような男で、その場に居合わせた者を唖然とさせる。こうした逸話は傑出した経営者にはよくあることだ。一世代前のＩＴＴの会長ハロルド・ジェニーンも同様の能力をもつ人間として伝説的だ。

高い能力の実業家は格別な記憶力に加えて、とてつもない知能をも持ち合わせているようにみえる。ウォーレン・バフェットが複雑な数学を暗算でやってのけることはよく知られている。バフェットは計算機を持っていないと主張しており、正直者で知られるバフェットの主張だからそれが真実であることには疑いの余地はない。

ワーナー・コミュニケーションズ帝国を築き、タイム社に売却したスティーブ・ロスも、複雑な企業取引を頭の中だけで分析することで知られていた。ロスは自分の能力が競争優位の源泉であるとみなしていた。

「私は計算機が嫌いだ。計算機のせいで私と他の人との能力の差がなくなってしまう」とロスは言っていた。インテルの偉大な元会長アンディ・グローブは、みなぎる知性を周囲にふりまき、自分についてこられない部下には容赦ないことで有名だった。テレビ、映画、インターネットの世界で傑出したキャリアを築き上げたバリー・ディラーの場合にも同じことが当てはまる。

ビジネスのために特殊な才能をもって生まれてきた人がいるという考え方に疑問をもつようになったとしても、ビジネスで名をなした人はいずれも、とてつもない一般的能力、とくに知能と記憶力があると世間ではみなされている。たしかにウェルチ、バフェットなどどこの点を証明するような多くの人を目にし、また多くの例にも出合う。

ゴールドマン・サックスは、ウォール街で同業者にもっとも高く評価されている会社だが、優秀な大学のもっとも優秀な卒業生だけを採用することでも知られている。コンサルティング業界の頂点に立つ企業マッキンゼーが採用するのは、ハーバードビジネススクールの中でも成績優秀な学生のみ表彰されるベイカースカラーをもつ卒業生（上位５％の学生）が大部分であることが知られている。

マイクロソフトとグーグルは、入社面接で志願者の多くが悲鳴を上げて立ち去るような厳しい質問をすることで有名だ。成功している企業は統一学力試験（ＳＡＴ）で満点をとるような人間で満ち満ちているようにみえる。

そうした背景を鑑みれば偉業に関する研究の成果から、**「高い業績を生み出すには、**

SFの記憶力のように開発された一般能力はもちろん、生まれつきの著しく高い一般能力さえ必要ではない」ということを知れば最初はどうしても驚くだろう。事実、ビジネスを含む多くの分野で一般知能と特定な能力との関連性はほとんどなく、いくつかの場合は明らかに無関係だ。記憶に関していうなら、大変すぐれた記憶力という概念を説明するには明らかに無理がある。なぜなら記憶力は生まれつきというよりは身につけるものだからだ。

ビジネスや他の分野で成功しているほとんどの人が、何か特別なものをもっているのは一目瞭然だ。しかし、それはいったい何だろう。原価計算を行うこと、ソフトウエアを考えること、カカオ先物取引を行うことといった分野で、生まれつきの才能があるとは思えない。そして、特別に思える専門能力も、実は一般的な認知能力を超えるものではないという事実はもっと信じられないことだろう。しかし、それが偉業研究の成果が示していることなのだ。だが、その事実があまりにも直感的には、理にかなっていないのでさらなる説明を求めたくなる。

・知能とは何か?

多くのものを含み、とてつもなく深い、「知能」という概念をここで少しのぞき込んで探求してみよう。

誰かを頭がよいという場合、それは何を意味するのだろう。直感的に理解はできても、じっくり考えようとすると、とても複雑であることに気づく。数字に強い人もいれば、言葉にすぐれている人もいるように思える。抽象的な概念にすぐれている人もいれば、具体的な知識にすぐれている人もいるように思える。どうすればこうしたあらゆる種類の賢い人たちを一つの概念にまとめられるのだろうか。冷静にこの問題を考えれば、これまでずいぶん批判されてきた知能指数とかなり似た概念を、頭のよさの基本的定義としたくなるのではないだろうか。

過去百年の間に開発されてきたＩＱテストは、実際10のサブテストを用いて知能のさまざまな側面をとらえようとするものだ（サブテストの対象は、情報、計算、語彙、理解力、画像の完成、ブロックデザイン、対象の組み合わせ、暗号、絵の組み合わせ、相似である）。こうしたテストを何百万人もに実施し、研究者はそれぞれのサブテストの結果の間に相関関係があることを突き止めた。

つまり、一つのサブテストの結果がよい人は、他のサブテストにおいてもよい結果を出すことがわかった。そこでその理由を探るためサブテストの結果に影響を与える一般的要因があるという仮説を立て、この要因を一般知能（G）と名づけた。この一般知能を測るものがＩＱテストだ。

学界の学識経験者からも、専門家以外の人からもこのＩＱは長年非難されつづけてきた。なぜならばＩＱテストで計測できなかったり説明できなかったりする事柄があるからであり、批判の多くは妥当なものだ。たとえば、現実の世界では批判的思考法（クリティカルシンキング）は間違いなく重要なものだが、ＩＱテストでは評価できない。社会的スキル、正直さ、寛容さ、知恵、その他、我々が価値を置き、よりよく理解したいと思う事柄をＩＱテストでは評価できない。いずれも検査の対象にはなっていないからだ。

作家や研究者たちはこうした批判にこたえるものとして、何年もかけて他の種類の知性と呼べる新しい概念を提案してきた。こうした中でもっとも著名な人物は、ハーバード大学のハワード・ガードナー教授で、同教授の多重知能（言語的知能、音楽的知能、ビジュアル＝空間的知能、その他少なくとも五つ以上の異なる知能）という理論は大変影響力があるものだ。

作家のダニエル・ゴールマンは、「こころの知能指数」あるいは「ＥＱ」と名づけた自身の著作でベストセラー作家になっている。このＥＱでは、結婚生活から職場まで、現実の世界での人間関係に役立つと思われる多くの要因（自己抑制、情熱、忍耐など）について書いている。

こうした概念は大変役立つが、「新たな種類の知能」と呼ぶには必ずしも適切ではないかもしれない。なぜなら知能の概念を曖昧にしてしまうからだ。知能の研究者としてもっとも著名な一人であるアーサー・ジェンセンはこうした試みをチェスを運動技能だと呼ぶようなものだと批判している。たしかにチェスを研究したいが、チェスを運動と分類してしまうと運動の技術がどうやってもたらされるか理解できなくしてしまう。

当面、知能とは、ＩＱで評価されるという一般的な知能概念に基づいて議論を進めることにする。ＩＱは実際知能の評価基準としては成果を上げている。完全とはいえないが、将来学校の成績がどうなるかをかなり正しく予想してくれる。

知能研究で著名なジェームズ・Ｒ・フリン教授は、専門職ならびに経営職や技術的職業に就いている人を集団としてみた場合、平均よりも高いＩＱをもっていると報告している。労働者全体でみると、仕事の内容が複雑になるに従い、それに携わる労働者のＩＱも上昇する。このことはまったく驚きもしない。より賢い人はよりできるという世間の想像を裏づけているからだ。ＩＱの高い人はより難しい仕事をこなし、より高い社会的な地位を獲得する。

古風な学問的な意味で知能一般を考えると、素粒子物理学者は歯医者より賢いし、歯医者は生産ラインで働く労働者よりも平均的には賢い。世界的な偉業をあげる人はたとえ特定の目的に対応する天賦の才をもたなくても、一般的な優位性、おそらくは優越的な知能を生まれつきもっているという見方にはたくさんの証拠があるように思える。

やっかいなのは、平均的なＩＱ以下の人たちにまで分析を進めたときだ。まわりを見てほしい。ビジネスの世界でほぼ間違いなく通常の意味であまり高い知能をもっていないのに、ときには目覚ましい成功を収める人に出会うことがある。こういった場合、普通はあの人は人づきあいが上手だとか、ものすごく働いたとか、本当に仕事に真剣に取り組んだとか言って成功の理由を説明する。こうした要素はガードナーの多重知能やゴールマンのＥＱといった考え方に関連しているかもしれない。しかし決定的な点は、ＩＱでは偉業を説明できないかもしれないと最初に我々が疑わしく感じたように、こうした能力ある人のもっているものは明らかに一般的な知能ではないということだ。

こうした証拠は実際のところ、山ほどある。我々が偶然遭遇する経験よりもはるかに多い。幅広い研究によればＩＱと業績との相関関係は、平均データが示すほどにはないかあるいはまったくないことが判明している。

・セールスパーソンの売上とＩＱ

販売員の場合を考えてみよう。ここではメタ分析という手法を使っている。この種の調査での最大規模なもので数十の以前の研究からおよそ４万６０００人の個人データを集め、検証するものだ。

ビジネス界の実業家を研究するのは、条件を均一にできないから困難だ。そのため、多くの場合結果がはっきりしない。意思決定がよかったか悪かったかは何年もの間わからないかもしれない。その点、販売員を対象とする研究は非常に魅力的だ。少なくとも、「売上」という計測できる明確な対象を即座に生み出すからだ。それでも際限なく研究の邪魔となるようなものが現れるかもしれない。セールスパーソンたちは何度も上司に対し雄弁に言い訳をするからだ。しかし、時間をかけて多くの被験者を対象とすればこうしたノイズは消えていくものだ。

このメタ分析で部下のセールスパーソンを評価するよう上司に依頼すると、上司の評価と部下の知能との間に比較的高い相関関係を見いだせる。上司は賢いセールスパーソンはよりよい成果を出すセールスパーソンだと考えがちだ。

しかし、研究者が実際に販売成果とセールスパーソンの知能を比べてみると、その間には相関関係を見いだすことはできなかった。販売員がどれほど成果を上げるかを予想するうえで知能はほとんど役に立たなかった。どんなものであれ販売員を優秀にするものは、知能以外のもののようだ。

この結果をみて、販売員の管理者自身が勘違いをしていることには驚かされる。一般に販売員の管理者は、部下のパフォーマンスを客観的に知りたいと思っており、かつ一定の基準で評価していると世間では思われているだろう。しかし、実際はそうではないようだ。この調査結果は、少なくとももう一つの大規模のメタ分析でも裏づけられている。必然的に知能がよりよい業績をもたらすという見方は、一般の人の心に強くしみついているので、ときには現実に目をつぶってしまうのかもしれない。

・競馬の的中率とIQ

ビジネスと共通点が多い活動に焦点を絞り、現実の世界での業績を詳細に調査研究したものがある。それは、競馬予想だ。関連事実を調査研究し、かけ率（以下オッズ）を予想し、お金をどの馬にかけるか決定する。その本質は経営とさして変わらない。

研究者たちは競馬場に行き、被験者を募った。発走予定時刻でのオッズ予想能力に基づいて、こうした被験者を専門家か、非専門家かに分類した。ここでの専門家の定義は、オッズ予想で断然すぐれた能力を示したものを指している。しかし、通常このような場合に大きな違いを示すと思われるような要素である、競馬での経験年数、正規教育の期間、職業的地位、そしてＩＱをみても、両グループ間の平均値には大きな違いはなかった。両グループの知能の平均値と偏差値が同じであるばかりか、人口全体と比べてもほとんど同じだった。専門家も非専門家もとくに賢いわけではなかった。

データをより詳細にみると競馬のオッズ予想の専門家であるかどうかを当てるには被験者の知能はまったく役に立たないことがわかった。たとえば、過去16年間定期的に競馬場に通う知能指数85（初期の知能テストの開発者が「中の下」と分類したレベル）の被験者は、建設現場で働く男だった。この男は全10レースで1着に入った馬を予想し、5回のレースでは上位3着に入った馬を正しい順位で予想した。これに対して、非専門家の一人は過去15年間定期的に競馬場に通っていた弁護士で、その知能指数は118だった（中の上、かなりできるレベル）。この弁護士の場合、10レースで1着となる馬を当てたのはたったの3回で、上位3着を正しい順番で当てたのは10レースでたった一度だけだった。

この結果がとくに興味深いのは、オッズの正確な予想は大変複雑な作業だという点だ。10以上の要素を考慮しなければならず、そうした要素は互いに複雑に絡み合っている。いや実は馬のオッズ予想にあたり専門家たちは、非専門家が用いるモデルに加えて、いわゆる乗法モデルといわれるはるかに複雑なモデルを用いていることが研究者にもわかってきた。乗法モデルにおいては、たとえば馬場の状態のようないくつかの要素が、最終レースでの馬のスピードなど他の重要な要素にも影響を与えている。別の言い方をすれば、専門家になるためにはきわめて困難な技術が求められているのだ。繰り返していうが、ここでも知能は重要な要素とは思えないのだ。

ＩＱの低い専門家はＩＱの高い非専門家より、複雑なモデルを用いていたことを研究者は発見した。オッズ予想の専門能力はＩＱとの相関関係がないばかりでなく、ＩＱテストの中の算数のサブテストの結果とさえ相関関係がなかった。

研究者の結論は、以下のとおりだ。ＩＱテストが測定するものがどんなものであろうとも、認知上複雑な形式をもつ多変量解析を行いうる能力をＩＱは測ることができない。この多変量解析という言葉は日常生活ではあまり使われる言葉ではないが、実際には職場での活動や一流だといわれる人の手際よい仕事振りを実に見事に表現しているものだ。物事を卓越して行うには、世間でいわれているような意味でとくに賢くある必要などないのだ。

・チェスとＩＱ

同様の結果は、他の多くの分野でも見つかっている。たとえば、ビジネス界と大変似ていると考えられている分野にチェスがある。チェスの強さをＩＱは上手に説明してはくれない。これは、一見信じがたいように思えるかもしれない。チェスは一般に純粋に頭脳を使った営みであると思われているからだ。にもかかわらず、**チェスの最高の名人の中にはＩＱが通常以下である人もいることが調査研究でわかっている。**チェスよりも複雑ともいわれるゲームの碁でも同じ結果がみられる。さらに驚くことには、スクラブル（文字を印刷したブロックを組み合わせて単語をつくるゲーム）のトッププレーヤーの中に、知能テストの言語のサブテストで平均以下の人もいるという結果もわかっている。

高いＩＱが高い業績との相関関係を示しているようにみえる場合でも、長続きしない傾向がある。たとえば、初めて行う仕事の場合、その仕事に着手したばかりのときは、ＩＱの高い人が低い人よりもよい成績を収めたとしても、その関係性は時間の経過とともにしだいに弱くなる。両者が仕事に習熟するにつれ差はちぢまり、ついには能力の差はまったくなくなってしまう。

たとえば、チェスをやりはじめた子どもたちの研究ではゲームに習熟するにつれ、ＩＱからみるチェスの上達度の予想精度は劇的に落ちてくる。**結局ＩＱは、子どもがどの程度上達するか予想する尺度にはならない**。仕事場の成人の場合も同じである。慣れない仕事においてはＩＱは高い業績予想力はあるものの、仕事に数年従事したあとでは、ＩＱの業績予想力はほとんどないか、あるいはまったくない。

しかし、賢いことはマイナス要因だとまでは、一連の調査が示しているわけではない。大成功している人たちの多くは、実に賢く、知的にみえる。しかし、ＩＱと業績の相関関係は、通常思われているほどには強くないということをこれまでの調査結果が強く示している。もっとも重要なのは、実は**偉業達成において知能や高いＩＱは、**

必要条件ではないと研究成果が示している点なのだ。

記憶力は重要なのか？

とてつもない大成功を収めている人と深く結びつけられる一般的能力のもう一つ、「驚異的な記憶力」についても知能と同様な証拠が見つかっている。フランシス・ゴルトンは、高い記憶力は著名な人の大きな特徴の一つであって、記憶力は遺伝によって受け継がれる天賦の才の一つだと確信していた。たとえば、学者リチャード・ポーソンは記憶力にかけては驚異的能力の持ち主で、一族から受け継いだ遺伝的なものだとゴルトンは主張している。しかし最近の多くの研究によれば記憶力は後天的なものであり、ほとんど誰でも身につけることのできる能力であることが判明している。

前述のSFの場合、スタート時は通常のIQと通常の記憶力だったにもかかわらず、最終的には驚異的に記憶力を伸ばしている。実は、記憶を助けるシステムを競走ランナーとしての自分の経験に基づいてつくり上げていたのだった。たとえば、22桁目の数字を思い出そうと懸命になっていたとき、彼が言いつづけていた言葉を思い出してほしい。「９４６、ああ、９４６ポイント」。なぜSFはポイントと言っていたのだろう。その数字の少し前のほうでは、同じように「413ポイント1」と言っていた。9462という数字を、9分46秒という時間に読み換え、2マイル走った際の素晴らしい記録とみなしていたのだ。同様に、4131と聞くと、それは1マイル4分13秒と考えていたのだ。これは研究者が記憶検索システムと呼ぶものだ。このことは本書の中でのちに、とくに重要性をもつものとして記述するつもりだ。記憶検索システムを自ら生み出すか研究者に教えられることで、膨大な記憶力を手にできることをSFや他の多くの調査研究が示している。

さまざまな調査が記憶力は開発されるものであり、生まれつきなものではないことを裏づけている。世界クラスのチェス競技者はずば抜けて頭がよいだけではなく、当然のことながら、超人的な記憶力をもっていると一般には思われている。

チェスチャンピオンはよく弱い相手と目隠しをしたまま公開での模範試合（いわゆるエキシビションマッチ）を行うが、チャンピオンたちはそれぞれのチェス盤のすべての駒を頭の中に入れることができる。こうした模範試合での光景は見る者にとって信じられないものだ。

チェコのチェス名人のリファルド・レティは、かつて同時に29人を相手に目隠しで模範試合を行った（試合会場に自分のブリーフケースを忘れて帰ったレティは、自分の記憶力はなんと悪いのかと嘆いていたという）。

ポーランド系アルゼンチン人のチェスの名人ミゲル・ナイドルフは、１９４７年サンパウロで、同時に45人を相手に目隠しでの模範試合を行った。そのうち、39人に勝ち、４人とは引き分け、２人に負けただけだった。

通常の人間がそんなことができるとは信じがたい。しかし、熟達したチェスプレーヤーとまったくの素人が、実戦に基づいて置かれているチェス盤の25個の駒をほんの５秒から10秒だけ見せられ、その位置を思い出すように言われたとしよう。結果は想像のとおりだ。チェス名人はたいていの場合すべての駒の位置を覚えているのに、素人は４か５駒しか覚えていない。

そして今度は、研究者は同じことを繰り返すものの、駒の置き方を実戦形式ではなくでたらめに置く。こうするとチェスの素人はやはりたった４、５駒しか覚えていないが、生涯チェスに身を捧（ささ）げてきたチェス名人も今度は６、７駒しか覚えておらず、素人よりも少しましなだけだった。

・チェスの記憶力はチェスをするためだけのもの

チェスの名人は驚異的な記憶力をもっていたわけではなかったのだ。チェス名人がもっていたずば抜けた記憶力は、本当の試合において駒の位置を覚える能力だったのだ。これは、すぐれたチェスプレーヤーは必ずしもIQが高いわけではなく、その特定のゲームをプレーする能力が高度に発達しているという、以前も述べた発見を反映している。私はかつて、長年世界チャンピオンに君臨してきたガルリ・カスパロフに、このような発見を信用できるかどうか尋ねたことがある。「もちろんだ」と彼は言った。

「チェスをするための適性はチェスをするための適性であり、それがすべてだ」

この記憶の研究は碁の競技者に対しても行われた。そしてブリッジでも行われた。結果は同じだった。熟達した碁の競技者は実際の競技の局面での手を記憶することには卓越しており、ブリッジの場合もそうだった。碁盤上の石やブリッジで手の中にあるカードがバラバラにされると、専門家の記憶力は通常の人と変わらなくなってしまう。同様にSFの驚異的な記憶力においても、SFが練習を積んだ特定の課題ではなく一般的な対象には適用できなかった。任意の桁の数字ではなく任意の子音を読み上げられれば、SFの記憶力も私たちの記憶と大差ないものになるだろう。

要約すれば、技を究めた人はとてつもない記憶力をもっているという一般に広く信じられている見方はある意味では正当化されるものの（実際こうした達人の記憶力にはしばしば驚かされる）、こうした達人の記憶力が天賦の才であることを正当化するものではない。**驚異的な記憶力は、誰にでも手に入れられるのは明らかなのだ。**

ずば抜けた一般能力、とくに知能と記憶力は、卓越した業績を生み出すのには必ずしも要しないというのは驚きかもしれない。しかし、目覚ましい成功を遂げている企業や経営者たちが従業員に求める特性のことを考えると、さほどの驚きではない。たしかにマッキンゼーやゴールドマン・サックス、マイクロソフト、グーグルなどその他トップ企業が頭のよい人を求めていることは事実だ。しかし、一方ではきわめて高い知的能力を採用時に優先させることはなく、ときにはそうした能力さえ求めない企業があるのには驚かされる。

・GEが求める人材

例をあげると、ビジネスリーダーの狩り場として常にヘッドハンターたちからナンバーワンにランクされている企業、GEがそうである。ジェフリー・イメルトがCEOだったとき、彼はどんな人材を求めているかを明確に語っていた。

非常に集中力があり、明晰な頭脳をもち、想像力に長け、インクルーシブ・リーダー（ＹｏｕではなくＷｅという言葉で部下を内包しながらチームを導く人材）で、自信にあふれた専門家を求めている。これらはいずれも行動特性であり、人材の特性ではない。そして、こうした能力を示すために１３０のＩＱは必要とされてはいない。

イメルトの前任者ウェルチは知的能力ではなく、次のような四つのＥと呼ぶ異なる一連の基準を用いた。

①Energy（エナジー）
②ability to Energize（エナジャイズする力。決断力を意味するが、ウェルチは頭文字Ｅで始める言葉を必要としたためこの言葉を選んだ）
③Edge（とんがった能力）
④Execute（実行力）

しかし、これもまたいずれも行動特性であり、特別な知能や記憶力ないしもう少し具体的な特性を求めているわけではない。もちろんＧＥの経営幹部の多くはたしかにとても賢そうだし、チェスの名人たちも驚異的な記憶力をもっているようにみえる。しかし、実際彼らの能力は、通常の人と比べてほとんど変わらない点に注目する必要がある。検証せずにみたことを正確に理解することは難しい。しかし、多くのＧＥの経営幹部リーダーは、マッキンゼーやゴールドマン・サックスの幹部とは異なり、有名大学の卒業生ではない点は注目に値する。

一般的に高業績を上げている多くの企業は懸命に独自の採用基準を開発し、はっきりと成果につながるリストをもっているが、そうしたリストには際立った一般能力は含まれていない。40年以上、毎年利益を上げている唯一のアメリカ航空会社サウスウエスト航空は、ユーモアのセンス、使命感、エネルギー、自信といった態度や個人的特性を併せ持った人を採用することで知られている。

こうした企業のメッセージは重要な疑問を提起している。高い知能や記憶力がたとえ成功の決定的な要因ではないにしろ、成功している企業が求める**チーム志向、ユーモア、自信などといった特性は特定の企業を超えて確実にどの企業の成功にも関連性をもっている**。もしそうならば、それはもっているかもっていないかはっきり分かれてしまう生まれつきの特性なのだろうか。研究成果の中には性格的側面が特定の業種の特性とマッチしていることを示すものもある。たとえば、販売がそうで、外交的な性格の人が向いているとされる。

・性格や特性は変えられるのか？

すると次には、生まれつきの性格や特性は変えることができないのかという疑問がわいてくる。過去に行われた研究の成果では、性格的側面は生涯にわたりあまり変わらないとされている。性格的側面が多少影響を与えるかもしれないが、業績自体を必ずしも制約するものではない。

ビジネス世界でもっとも成功した人が、自らの性格を大きく変えた例がある。アメリカの元財務長官ロバート・ルービンの場合がそうだ。ルービンはキャリアのほとんどをゴールドマン・サックスで過ごし、最終的には同社の共同CEOの地位にまで上り詰めた。しかし、当初ゴールドマン・サックスでは、まわりから変わったやつだと思われていた。「短気」で「人間的に温かみに欠け」、唐突で命令口調で同僚にも嫌味な人間だとまわりの人には思われていた。とはいえ、こうしたことのどれをとっても、裁定取引業者（金利差や価格差を利用して利ザヤを稼ぐ取引業者）としてのルービンの成功を妨げるものではなかった。ビジネスで結果を出すかぎり、トレーダーの振る舞いなど誰も歯牙にもかけないのだ。

しかし、あるときルービンは年長のパートナーから、もしルービンが態度を改め、同僚に対しより配慮することができるようになれば、社内でもっと大きな役割を担うことができるようになるかもしれないと言われた。ルービンは回顧録で次のように語っている。

「なぜこの助言がそれほどまでに私に影響を与えるのかと自問してきた」

回顧録ではその理由をさまざま推測しているものの、ともかくこの助言はルービンに根底から影響を与えるものだった。以来ルービンは周囲の人の話を聞き、問題を理解し、考え方を尊重するようになった。

ルービンは自分の性格の重要な要素を変えることができた。もしルービンが変わっていなかったら、ゴールドマン・サックスやウォール街でもっとも尊敬される人物にはならなかっただろう。心理学者の中にはルービンは自分の性格を変えたのではなく、性格の一部を抑えるために、自らの行動を変えただけだと反論する者もいるだろう。それもいいが、屁理屈（へりくつ）を言う必要はない。重要なことは、性格によって先天的に制約を受けることはないという点だ。

・生まれつきのもので制約になるもの

読者もこの時点まで読み進んで、偉業に大きな違いをもたらす要素があるのかどうか、そして、それは生まれつきでどうにもならないものなのかを考えざるをえないだろう。

この質問への答えは、もちろんそうした要素は存在するということだ。それは生まれつきの身体的特性や生まれついての精神障害、まだ原因が十分に解明されていない病気などである。健康な人についていえば、生まれつきの制約要因は明らかに身体的なものだ。体が成熟すると、背の高さは変えることはできないし、5フィート（約1・5メートル）ならばアメリカンフットボールのプロのNFLのラインズマンになれない。7フィート（約2メートル）あれば体操競技者になることはないだろう。体つきの一部は生まれつきなものであり、相撲力士は優秀なマラソンランナーに変身することはできないだろう。声はあらゆる方法によって開発する余地はあるが、あなたの声帯の大きさによって制約を受ける。テナーからバスにはけっして変わることはできない。

こうしたことにはみな同意するだろう。健康な大人が何か達成しようとするときに何か生まれつきの制約があるとすれば身体的なものであり、それ以外はこれまでのところはっきりと制約になるものは見つかってはいない。

この事実はたいていの人が信じているものとは著しく反している。生まれつきもっているものともっていないものの差で、成功へのあらゆる道がふさがれていると考えがちなのだ。そうした考えが当てはまるケースは一般に考えられているより非常に少ない。自分が直面していると感じる障害はほとんどの場合実在しない。

しかし、この発見だけでは欲求不満になる。ピアノで「チョップスティックス」（簡単に弾ける曲として世界的に有名なピアノ曲）より難しい曲を演奏したり、算数の文章題を解いたり、ソフトボールチームより大きな組織を率いたりすることを妨げる不変的な要素はほとんど存在しないことは理解できたかもしれない。

しかしながら、自分の邪魔をしたりしなかったりするものではなく、本当に知りたいことは他の人に比べて飛躍的に高い能力をもつ人がどうして生まれるのかという点だ。ここまで検討してきた心理学の研究成果の内容はどうすれば卓越した人になれるかではなくて、むしろどうすればなれないのかということだ。具体的にいえば次のとおりだ。

・「偉大な業績」をもたらすことがない要因

①卓越した能力をもたらすものは経験ではない。

長年取り組んでいることでたいした業績を上げず経験だけは豊富な人が周囲に多くいるし、実際多くの分野で何年にもわたり携わっていることでむしろ能力が下がって

いる人がいるという証拠もあるからである。

②卓越した能力は生まれつきの特定の能力によってもたらされるものでもない。

たとえいくつかの生まれつきの能力があったとしても、優秀さを決定づけるものではない。そのような能力の存在に疑問を投げかける広範な証拠も検討した。この種の能力をもっていると思われるような人が必ずしも卓越した業績を達成していないことが多い一方、**とてつもない成果を上げてきた人が生まれつきの能力を持ち合わせていないことも多いのである。**

③卓越した能力をもたらすのは知能や記憶力といった一般的な能力ではない。

多くの分野で知能と業績との間の関係はほとんどないことを研究成果は示している。ＩＱがあまり高くない人がときには際立った業績を上げる一方、**ＩＱの高い人がときには平凡なレベルにさえも至らないことがある。また、記憶力は後天的に身につける能力である。**

以上要約していうならば、我々は「偉大な業績」をもたらすことがない要因を突き止めたのだ。では偉大な業績をもたらす要因とは何だろうか。

第4章

世界的な偉業を生み出す要因とは？

いったいどうすれば偉大な業績は上げられるのか

天才アメフト選手の誕生

ジェリー・ライスはミシシッピ州のクローフォード（人口636人）という小さな町に育ち、スカウトされて高校のアメリカンフットボールチームに入部した。チームの監督はその若者の足がとても速いという報告を聞いていたので、説得してテストを受けさせることにした。

実際、ライスは素晴らしい選手で州の代表チームにも選ばれた。しかし、アメフトで有名な大学が奨学金を出して入学させるほどの選手ではなかった。最終的にはミシシッピ州イッタベナ（人口1946人）にあるミシシッピバレー州立大学からアメフト奨学金を受け、入学し、そこでその後の4年を過ごした。

その小さな学校でライスは大スターだった。ワイドレシーバーとして数々のNCAA（National Collegiate Athletic Association／全米大学体育協会）の記録を何度も塗り替えた。最終学年ではすべての全米フットボールチームの大会に選出され、大穴ではあったけれどもハイズマン賞（大学フットボールでもっとも活躍した選手をたたえる賞）の候補者の一人にも選ばれた。

しかし一方、全米プロフットボールチームが奪い合うような傑出した選手ではなかった。難点はライスのスピードにあった。クローフォードの町の基準ではたしかに速かった。大学のスター選手としても十分な速さだった。しかし、アメリカンフットボール最大のプロリーグNFL（National Football League）の基準でみたスピードでは特別な存在ではなかった。1985年のドラフトで、15チームがライスを見送ったあと、ようやくサンフランシスコ・フォーティナイナーズと契約を交わすことができた。

今ではライスはフットボールファンなら誰でも知っているようにNFL史上最高のレシーバーであり、フットボールの専門家の中にはポジションに関係なくライスが最高の選手にちがいないと信じる者さえいる。あれほど高いレベルで厳しく、競い合っていることを考慮すれば、リーグにおけるライスの圧倒的な強さは信じがたいものがある。たとえば、タッチダウンパスを含めパスを受け取る際の獲得ヤードはライスがもつ記録と2位の選手の記録とには5％や10％ではなく、20％から50％もの差があるのだ。

記録とはいつしか破られるものだと考えたほうが無難ではあるものの、鉄人ライスの記録を破るのは非常に難しいことだ。危険なポジションで20シーズン（20年間）プレーをし、医者の助言を聞かずプレーに復帰したが、ケガで14週間休んだ1997年を除いて、ほとんどすべてのシーズンでライスはプレーをしている。今後誰かが過酷なゲームでライスのように何年にもわたりずば抜けて高い水準でプレーを続けることは、無論不可能なこととはいえない。しかし、これまでの歴史をみるかぎり起こりうる可能性はきわめて低いように思える。

なぜライスは素晴らしい選手になれたのか

「なぜあの選手はすごくなったのか」という類いの質問は、必ずやスポーツファンの中で論争の種となる。しかし、ライスの場合はその答えに議論の余地はまったくない。フットボールの世界ではライスが最高の選手だということに異論はないようだ。

他のどの選手よりシーズン中もオフシーズンも練習に懸命に努めるからだ。

チームの練習ではライスは張り切り屋で有名だった。多くのレシーバーがパスを受けたあとクオーターバックのところにゆっくり戻ってくるが、ライスの場合必ず走って戻った。そして、他のチームメンバーが家に帰ったあとでもいつも遅くまで練習を続けたものだ。

とくに注目に値するのは、オフシーズンに週に6日のトレーニングを行うことだ。ライスはこうした訓練を完全に一人で行っている。午前中は心肺機能強化のため丘陵を5マイルほど走り、もっとも傾斜のきつい40メートルの距離では10回全力疾走を行っていたと報じられている。午後には、同様に激しいウエートトレーニングを行った。

ライスのこの訓練はNFLリーグでもっとも厳しいものとして伝説のようになり、ときには他の選手たちがライスはいったいどんな練習をしているのか知ろうと参加することもあった。しかし、一日のメニューが終わる前に気分が悪くなる選手もいたほどだった。

ときにはフォーティナイナーズのチームメンバーが手紙を書いて、ライスの訓練を教えてくれと頼むこともあった。しかし、トレーナーはライスのまねをしてケガでもされては困ると考え、その情報はけっして教えなかった。

ライスの話の教訓は厳しい訓練が大きな違いを生み出すという事実だ。しかし、さまざまな研究やまわりをみてもわかるように、懸命に取り組むことだけでは、たいていの場合、「偉大な業績」にはつながらない。また、大学時代、選手として素晴らしい成績を収めたあとでも、ワイドレシーバーにとって必須だとフットボールの監督が考えている「ずば抜けたスピード」を持ち合わせていなかった。それゆえ、ライスの物語には他の何かが潜んでいるにちがいないと考えざるをえない。そう、たしかに何かが潜んでいるのだ。

いくつかの重要なポイントをみてみよう。

実戦でうまくなったのではなかった

とりわけライスを偉大にしたものはいずれもフットボールの試合以外で積み重ねた努力だった。オフシーズン中のライス一人で行う訓練はコンディショニング（調整）で、チームで行う訓練は授業形式で映像を見ながらの研究、そして、個別のプレーを実際にチームメートと徹底的に練習するというメニューで構成されている。

しかし、フォーティナイナーズものちにライスがプレーをした他のチームもすべて、選手にケガをさせるリスクを冒したくないので、実戦練習を行うことはめったになかった。ということは、ライスが行ったアメリカンフットボールの試合は、ほとんどがライスを有名にした週末の本当の試合だけだったのだ。

ではその実際の試合時間は、フットボールのためにライスが使った時間のどれぐらいの割合だったのだろうか。控えめに評価しても、ライスは平均で週20時間をフットボールに使っていた。その練習内容はとてもきつく、もっとも熱心な選手さえ、その一部分の量しかこなせないほどのものだった。実は20時間以上の時間を練習に使っていたという証拠もあるが、ここは控えめにみておこう。ということは年に約一千時間ということだ。彼の20年間のプロ生活では2万時間という計算になる。ライスは生涯NFLで303試合に出場した。ワイドレシーバーとしてはNFL史上最多数の出場回数だ。もし攻撃側が試合時間の半分を使うと仮定すれば、ライスのNFLでの生涯競技時間はおよそ150時間になる。

しかし、これは少し過大評価かもしれない。ライスはすべての試合でフィールドにいたわけではないからだ。いずれにしても結論をいえば、**アメリカンフットボール史**

上最高の選手が実際アメリカンフットボールの「試合」に費やした時間は、アメリカンフットボールに関することに費やした時間の1%にもならなかったということだ。

もちろんＮＦＬの選手はアメリカンフットボールに関する時間の大半を試合以外の活動に費やすということはわかっている。そしてそれは重要なことだ。こうした選手は最高水準でプレーをし、容赦のない継続的な評価にさらされており、平日、練習試合は行わない。彼らは平日の時間のほとんどを他の活動に費やす。この事実を認識しておかなければならない。もっとも偉大な選手であるライスの場合、この比率が他の選手に比べても極端に大きな数字となっている。

特定の課題を解決するために練習を考案する

ライスはすべてにおいてうまくなる必要はなく、いくつかのことをこなすだけでよかった。ライスは正確なパターンで走らなければならなかった。具体的にいうと、ライスはときには2、3人のディフェンダーをかわさなければならなかった。またボールをとるために高くジャンプをしなくてはならなかった。ボールをライスから引き離そうとやってくる相手チームの選手をすり抜け、タックルに向かってくる連中を振り切って走らなければならなかった。そして、ＮＦＬリーグでもっとも速いワイドレシーバーであるということは、あまり重要ではなかった。ライスはレシーバーとしての動きのパターンの正確さで有名になったからだ。

ウエートトレーニングはライスに強大な力を与えた。丘陵の小道を走ったことで、相手に自分の体の動きを事前に察知されずに急に方向を変える身体コントロールを身につけることができるようになった。上り坂を使った疾走練習で爆発的な加速力を身につけた。スピードに重点を置く選手たちが通常重きを置かないような持久力トレーニングのおかげで、最終第4クオーター（60分の試合の最後の15分間）でライスは一段と有利になった。最終クオーターで敵陣の選手が疲れきっているのにもかかわらず、ライスはあたかも試合開始後まだ1分しかたっていないかのように元気に見えるのだった。ライスはいつもそうやって試合を終えた。

敵を圧倒するために何が必要かライスもコーチも正確に理解していた。本当に必要な課題に注力して訓練を実施し、一般的に必要だといわれる目標、たとえばスピードのようなものには力を注がなかった。

他人の助言も受けていたが、ライスは訓練のほとんどを自分自身で行った。

アメリカンフットボールのシーズンは1年に半分以下しかない。チームスポーツなのでもちろん他の選手たちとともに練習することは必要だ。しかしライスの練習は、ほとんどオフシーズンに行われていた。ライスは監督やトレーナーから重要な助言は受けていたが、フットボール関連の練習のほとんどは自分自身で行った。

けっしておもしろくない

限界まで走り込んだり、筋肉がいうことをきかなくなるまでウエートトレーニングを続けたりすることはけっしておもしろくはない。しかしこうしたことは中核をなす重要な活動なのだ。

ライスは年齢の限界に挑戦した

NFLの選手たちは平均20代で引退するので、35歳まで選手生活を続けることはめったにない。たとえケガをしなくても、選手として肉体の衰えは不可避で30歳も後半になり、15歳も年下の若い選手と対決すれば、もはや限界を感じるというのはよくいわれることだ。ライスのように30代まで活躍できるのは、試合でブロックしたり走ったりすることのないクオーターバックか、一試合でほんの数プレーだけにしか出場せず、めったに敵から接触を受けることもないキッカー（キックオフなどのキックプレーにおいてボールを蹴る役割の選手）やパンター（攻撃権が変わる際に行うボールを蹴る役割の選手）だけだ。

　ほとんどのプレーにおいて死に物狂いで走り、しばしばタックルでつぶされるワイドレシーバーの場合、20シーズンあるいは42歳までプレーをするということは信じられないことだ。実際ライス以外にこうした長期間にわたりプレーを続けた選手はいないのだ。

一流と二流を分けるもの

　アメリカンフットボールのスター選手の例が、他の人にどれだけの意味をもつのか疑うのも当然だ。しかも、たった一人の例ではないか。科学的な観点からいえば、それはデータではなく逸話にすぎない。ライスのキャリアで明らかになった教訓が一般に幅広く応用できるか判断するには、１９９０年代初頭に行われた達人研究が決定的に重要だ。厳格な科学手法で行われた研究をみてみよう。その研究はベルリンという違った場所、そして音楽というまったく異なる分野を対象に実施されたものだ。

　この研究の目的は、なぜある特定のバイオリニストが他より素晴らしいのかを明らかにするものだった。当時、大変優秀な音楽家を輩出することで有名な西ベルリン音楽学校（大学の音楽課程）に研究者は赴いた。同校の卒業者の多くは実際著名な交響楽団やソロの演奏家としてキャリアを積んでいる。研究者が同校の教授たちに、国際的なプロのソリストとして活躍しそうな最高のバイオリニストを指名するよう依頼した。併せてトップグループほどには優秀でないものの大変上手なバイオリニストたちも被験者の候補にあげさせ、入学基準がより低い大学内の別の学部のバイオリニストたちも指名させた。この3番目のグループにいる生徒は卒業後、通常一般の学校の音楽の先生となっていった。研究者はこの学部からも同時に被験者を集めた。この結果、三つの被験者グループが集まったことになる（これからは「最高」「よりよい」「よい」と彼らの各グループを呼ぶことにする）。研究者たちは被験者の選択にあたって、それぞれのグループが年齢（被験者となった生徒たちは20代前半であった）と性別でなるべく同じような集団になるように配慮した。

・収集したデータ

研究者はすべての被験者の個人的データを収集した。たとえば、何歳で音楽の勉強を始めたか、どんな先生についたか、どんなコンクールに出場したかなど多くの情報を収集した。集められたデータは同校の教授が行った演奏者としての学生評価と一致する結果となった。

たとえば、「最高」のグループにいるバイオリニストは「よりよい」グループのバイオリニストよりもコンクールで成功することが多く、「よりよい」グループにいるバイオリニストは「よい」グループのバイオリニストよりも成功することが多かったのだ。

被験者は、演奏を始めて以来毎年一週間に何時間練習してきたかを算定するように指示を受けた。被験者は各自の活動に関する長いリストを渡され、それを音楽関連と非音楽関連に分け活動を書き込み提出するように指示された。どの活動にどの程度の時間を最近費やしたか、それぞれの活動に通常一週間に何時間使ったか尋ねられた。

自分たちがよりよいバイオリニストになるために、それぞれの活動がどのような意味をもっているのか自己評価することも求められた。そして、いかにそれが楽しかったかも併せて質問された。前日どのように時間を使ったのかも含めてより多くのことを一分単位で聞かれ、一週間あたりの日記も書くことを求められた。日記は必ずしもいつも正確とは限らないので研究者がその内容をいろいろな方法を用いてチェックし、どの活動にどれだけの時間をかけ、申し出の内容が正しいかを確認するため、被験者と長い面談も行った。

その結果、膨大なデータの宝庫を得ることになった。素人がこのデータを見ると単に日曜日からのバイオリニストの生活や活動を13の方法で分析したものにすぎないというかもしれない。研究者の分析の結果明らかになった事実は、明瞭でかつ重い意味をもつものだった。

多くの基準で三つのグループのバイオリニストはほとんど似通っていた。約８歳でバイオリンを始め、15歳のとき音楽家になることを決意している。統計学的にみて三つのグループに意味ある違いを見つけることはできなかった。この研究が実施されるまでに被験者たちはすでに10年間バイオリンを演奏していた。

おそらくもっとも驚かされるのは、この三つのグループは週に同じだけの時間を音楽関連の活動に使っていたということだ。具体的には、個人レッスン、個人での練習、クラスでの授業で、一週間の合計時間は約51時間だ。この基準で評価する研究者は三つのグループの間で統計上意味ある違いを見つけることはできなかった。この三つのグループは、いずれも朝早く起き、何時間も費やし自分たちが求めたキャリアであるバイオリンに専心していた。それは他の多くの分野の人と同様に厳しい一週間の訓練だった。

どの活動が自分たちの上達に重要か、被験者にははっきりとわかっていた。それは自分で練習することだ。12の音楽に関する活動と、10の音楽とは無関係の活動（家事や買い物や余暇など）の中で何がバイオリンの上達に重要かを評価するよう求められて、誰もが一人で練習することを一番にあげている。

生徒はみな知っていたが、全員が同じようにその大切なことを実行してはいなかった。一人で練習することの重要性は理解していたが、実際に**一人で練習している時間は、3つのグループ間で劇的に異なっていた。「最高」と「よりよい」グループは一週間平均で24時間。しかし、「よい」グループは週にたった9時間しか練習していなかった。**

「究極の鍛錬」が世界的業績を生み出す

訓練のもつその他の側面を考慮するとき、この発見はさらに豊かな意味をもってくる。バイオリニストたちは「一人での訓練はもっとも重要な活動だが、もっともつらくおもしろくないものでもある」と明言している。努力が必要になる活動の評価をしてもらうと、一人で練習することは仲間や一人で演奏を楽しむときに比べてはるかにつらいと自己評価している。そしてもっともつらい一人の練習は、大変な育児よりもつらいとまで評価していた。

楽しさに関する評価では、楽しんで弾くことに比べ、一人での練習ははるかに低い位置にランクされている。もっともストレスが多く、またもっともおもしろくない活動と一般的には思われているグループでの正式な演奏よりも、一人での練習はさらに下の位置に評価されている。

一人での練習はとてもつらいため、たくさん練習するには自分の生活を特別な方法で調整する必要が生じてくる。「最高」と「よりよい」の二つのグループの場合、朝の遅い時間帯か、午後早い時間帯でまだ活力のあるうちに自分一人で練習している。それに対して3番目の「よい」グループに属するバイオリニストたちは午後の遅い時間に練習している。それは彼らがもっとも疲れていると思われる時間帯である。上位2グループは3番目のグループともう一つの点で異なっていた。上位のグループは下位のグループより夜長く寝るだけではなく、多く昼寝をする。一人での練習は消耗が激しく、体力回復には多くの休息を必要とするようだ。

個人でコントロールできるという意味において、音楽活動の中では一人での練習は特異である。レッスンを受けたり、授業に参加したり、演奏会をしたりすれば他人がかかわってくるので、制約を受けることになる。一週間は168時間あるわけで、やろうと思えばほとんど限度なく自分一人で練習できるはずだ。しかし実際のところ、使える時間のほとんどすべてを練習に使おうとする人は、被験者の中には一人も見当たらなかった。

この調査結果をみるかぎり、上達するのにもっとも大切なことは自分一人で練習することだということを被験者はみな理解していた。しかし、一人での練習は簡単ではないし、おもしろくもないと思っていた。実際一人で練習をしようと思えば、無制限の時間をもっていた。この点において三つのグループはみな同じだった。違っていたのは練習しようとした人たちがいたということであり、そして一人で多くの練習をした者がすぐれたバイオリンの弾き手であったということだ。

練習の効果は累積によって生まれる。この研究が実施された時点で「最高」と「よりよい」グループのバイオリニストたちはほぼ同じ時間量すなわち週に24時間練習していた。

これは単に「よい」グループのバイオリニストに比べ、圧倒的に多い練習量だが、上位2グループ間では練習時間に意味ある違いを見つけることができなかった。差がないということが問題を提起しているように研究者には思えた。より多い練習がよりよい演奏を意味するなら、どうして「最高」グループが中間に位置するグループより多くの練習をしていないのだろうか。

・何が上達の差をつくるのか？

その答えはそれまでの練習時間にあった。すべての被験者はバイオリンを始めてからこれまで、一週間あたり何時間練習していたか、年ごとの概算を出すように求められた。これによって研究者たちはこれまでの累積総練習時間をはじき出すことができるからだ。結果は驚くほど明瞭だった。**18歳に達するまで最上位のグループは平均で7410時間練習しており、2番目のグループは5301時間、3番目のグループは3420時間練習していた。**これらの差異は統計的に大変意味のある違いだ。

加えて、この数字が示している意味はもっと深い。お気づきのとおり、**累計の練習量が多いほどより業績が上げられるのだ。**しかし、ここで次世代のアンネ＝ゾフィー・ムターあるいはジョシュア・ベルをめざして国際的に活躍するソリストになろうと、18歳で決意した第3グループのバイオリニストの状況を想像してみよう。しかしこのバイオリニストは、これまでにすでに自分の2倍以上の累積した練習量を積み上げている同年齢で最高のバイオリニストの実力と同等かあるいはそれ以上の能力を身につけなければならないのだ。現状でもライバルの一人での練習時間は週あたり24時間で自分は9時間というはるかに少ない練習時間であるにもかかわらず、追いつくには彼らよりも長く練習しなければならないのだ。

老人になる前に追いつこうと思えば、何倍もの量に練習時間を増やさなければならない。そしてちょうど成人としての責任をもち、経済的にも自立を始める時期にこうした自らを消耗させる活動を行わなければならないのだ。要するにこの若者が、今からバイオリンのソリストの世界に飛び込むことは理論上可能でも、事実上はほとんど不可能だということだ。こうした状況に内在している問題は、個人および組織にとっても大変重大なものになっているのだ。

・特定の人々が目を見張る業績を上げるのはなぜか

この研究は、なぜ一部のバイオリニストがその他の人たちよりもずば抜けてすぐれているのかという問いに対して、驚くべき説得力のある答えとなっている。実はこの研究は、たとえばビジネス、スポーツ、音楽、科学などあらゆる分野において、なぜほとんどの人は達人になれなかったのに、一部の人はなれたのかという重要な問題に対する画期的な論文の一部だ。

この論文「達人としての技能を手にするうえで究極の鍛錬の果たす役割（The

Role of Deliberate Practice in the Acquisition of Expert Performance)」の中心的な著述者はアンダース・エリクソンで、エリクソンはこの論文発表の15年前、大学生が悲鳴を上げながら82桁の数字を覚える実験を手伝っていた研究者だ。そのときの研究が示唆した事柄は、エリクソンの頭をけっして離れることはなかった。この新しい論文でエリクソンとマックス・プランク研究所（Max Planck Institute for Human Development and Education）にいるその共著者ラルフ・Th・クランペとクレメンズ・テッシュ・ローマーは、「特定の人々が目を見張る業績を上げるのはなぜか」を理解するため新しい理論的フレームワークを提唱している。生まれつきの才能という概念があまりにも重視されすぎている現状のフレームワークが不十分なのは明らかだと考えたからだ。

偉業を成し遂げる人々の例をたくさんみても、早熟の才や天賦の才を証明するものを何ら見いだすことはできなかったように、生まれつきの才能という概念には多くの問題があることがわかった。これに対してエリクソンと共著者は、最高水準の業績を上げている人たちに関する研究によって浮かび上がってきたもう一つのテーマに注目した。どんな人でも、またその業績についての説明がどんなに進歩しても、達人がその地位を手にするためには、必ず多くの年月が必要だった。もし選ばれた人間としての地位を得るには何年もの努力が必要であるのなら、生まれつきの才能が成功するための主な要因だというのは控えめにいっても問題だろう。

・十年ルールとは？

こうした現象はほとんど普遍的だ。ノーベル賞受賞者であるハーバート・サイモンとウィリアム・チェース（エリクソンの記憶に関する研究の共著者）は、あるチェス競技者に関する有名な研究の中で、十年ルールというものを提唱している。これは十年もしくはそれ以上の時間をかけないかぎり、一流のチェスプレーヤーの地位に就くことは誰もできないという自らの観察に基づいたものだ。ボビー・フィッシャーでさえ、例外ではない。彼はチェスのグランドマスターの地位に就いた16歳のとき、すでに9年間徹底的な訓練を行っていた。その後行われた広範な分野の研究でも、この十年ルールには根拠があることが突き止められている。数学、科学、作曲、水泳、X線診断、テニス、文学、といった分野で、才能に恵まれている人でさえ少なくとも十年あるいは通常それ以上の厳しい準備をすることなく、偉大になることはなかった。

もし多くの人が信じているように「才能」というものが、成功を簡単かつ迅速に手に入れる手段を意味するならば、才能をベースに偉大な業績を成し遂げた人のことを説明するのは、明らかに何か間違っているということになる。

研究者たちは深く探っていくうちに、さらに別のものを見つけた。**多くの科学者や作家は20年もしくはそれ以上の時間を献身的に捧げて初めて、輝かしい最高の業績を上げたという事実が判明してきたのだ。**ということは19年目の時点では、依然として上達する余地があるということだ。この事実は、才能をベースとした卓越した業績に関する見方に新たな問題を提起した。フランシス・ゴルトンは、人はどうしても克服することができない限界をもって生まれたという絶対的な信念をもっていた。「いったん限界にぶつかると、どうしてもそれを超えることはできない」とゴルトンは主張している。そうした限界は肉体的もしくは精神的なあらゆる努力に当てはまる。人は人生のかなり早い時期に自分の限界にぶつかる。そして自分がどこまでやれるか正確に知るようになる。

「救いがたいほどのうぬぼれで盲目になっていないかぎり、何ができ、何ができないかがわかるようになる」とゴルトンは語っている。そして冷静な判断が訪れた瞬間、賢明な人は努力をすることとを文字どおりあきらめるとゴルトンは言った。

「もはや傲慢なうぬぼれから誤って突き動かされ、望みのない努力にさいなまれることはない。こうして人は、いつまでもよりよくなれるというバカげた考えを捨て、これからもこれまでどおり立派にやれると心の中で和解し、そして生まれもった才能の範囲内でよい仕事をして生きていこうという正直な信念に基づき、真に道徳的な安らぎをつかむことができる」

少なくともゴルトンは高尚に聞こえるように語った。

・新しい訓練や動機づけで能力が高まる

しかしながらゴルトンから百年後、もしそんなものが存在するのなら、「硬直的なまでに運命づけられた」生まれもった限界に達したあとも、人は自己の能力を長い間高めつづけられることを示す膨大な証拠がはっきりと示された。こうした例は偉大な作家、芸術家、事業家、発明家、ならびに他の社会的に高い地位の仕事をして最高レベルの業績を現役として30～40年の長きにわたり生み出している人に限ったことではない。19世紀の終わりごろには、**ごく普通の人がごく普通の仕事で、傍目（はため）には能力が停滞期に達したように思われてからずいぶん後になっても能力を高めつづけることが科学的調査研究でたびたび明らかになってきた。**タイピスト、電報のオペレーター、植字工など高度な経験を積む仕事に従事する労働者は何年にもわたり技能に向上がみられないのに、動機づけを与えられたり新しい種類の訓練を受けたりすることで、突如としてその能力が明らかに向上する場合がある。「才能があるか、ないか」というものの見方をしている者にとってこれは明らかに困った問題だ。

広範な証拠をまとめた、エリクソンとその共著者は次のように述べている。

「卓越した人の素晴らしい能力を事前に予想する、あるいは少なくとも説明に耐えるだけの遺伝の特性を見つける試みは、これまでのところ驚くほど失敗している」

しかし、エリクソンらが論文を書いた時点では依然、才能重視論が偉業を説明する考え方として多くの人に幅広く支持されていた。なぜなのだろうか。エリクソンらは次のとおり明快な理由をあげている。

「達人たちがどうしてあのようにすぐれているのかを十分に説明する他の仮説がないから才能を重視する考えをみなが信じるのだ」

つまり他に誰もうまく説明できなかったからだ。そこでエリクソンなどがよりよい考えを提唱した。わかりやすく述べるなら、著者が究極の鍛錬と呼ぶものが達人と素人の差を生み出す要因となっているというものだ。エリクソンの学術論文ではっきりと書かれているように、**達人と素人の違いは特定の専門分野で上達するために、考え抜いた努力をどれだけ生涯にわたって行ったのかの違いなのである。**

こうした見解は次の二つの理由で大変重要だ。才能をもっているかもっていないかという見方を明らかに否定するものであり、生まれつきの才能という考え方に一切頼ることなく高い業績の理由を説明しているからだ。エリクソンらはいかなる分野でも達人と素人との能力は質的に格段の差があることを認めるが、そうした違いを生み出すのは一般的に受け入れられている見方ではないと反論している。「こうした違いは不変であり、生まれつきの才能によるという考え方を私は否定する」と主張している。ここに来てようやく、なぜ人は自らが取り組んでいることで超人的な能力をもつようになれるのかということに関し画期的な新しい見方が登場することになった。

エリクソンの主張が重要である2番目の理由は彼らが主張する新しい枠組みが我々の日常生活で経験する矛盾をうまく説明してくれるだけではなく、能力と高業績に関する学術研究の成果に潜む大きな矛盾をも解決した点にある。しかし一方では、何年努力しても一向に改善のみられない人を周囲で目にしているのも事実だ。冷静に考えれば、たぶんゴルトンに同意することになってしまうだろう。ともに働いたり、ゴルフをしたり、コンピュータゲームをしたりする人の大部分が一時は上手になるが、やがて停滞し、一見その能力の限界に突き当たったように思われる。そして、その後何年もの努力をしているのに依然として能力の向上をみることはない。一方、大変な努力をした人がもっとも高い業績を上げていることを何度も目にしている。どうしてこの二つの現象は並存しうるのだろうか。

エリクソンたちが提唱するフレームワークはこの矛盾を解消する。エリクソンは、問題の核心を「訓練というものの現状の定義が曖昧だからだ」と指摘し、さらに「自分たちのフレームワークは**練習すればうまくなるものではない。むしろ高度に具体化された究極の鍛錬という考え方に基づいたものではない。**『**習うより慣れろ（practice makes perfect）**』**という考え方に基づいている**」と述べている。

まさに究極の鍛錬が意味するところは決定的に重要だ。そして一般に考えられているものとは違う。このことを理解すればあらゆる分野で個人、チームまたは組織による高業績を上げる道を解明することになる。そしてついでにいうならジェリー・ライスは、自分でやっていたことをしっかり理解していたということも明らかにしてくれるのだ。

第5章

何が究極の鍛錬で何がそうではないのか

初心者が鍛錬をしていると思っていることは、本当の意味での鍛錬ではない

誰もが行うふだんの鍛錬

鍛錬がどういうものであるかは知っている。始終やっているからだ。どんな鍛錬にせよ、おそらくは似通った一般的な方法で行っているだろう。ゴルフの場合、打ちっぱなしに行き、カゴ2杯のゴルフボールを購入し、打席を決め、クラブのバッグを置いてカゴを傾ける。最初は、ショートアイアンでウォームアップすべきだとどこかで読んだ覚えがあるから、8番か9番のアイアンを出してボールを打ちはじめる。また、どこか目標を決めて狙って打ったほうがよいと読んだこともあるので、前方のグリーンを想定し、そこを目がけて打つ。そこまでの距離は正確にはわからないが、ショートアイアン、ミドルアイアン、ロングアイアン、ついには練習を進めるうち、い

くつかのとても悪いショットを打つ。通常の私ならきっと次のショットはまともであってほしいと願いながら、なるべく早く次のボールを打ち、そのうちにさっき打った悪いショットを忘れてしまう。

ときどきなぜショットが悪いのか手を止めて考えるべきだと思うときがある。ボールを打つ際、5000か所も悪いところがあるようにさえ思える。そしてその一つを取り上げ、直そうとする。次の失敗打までには、上達したと感じられるように自分自身を納得させようとする。しばらくするともう一度悪いボールを打つ。そのとき、また5000か所のうちの別のもう一か所を直さなくてはならないだろうと感じるようになる。カゴ2杯のボールがなくなるや否やクラブハウスに戻り、十分練習したことに自己満足し次のゴルフ場の実践を楽しみにする。

だが実際のところ、自己満足などしていられないのだ。ゴルフの打ちっぱなし練習場でやっていたことを鍛錬と呼ぶか否かにかかわらず、その鍛錬を通じてゴルフの上達に関しては何一つ成し遂げてはいなかったからだ。

究極の鍛錬の要素とは？

アンダース・エリクソンと同僚が提唱して以来、他の多くの研究者によって調査研究が行われ、究極の鍛錬という考え方はかなり具体的なものになっていた。究極の鍛錬は仕事でもなければ、遊びでもない。しかし、それ自体独自のものだ。スポーツと音楽という二つの分野の話をするとき、鍛錬という言葉をよく使う。こうした習慣は判断を誤らせるかもしれない。すでに示唆したように鍛錬だと思っていることは、しばしば研究者が究極の鍛錬と考えていることとは異なっているからだ。スポーツや音楽の例は身近なだけに大変に参考になる。それと同様に重要なのは、スポーツや音楽で鍛錬という言葉は習慣的に使われるので、この究極の鍛錬がその他の分野で利用される可能性を妨げているかもしれないということだ。

具体的にはビジネス、科学といった分野ではめったに鍛錬という考え方をすることはないからだ。究極の鍛錬の原則がいかに幅広い分野で適用しうるかは第7章、第8章、第9章で説明することにする。この究極の鍛錬というものは、偉業の達成に不可欠な要素なので、既存の考え方を捨て、その実態を偏見なくみれば得るものは大きい。

究極の鍛錬にはいくつかの特徴的な要素がある。そして、それぞれが検討に値する。その要素とは以下の通りだ。

①しばしば教師の手を借り、実績向上のため特別に考案されている。

②その鍛錬は練習者の限界を超えているのだがはるかに超えているわけではない。
③何度も繰り返すことができる。
④結果に関し継続的にフィードバックを受けることができる。
⑤チェスやビジネスのように純粋に知的な活動であるか、スポーツのように主に肉体的な活動であるかにかかわらず、精神的にはとてもつらい。しかも、
⑥あまりおもしろくもない。

究極の鍛錬のそれぞれの要素について検討し、その意味を考えてみよう。

①実績向上のために特別に考案されている

ここでのキーワードは「考案されている」ということだ。効果が上がらぬ私のゴルフの打ちっぱなし練習のように、訓練を考案するには自分はまったく適任ではないとはっきりわかっていないながらも自分勝手な鍛錬法を考案していた。ゴルフ打法のメカニズムはこれまで長期間にわたり研究され尽くし、プロはそのことをよく理解している。しかし私にはそうした知識がまったくなかった。そのことは、ほとんどすべての分野に当てはまることだろう。

つまり、何十年何世紀にもわたる研究を通じ、能力はどのように開発され、改善されるのか、一連の知識体系ができ上がっている。そしてそれぞれの専門分野で教師を職業とする者もみな一般的にこうした知識をもっている。それゆえごく初期の段階やときにはもう少し長い間、個人の能力向上のため最適な活動メニューを考案するのに教師はほとんど常に必要だ。いくつかの分野、とくに芸術、科学、ビジネスのような知的分野では、最終的には自分自身で鍛錬の方法を考案するほど熟達していくのかもしれない。しかし、もう教師の助けは必要ないと考える人も、そう思い込む前にもう一度考えてみる必要がある。世界の最高の腕前をもつゴルファーになってもなおプロのコーチに選手が助けを求めているのには、それなりの理由があるからだ。

理由の一つは教師の知識以外のものである。自分自身では見ることのできない方法であなたのことを見ることができるからだ。観察といえばスポーツでは文字どおりのことを意味する。すなわちボールを打っている自分の姿を自分で見ることができない。だから他人の視点から眺めることには大きな価値がある。スポーツ以外の分野では隠喩的になるかもしれない。チェスの教師は同じチェス盤を眺めながらも、生徒が見過ごしている局面での重要な悪い兆しを見て取ることができる。ビジネスコーチも経営者と同じ状況をみながら、たとえば経営者が自分の意図を組織全体に明確に伝えられていないことに気づくことができる。

どんなことでも習いたてのころにめきめき上達したいと思えば、少なくとも教師やコーチの助けなしでは難しいことは明らかだ。本人の能力を冷静かつ公平にみないかぎりもっとも効果の上がる鍛錬の方法の選択は不可能だ。スポーツの場合、主に肉体的な理由から、またその他の分野では精神的な理由から、自分の能力については正直な評価ができる人はほとんどいない。たとえできたとしても、自らが選択した分野で、最新かつ最高の能力開発に関する知識を広めていかないかぎり上達している最中の瞬間瞬間に最善の鍛錬――最高のレベルに導くようなタイプの鍛錬――を考案しつづけることはできない。そして、我々のほとんどはそういう知識を持ち合わせていないのだ。

②その鍛錬は練習者の限界を超えているのだがはるかに超えているわけではない

最善の能力開発方法は常に進化しているが、中核となる原則は不変だ。できないことをやらせるのだ。その原則は当たり前のように聞こえるかもしれないが、自分では鍛錬と考えている活動でも能力の限界に挑戦するようなことはほとんどの人が行っていない。多くの大人はゴルフの打ちっぱなし練習でも、ピアノの練習でも今までやってきたことをただ繰り返すだけで、だいぶ前に達したはずの能力の維持を願っているだけだ。

一方、**究極の鍛錬では、業績を上げるのに改善が必要な要素を、鋭く限定し、認識することが求められ、そうした要素をより高いレベルで行うよう意識しながら鍛え上げていく。**こうした究極の鍛錬の例はあちこちにある。偉大なソプラノ歌手ジョーン・サザーランドはトリル（声を震わせて甲高い声を出すこと）に数えきれない練習時間をつぎ込んだことで有名だ。基本的なトリル音だけではなく多くの異なるタイプ（全音、半音、バロック）の音も練習した。タイガー・ウッズは、バンカーに何個もボールを落とし、その上を足で踏みつけ、ボールを打つにはほとんど不可能なバンカーからの球出しの練習を繰り返した。偉業を成し遂げた人たちは、自分の取り組んでいる特定の課題をはっきりわかるように選び出し、うまくなるまでその課題に集中して練習しつづける。そして次の課題に移る。

こうした特定の課題を自分自身で見つけられること自体が重要な能力だ。ミシガン大学経営大学院の教授でGEの有名なクロントンヴィル経営開発センターの前所長でもあるノエル・ティシーは三つの同心円を描いてこのポイントを説明している。一番内側の円を「コンフォートゾーン（comfort zone）」と名づけ、中間の円を「ラーニングゾーン（learning zone）」、一番外側の円を「パニックゾーン（panic zone）」と名づけた。**そして人はラーニングゾーンを強化することで成長する**と説明している。ラーニングゾーンとは、身につけようとしている技術や能力がもう少しで手の届くところにあることを指している。コンフォートゾーンではけっして進歩は望めない。もうすでにできることだからだ。一方パニックゾーンでの活動はあまりにも難しくどうやって取り組んだらよいのかもわからない。

自分の手でラーニングゾーンを明確にすることはたやすいことではない。加えて、常に継続的にラーニングゾーンにいるように自らを強いることはさらに困難だ。以上が第2のそしてもっとも重要な究極の鍛錬の特性だ。

③何度も繰り返すことができる

ここぞという本番と究極の鍛錬とのもっとも重要な相違点は、何度も繰り返せるかどうかにある。タイガー・ウッズは一シーズンで2、3度バンカーに深くボールが入る状況に見舞われたかもしれないが、もしそういうショットをそのようなときにしか打たないのなら、タイガーはあまりうまく打つことはできないにちがいない。特定の活動を何度も何度も繰り返すことこそが、究極の鍛錬の重要な要素だ。しかし、常に繰り返すだけでは能力開発には有効ではない。結局私は、ゴルフの打ちっぱなし練習でゴルフボールを打つことを繰り返しているが、それは単に繰り返しているだけだ。究極の鍛錬は単なる繰り返しとは二つの点で異なっている。一つは前述したように**ラーニングゾーンで適度にきつい活動を選んでいること**だ。私のゴルフの練習方法はたしかにこの基準を満たしてはいない。特定の課題に集中して練習していなかったからだ。

もう一方は、**繰り返しの回数の程度だ。達人になる者はバカバカしくて飽き飽きするまで鍛錬を繰り返す。**メジャーリーグの有名な選手、テッド・ウィリアムズは両手から血が出るまでバッティング練習をした。40年以上たった現在でも大学バスケットボールの現役選手として記録が破られていないピート・マラヴィッチは、学生のころ朝体育館の開館と同時に行き、夜閉館になるまでシュートの練習を続けた。

極端ではあるが有益な例としてゴルファーのモー・ノーマンがいる。ノーマンは、1950～1970年代にかけて現役選手として活躍したが、トーナメントで勝つこと自体にはあまり興味がなかったという個人的な理由もあり、プロツアーではたいした成果を上げることはなかった。

しかし、ゴルフボールをうまく打ちつづけることには強い興味があった。実際この点は誰にも負けない素晴らしい選手で、どのショットも次から次へとまっすぐに飛んだ。16～32歳までのノーマンの練習メニューは日に800個のボールを打ち、その練習を週に5日行った。ノーマンはおそらくは間違いなくこのことに取りつかれており、自分が今までに打ったボールの数をすべて覚えていると報じられている。1990年の半ばにノーマンの打ったゴルフボールの総数は実に400万個になっていた。プロゴルファーでトップの水準になるには、ただまっすぐに打つだけでは十分ではない。しかし、この特定のスキルも気が遠くなるほど繰り返せば、目を見張るほどの能力を開発できる。

もっと一般的にいうならば、**究極の鍛錬の活動を効果的にしたいなら、その鍛錬は相当な数を繰り返すことができるものでなければならない。**その理由は次の章でみていこう。

④結果へのフィードバックが継続的にある

ゴールドマン・サックスのCLO（最高教育責任者）のスティーブ・カーは、リーダーシップ開発の分野において著名な研究者で、フィードバックのない練習は、目の前に膝までカーテンが垂れ下がった状態でボウリングをやるようなものだと語っている。訓練は好きなだけやってもかまわないが、**訓練の成果がわからなければ、次の二つのことが起こるとカーは言っている。一つはけっして上達しないこと、もう一つは注意深く練習をしなくなってしまうことだ。**

ほとんどの鍛錬でフィードバックを得るのは簡単なことだ。目の前のカーテンを上げさえすれば、ボウリングの球を投げたあと自分の一投の結果を即座に知ることができる。スポーツではたいていの場合、鍛錬の結果を知ることは容易だ。野心に燃えるチェスの達人は、過去の名人の対戦を研究して鍛錬を行う。駒の一手一手を自分で動かし、チェスのチャンピオンがその局面で何をどう動かしたかを知ることにより即座にフィードバックを得ることができる。鍛錬の結果を判断する必要がある場合はやっかいだ。たとえばブラームスの「バイオリン協奏曲」のあの一小節が完璧に弾きこなせたと自分では確信していたとして、自分の判断を本当に信じてよいのだろうか。就職の面接のリハーサルが一つも失敗せずにできたと信じていたとしても、大切なのは自分の評価ではない。こうした状況でのフィードバックには先生やコーチ、メンターの存在が欠かせない。

⑤精神的にはとてもつらい

究極の鍛錬では対象をとくに絞り込み、集中して努力することが求められている。よく考えず音階を弾いたり、普通の人がテニスボールを打ったりすることと究極の鍛錬とのはっきりとした違いがここにこそある。**十分ではないと思う成果の要因を継続的にかつ正確に、厳しい目で洗い出し、懸命に改善しようとすれば、精神的には大きな負担となる。**

あまりにもきつい努力なので誰も長くは耐えられない。分野を超え驚くほど共通してみられる要素の一つに、究極の鍛錬の練習時間は一日に4～5時間が上限で、一回のセッションは一時間から一時間半しか続かないということがある。前述の西ベルリン音楽学校のトップグループのバイオリニストの例でも、一日の総練習時間はおよそ3時間半だが、これは通常2回、3回に分けて行ったトータルの時間だ。他の多くの最高水準の音楽演奏家も一回4～5時間の練習を上限としている。チェスのチャンピオンの場合も概して同等の時間数が報告されている。

優秀なスポーツ選手の場合でさえ、集中的に考えることは練習の一部である。たとえば、タイガー・ウッズのコーチを10年間務めたハンク・ヘイニーは、もっとも有名な教え子についてこう報告している。

「変わった特徴は、彼が小まめに休憩をとることだった。彼は25球以上続けて打つことはめったになかった。カートに座って、数分間黙って外を見つめることもあった。私は最初の数回は何も言わなかったが、しまいには『何をしているんだ』と聞いてみた。彼は『今自分たちが何を行っているのかを考えていただけだよ』と答えた。私たちが取り組んでいたことは、けっしていつも楽しいものではなかったから、彼は自分がプロセスのどこにいて、どこに向かっているのかを理解しているのかどうか確認していたんだ」

ナタン・ミルシテイン、20世紀が生んだ最高のバイオリニストの一人だが、有名なバイオリン教師のレオポルト・アウアー（チャイコフスキーの「バイオリン協奏曲」は難しくて演奏するのは不可能だと公言したが、その後この曲の大ファンとなった人物）の弟子だった。聞くところでは、あるときミルシテインがアウアーに自分の練習量が十分か尋ねたところ、アウアーは「指だけで練習するなら毎日朝から晩まで練習が必要だろう。しかし、心を込めて練習するなら一時間半で十分だろう」と答えたと伝えられている。

アウアーがつけ足さなかったのは、**心を込めて練習すれば一日中練習しつづけることはできないから、一時間半でもよいということだ。**

⑥あまりおもしろくない

このことは究極の鍛錬のもう一方の特性、すなわちおもしろくないメニューへとつながっていく。上手にできることをやるのは楽しいものだ。究極の鍛錬では、まさにこのまったく逆のことが求められる。得意なことの代わりに、**不得手なことにしつこく取り組むことが求められる。**そうして、つらく難しいことをやることで技が向上することがわかり、鍛錬を繰り返し実行する。一回繰り返すたびに、どこがまだ不十分なのか自らを見つめたり他人から指摘を受けたりすることが強いられる。そうすることで、今終わったばかりのもっともつらく、困難な鍛錬を繰り返すことができるのだ。そして精根尽きはてるまでそのプロセスを継続する。

これがまさに現実のスターがやっていることだと信じて疑わないことだ。ハンク・ヘイニーの話をもう一度聞いてみよう。

「タイガー・ウッズのルーティンはジョフ・コルヴァンがその著書『究極の鍛錬(Talent Is Overrated)』で言う素晴らしい成果を上げた者が行っている『究極の鍛錬』の例である。それは、弱点に丹念に集中する必要があるため、もっとも難しく、最高レベルの練習である。多くのプレーヤーは多くのボールを打つが、自分の長所だけに集中する。偉大な上達者は、不快になることを厭(いと)わず、欠点を修正するために精神的、肉体的な努力を惜しまない。それはしばしば、難しい『反対指向』の補習を伴う。しかし、それはメジャー大会の準備モードに入ったタイガーそのものだった」

エリクソンと同僚は論文で、**究極の鍛錬は「本質的に楽しいものではない」**と述べている。

もし自己の能力向上でもっとも大切なことがおもしろくないことだと知り多少気がめいるようなら、次のように考えたらどうだろう。きっとそのほうがいい。もし達人になることが簡単で楽しいなら、誰もがこぞって鍛錬するようになり、最高の技をもつ者とそれ以外の人と区別がつかなくなる。究極の鍛錬がつらいという現実はむしろよい知らせともなりうる。つらいということは多くの人がやりたがらないのだから、喜んで精進すれば、他の人たちから見てそれだけあなたは際立った存在になる。

企業では行われていない「究極の鍛錬」

以上が、もっとも説得力をもって偉業を証明してくれそうな究極の鍛錬の簡単な説明だ。自分の活躍の場が、この究極の鍛錬の手法と深いかかわりのあるスポーツや音楽のようなものであれば、エリクソンらが詳しく説明している考え方は、とうの昔からこうした分野の多くの人たちが知っていることだとみな考えるだろう。しかし、実業界で生計を立てている人であれば「究極の鍛錬は自分の知っている仕事での技の磨き方とはまったく違う」とはるかに多くの人が考えるだろう。

いや実は、**究極の鍛錬の原則はほとんどの企業にはいずれも当てはまっていない**。まず基本的に我々が仕事で通常行うことが第一の原則にまったく反している。たとえば、仕事は従業員の能力向上を目的には設計されていない。たいていの場合、まったくそうはなっていない。雇い主の目的を満たす必要がある場合に限って、従業員に能力向上の機会が与えられ、かつ能力向上が期待されているにすぎない。狭く短期的な見方に立つ多くの雇用者にとって、これは当然なことだ。従業員は、個人の固有の能力開発に時間を使うために雇われてはいない。雇用主に結果を出すために雇われているのだ。

2番目の原則すなわち能力を向上させる活動を繰り返し行うことだが、たいていの場合仕事では何度も繰り返して行うことができない。競争相手が起こすイノベーションや顧客の大きな変化など新しく今までなかった試練に直面した場合、道しるべとなるような過去の経験はほとんどない。それまでそうした状況に対応したことがほとんどないからだ。

バンカーの砂に埋もれたボールに年に2、3度しか遭遇することがないのに、そのために200回練習するゴルファーはいない。同様に納入業者との交渉や従業員の福利厚生の手配など、たとえ携わるとしてもめったにないことで、自己の限界まで訓練したり、ある特定の業務でうまくできない点はどこか見つけ出そうとしたりする意欲はわかない。仕事での失敗の代償は通常とても高いので、むしろ究極の鍛錬で自らの限界を追求したり、解決策を見いだしたりするやり方とは反対に、できるだけ安全で確実なものに頼ってしまう。

フィードバックはどうだろう。たいていの企業でのフィードバックは、こっけいなまやかしだ。フィードバックを提供する側からも受け取る側からも恐れられている年に一度の業績評価が典型だ。たとえそれがうまくやりこなせても、そんなものが効果的であるはずがない。11か月前に完了した仕事の良し悪しを相手に伝えたところで、まったく役に立たない。

仕事は究極の鍛錬同様、しばしば精神的につらく疲れるものだ。しかし、つらさの原因は普通、緊迫した集中から来るのではない。むしろどのようにすればいいかすでにわかっていることを長時間にわたって繰り返すことから来るのだ。もしこのことに疲れきってしまうなら、究極の鍛錬と呼べる活動にさらに何十時間もつぎ込むというのは、考えただけでも悲惨な気持ちになるかもしれない。同様に、仕事も普通はおもしろくないものだ。しかし、これもまたおもしろくないのは自己の限界を超えようとするからではなく、何事も成し遂げようとすれば現実の世界では退屈でつらい仕事となるからだ。

もし、これが多くの企業での現実なら、偉業をもたらす原則を採用すれば、個人的にも組織的にも、とてつもなく大きな優位性を手に入れることができる。実際、本当にとてつもなく大きなものなのだ。後の章でどうすればこうした優位性を手に入れることができるか、詳細にみることにしよう。

しかし、まず究極の鍛錬とはいったいどういうものか、もう少し掘り下げて考えてみたほうがいいだろう。究極の鍛錬の原則が直感的に理解しにくいものでも難しいものでもないのに、ほとんどの組織がまったく暗中模索の状態にあることには誠に驚かされる。だが、いったんそうした原則が明らかになり表に出はじめると、あらゆる分野にその効果は浸透しはじめる。

「究極の鍛錬」はこうして行われる

一つの例を考えてみよう。大みそかの夜、ニューヨークのマディソンスクエアで、2万人の聴衆の前への出演の準備に取りかかっているクリス・ロックは世間から注目され、ギャラも高いコメディアンだ。そのロックが自分の演技を磨くためどのように準備したか、究極の鍛錬の原則に照らして検証してみよう。

このことをある新聞記事は次のように書いている。

長年ロックは喜劇界の頂点に君臨していたので、大きな会場のすべての聴衆が腹を抱えるほど笑わせることは、ロックにとってはいとも簡単のように思える。なぜなら、ロックはそのために生まれてきたからだ。タイガー・ウッズ、ビル・クリントン、トム・ブレイディのように、ロックは自分の仕事を正確にこなすことを、遺伝子に埋め込まれているように思えるのだ。

この記事は一見、神から授かったひらめきの典型例を書いているようにみえるが、記事の焦点はそれとはまったく逆である。クリス・ロックがショーの前にいかに準備を周到に行ったかについて驚くような話が書かれている。

最初の笑いが起き、そして波となって伝わり、ついにはもっともチケットが安い最後部の席に笑いが到達したとき、一番驚いていない男はロック本人だった。何か月もの間、ロックはニュージャージー、ニューヨーク、フロリダ、ラスベガスのナイトクラブを転々とし演技を磨いてきた。ネタを一分ずつ積み重ねて2時間のショーに練り上げて客を大笑いさせ、このショーを大当たりにさせていた。このツアーの成功にとって、ニュージャージー州のニューブランズウィックにあるコメディ劇場ストレスファクトリーで行った18回にわたるウォームアップを兼ねたショーは、これまでロックが勝ち取った三つのエミー賞よりも重要だった。

ストレスファクトリーのオーナーであるヴィニー・ブランドは次のように語っている。

「クリス本人には自分の名前だけで最初の笑いがとれることはわかっていたはずだ。しかし、ここへ来てからクリスは何度も台本を削ったり修正したりし、最後の晩のショーまでにどれほど練り直したかは誰も想像できないほどだ。どんなに有名になろうとも、クリスは一人のコメディアンとしてのハングリー精神を依然もちつづけている男なのだ」

・クリス・ロックの例にみる究極の鍛錬

このクリス・ロックの例に究極の鍛錬の要素をみることができる。ロックは小さなナイトクラブへの出演を自分の演技を磨く唯一の機会として活用した。コメディアンとしてすでに高いレベルに達していたロックには、自分で鍛錬の方法を考案する力が十分にあった。**鍛錬の過程で行った高い頻度での繰り返しには、とくに驚かされる。出演のたびに何度も台本を見直す。ロックの仕事の場合、幸いにもフィードバックを受けることは簡単だった。大切な客の反応を即座にかつ継続的に得ることができるからだ。**そしてお客の反応は残酷なまでに正直なものだ。**ロックは技を磨く作業を徹底的に集中して行った。そして、ありがちなことだがとくに新しい台本がうまくいかないときには、それはおもしろいことではなかったにちがいない。**ロックはこうしたプロセスのおかげで大成功を収めた。この記事はこう結んでいる。「ロック以上におもしろい男がいるならば、その男はどこに隠れているのだろう」

・チェスのポルガー三姉妹の事例

とりわけドラマチックな事例は究極の鍛錬の原則をとても明瞭に説明してくれるので便利だ。ポルガー三姉妹の事例をみてみよう。

ハンガリーの教育心理学者ラズロ・ポルガーは、1960年代、「偉大な能力」をもつ人は生まれながらにそうなったのではなく、つくられるものだという見解をもっていた。

ポルガーは研究を通じ、「偉大な能力」をもつ人は後年偉業を成し遂げる分野で、若いころから集中して励んできたことを明らかにした。ポルガーは習熟の過程を十分知り尽くしていると確信していたので、自分でも偉大な能力をもつ人間をつくれると信じていた。どうすればよいかということをポルガーは『Bring Up Genius！（天才を育てる）』という本に英語で書いている。ポルガーは自分の仮説を実験で証明しようと、自分と結婚し子どもをつくってくれる女性を公募した。驚くことにそのような女性が見つかった。

クララという名のウクライナに住むハンガリー語を話す学校の教師だ。

ラズロとクララには、すぐに一人目の娘スーザンが生まれた。そしてスーザンが4歳のとき、将来チェスの競技者にするための訓練が始まった。なぜラズロが娘のスーザンをチェスの競技者にしようとしたのか。その理由は正確にはわかっていない。しかし、何人かの話によれば、チェスの上達はわかりやすく、初期のうちから計測が簡単であったからだといわれていた。また別の説明によれば、チェスは当時男性が圧倒的に強いとされていた競技だ。女性には高い水準でのチェスの競技はできないという支配的な見方があったため、ラズロは自分の仮説の正しさを実証する分野としてチェスは理想的だと考えていたとも伝えられている。

ラズロとクララは、娘のスーザンに熱心にチェスを教えた。のちにソフィアとユディトという二人の娘が生まれると、その子たちにもチェスのトレーニングプログラムを受けさせた。三人の娘はいずれも学校には通わず自宅で学んだ。このために、ラズロとクララは仕事を辞めた。家庭での学習のほとんどはチェスに関するもので、家にはチェス関連の蔵書が一万冊あった。コンピュータが普及する以前の時代だったのでインデックスカードを使い、過去の対戦や今後の対戦予定者のデータを整理し巨大な目録となった。三人の子どもは他の学科も自宅で学習した。ハンガリーの教育当局が、学校で通常教えられている学科で三人の子どもが及第点をとるよう求めていたからだ。三人の娘は数か国語を話した。しかし、何といっても学びの中心はチェスだった。毎日何時間もの時間がチェスの練習につぎ込まれた。

その結果、スーザンは17歳でその当時女性としては初めて、男子世界チェスチャンピオンシップと呼ばれていたチェスの世界大会に出場権を得た（出場権は得たが、世界チェス連盟は彼女の参加は許可しなかった）。スーザン19歳、ソフィア14歳、ユディトが12歳のとき、三人はチェスの女子国際競技会のハンガリー代表としてチームを組み、同国代表としては初めてソビエトチームへの勝利を収め、国民的英雄となった。スーザンは21歳のとき女性としては初めてチェスの世界最高位であるグランドマスターとなった。その後すぐにユディトが15歳でそれまでの記録保持者であるボビー・フィッシャーを数か月上回る記録で男女含めて最年少でグランドマスターとなった。

ユディトは子どものころ、主に男の子と対戦していた。

「他の女の子たちはチェスに真剣じゃない……私は毎日5、6時間練習するけど、彼女たちは料理や家のまわりの仕事に気をとられてしまう」と説明している。幼いころに彼女に負けたイギリスのグランドマスターは、彼女のことを「このかわいい赤褐色の髪の怪物は、自分を打ち砕いた」と評している。

ユディトは16年間、毎月世界ナンバーワン女流棋士にランクされ、男女を問わずトップ10に入ることも多かった。彼女は２０１４年に38歳で競技チェスから引退した。翌年、ハンガリー男子代表チームのキャプテン兼ヘッドコーチに選出された2か月後に、ハンガリー最高の国家的栄誉である聖ステファノ勲章大十字章を受章した。

このポルガー三姉妹の事例は非常に役に立つ。三姉妹が達成したことと達成しなかったことを通じ、究極の鍛錬の原則をうまく説明してくれるからだ。全体としてみれば、もちろん三人の娘たちの輝かしい成功は父親が信じてきたことが正しいことを強く実証するものだ。**ラズロやクララのもつ生まれつきのチェスの才能が娘たちに遺伝したとはとうてい思えない。ラズロは平凡なチェス競技者でしかなく、クララに至っては、チェスの知識はまったくなかった。三人の娘が莫大（ばくだい）な時間を長い間チェスに費やしたことが成功につながっており、このことはあらゆる点で究極の鍛錬の定義に合致している。同時に三人の娘は、必ずしも全員が同じレベルに熟達できず、また三人のうち誰も世界の本当のトップの座である世界チェスチャンピオンには就いていない**点にも注意を払う必要がある。しかし、この事実も究極の鍛錬の原則とはまた整合性がある。

・究極の鍛錬の時間と方法の原則

二女のソフィアは他の二人の姉妹に比べ、同等の水準にまでは上達することができなかった（それでも女性として世界第6位にはなった）。そして誰もが三人の中では、**ソフィアがチェスの訓練に一番熱心ではなかった**と納得している。チェスチャンピオンのジョシュ・ウェイツキンが彼女たち三人についてインタビューを受け、雑誌の長い記事で次のように語っているのが引用されている。「ソフィアは素晴らしいスピードでチェスの駒を進める競技者でとても鋭かった」。しかし、彼女は他の二人の姉妹のようにはチェスの練習に精進しなかった。スーザンはソフィアのことを「怠け者だ」と呼んでいた。ソフィア自身もそのことに同意し、「ユディトに比べ私はすぐあきらめてしまったし、ユディトほど一生懸命には練習しなかった」と言っている。同様に他の周囲の人もみな三人の中で一番高いランキングまで上り詰めたユディトがもっとも熱心だと認めている。一番下のユディトが生まれるころには、ラズロのチェス鍛錬の考案方法もより精密を極めていた。これもまた究極の鍛錬の原則とつじつまが合っている。

姉妹のうち一人も世界チャンピオンになれなかったことについていえば、世界の頂点でしのぎを削るエリート集団の中では、こうすればうまくいったかもしれないと憶測を述べるのは危険なことかもしれない。しかし、**将来の世界チャンピオンとして頂点を極めようと、普通はまだまだ懸命に研鑽を積んでいる20代のころに、三人はすでにチェス以外にも人生には重要なものがあると考えていた。**ソフィアは次のように語ったといわれている。

「チェスに飽き飽きしたわけではなく、チェスだけでは世界は狭すぎたの」

三人はいずれも結婚し子どもをつくり、家族と時間をともに過ごすようになった。そして、結婚するまで人生のすべてをかけ、不断の努力をチェスに払ってきた生活を変えていった。

ポルガー三姉妹の物語は、自分たちの父親は正しかったことを確信させた。スーザンは次のように語っている。

「父は、生まれついての才能は何も意味がなく、成功の99%は努力によるものと信じている。私も父と同意見だ」

ポルガー一家の物語は究極の鍛錬が尋常でないレベルで実行されると、尋常でない成果を生み出せることを具体的に示したものといえる。

まぎれもない史上最高のプレーヤーである元世界チャンピオンのガルリ・カスパロ

フ（かつてユディトに敗れたことがある）は、「究極の鍛錬」のもっとも重要な側面の一つ、上達は事実上無限であるという考えさえ「適性というものにもって生まれた限度などない。この考えはポニーテールの12歳の子に無情にもつぶされるまで、多くの男性プレーヤーが受け入れようとしなかった考えだ」と認めた。

では実際何をすればいいのか

究極の鍛錬の理論上の枠組みが有効だと裏づけるような身近な事例を見つけることは簡単だ。たとえば、アメリカンフットボールのジェリー・ライスは究極の鍛錬の原則をほぼ完璧に実行した例であることはすぐわかる。ライスは激しさと集中力をもって鍛錬を積んだ。第2章で紹介したタイガー・ウッズの事例は、究極の鍛錬の原則にぴったり合致することがわかる。ライスやタイガー・ウッズは音楽家や他のほとんどすべてのトップアスリートの物語を象徴するものだ。とりわけ天賦の才に特段恵まれているわけではない人たちだけではなく、むしろ不利な状況にあった人が究極の鍛錬の原則を実行することで、ついには達人となった数えきれない事例がある。

子どものころ小児まひの後遺症で足をひきずっていたウィルマ・ルドルフは、後年オリンピックの陸上短距離競技で金メダルを獲得している。舌足らずでつっかえ、つっかえ話をしていたウィンストン・チャーチルは、多くの講演を長期にわたり徹底的に高い精度で繰り返したおかげで、20世紀が生んだ最大の演説家の一人となったのである。

しかし、「究極の鍛錬」を支持する証拠は数多く、しかも増えつづけているにもかかわらず、私は当初、当惑する反応に出くわした。少なくとも最初は、多くの人がこの考えを好まないのだ。本書の読者の多くが、本書の主張を簡単に誰かに説明しようとした経験を語っている。その反応はほとんどいつも同じで「その主張はおかしい」である。特定の生まれつきの能力は、一般に考えられているよりもはるかに重要ではなく、存在しないかもしれないと言われても、ほとんどの人はそれを信じようとはしない。

私はしばしばその理由を不思議に思ってきた。私の最初の推測では、人々はいつか自分の特別な才能を発見するという夢をあきらめるのが嫌なのだと思った。隠された才能が明らかになれば、ほとんど努力することなく、あっという間に目を見張るような成功を収めることができるのだ。しかし、読者からはもっと説得力のある理由が指摘されている。もし先天的な才能が成功の原因でないなら、私たち一人ひとりが自分の功績に責任をもたなければならない。それは多くの人を不快にさせるほどの重荷である。したがって、彼らは最初、しばしばこの主張を拒絶したくなるのである。だが、十分な説明がなされると、多くの人はそれを認め、さらには受け入れるようになる。

しかし、疑念を抱くもう一つの、より少数のグループを説得するのは難しい。「究極の鍛錬」を否定する、あるいはあまり根拠がないとする証拠を集めたと信じている学術研究者たちである。何年もの間、そのような主張を続けてきた研究者もいれば、本書やその他の本が出版され、「究極の鍛錬」への関心が高まったことに反応した研究者もいる。私たちは彼らの反論を真摯に受け止めるべきである。彼らは真剣に考えている人たちであり、私たち自身が抱きかねない疑念を反映しているかもしれない。

疑念を抱く人たちを二つのグループに分けて考えてみよう。

①生まれつきの才能を全面的に支持する人々

「『究極の鍛錬』の枠組みは単純に間違っている」ときっぱりと断言する研究者もいる。「そう、天賦の才（別名「生まれつき」の能力）は存在する！（"Yes, Giftedness

［aka "Innate"］Talent Does Exist!"）」。研究者の一人は、偉大なパフォーマンスに関する学術論文にこのようなタイトルをつけている。彼らは強力と思われる証拠を提示しており、そのうちのいくつかは私たちがすでに調査したものである。たとえば、神童たち。幼いころの彼らの驚異的な能力を、極端な天賦の才能の証拠以外にどう説明できるだろうか？　サヴァンについてはどうだろう？　彼らの中には、何千年も過去や未来からランダムに選んだ日付の曜日を、ほとんど瞬時に言い当てることができる者もいる。それは不可能に思える！　そして知性だ。ＩＱの大部分は遺伝する、つまり遺伝的なものであることは1世紀にわたる研究によって疑いの余地がないほど明らかになっている。

しかし、才能擁護論者でさえ、すぐれたパフォーマーが簡単に、あるいはすぐに偉大になれるとは主張していない。彼らの一人が言うように、生まれつきの才能は「原材料」であり、「特定の卓越した目標につながる構造化された活動プログラムを、かなりの期間にわたって……体系的に追求すること」によって開発されなければならないと考えている。「究極の鍛錬」がその説明に当てはまるのは明らかだ。才能擁護派は、生まれつき才能のある人は他の人よりも早く、あるいは簡単に目標を達成できると主張するが、研究によってそれを実証することは著しく困難である。なぜなら、生まれつきの才能が存在するとしても、その才能以外のすべての変数を、長年にわたって一定に保つことができる対照実験を行うことは事実上不可能だからである。

実際、前述したように、「究極の鍛錬」の擁護者たちは、生来の才能がパフォーマンスに関与する可能性を否定したことはないが、そのことは今のところ厳密には証明されていないと主張している。実証されるまでは、才能擁護派は第2章と第3章で詳述した彼らの立場に対する反対意見に対処しなければならない。科学は常にもっとも単純な説明を好むものであり、エリクソンが書いているように、「もっとも成功した個人はもっとも『究極の鍛錬』に取り組んでいたことを示す証拠がある。そして、これは生まれつきの才能という要素を加えるより簡素な説明である」。

②「究極の鍛錬」を過小評価する人々

他の研究者たちは、偉業についての独自の論文は提唱していないが、どのような説明であれ、「究極の鍛錬」はせいぜい最小限の要素にすぎないと主張している。彼らの研究の中でもっとも著名なものは、このテーマに関する研究のメタ分析であり、1万1135人の参加者を対象とした88の過去の研究の調査報告である。著者の目的は、「『究極の鍛錬』が研究されてきたすべての主要な領域」を調査することであり、その結果、「究極の鍛錬」はあまり重要ではない、たとえば音楽家ではパフォーマンスの違いについて21%しか説明できず、スポーツ選手ではわずか18%しか説明できないと結論づけた。研究の結論はこうだ。

「『究極の鍛錬』は重要だが、これまで議論されてきたほど重要ではない」

エリクソンがすぐさま指摘したように、このメタ分析の問題点は、実際に「究極の鍛錬」を調査した研究がほとんど含まれていないことである。このトピックに関する基礎研究の重要な洞察が「現在の『訓練』の定義は曖昧である」としているのを思い出してほしい。人々は通常多様な種類の活動を「訓練」と呼んでいる。しかし、「究極の鍛錬」は、これまでみてきたように非常に具体的に定義されており、私たちのほとんどは、自分で考案した究極の鍛錬ではない訓練を行い、そこからほとんど、あるいはまったく利益を得ていない。なおかつ、メタ分析の中には「究極の鍛錬」に言及していない研究もあり、その基準を満たさない訓練を調査した研究も多い。もしこのメタ分析が何かを証明しているとすれば、それは「究極の鍛錬」推進派の調査結果や、私たち自身の人生における経験と一致しているように思われる。それは究極の鍛錬ではないほとんどの訓練は何かを達成するがすべてを達成するわけではないということだ。

疑念を抱く人々に説得力がないとしても、私たちの多くはすぐに「究極の鍛錬」の枠組みに対する疑問を思い浮かべるだろう。もっとも切実な疑問は次のものだ。

・究極の鍛錬だけなのだろうか?

究極の鍛錬のみで高い業績を十分説明できるのだろうか。究極の鍛錬を2倍以上行えば、行わなかった人に比べて2倍成功するのだろうか。こうした類いの質問に対しては明らかにノーと言わねばならない。究極の鍛錬で業績のすべてが説明できるわけではない。現実の人生はすべて説明し尽くそうとするにはあまりにも複雑だ。「コヘレトの言葉（旧約聖書の伝道の書）」にもあるように私たちの人生は身に降りかかる運、タイミング、偶然に影響を受けている。もっとも努力している者がもっとも幸運に思えるのはよくあることだが、それでも車を運転して橋を渡ろうとしたときにその橋が落ちてしまう可能性もあり、こうしたことはいかんともしがたい。もっと日常的ではあるがより重要なことに、**子ども時代の環境が究極の鍛錬を行うのに強烈な影響を与える可能性がある。**タイガー・ウッズは絵に描いたように究極の鍛錬の原則が用いられた例ではあるが、そうした機会を与えられたタイガーは驚くほど幸運だったといえる。この点でいえば、タイガー・ウッズになれない本当の理由は、アール・ウッズがあなたの父親ではないからだといってもけっしておかしくはないだろう。第10章で、訓練を受ける人間を支える環境の重要性についてより詳しく説明するつもりだ。しかし、そうした環境はとくに若いころは、自分ではコントロールできない要素だ。

単なる幸運以上に、年齢に伴う肉体的変化は不可避だ。第10章でも見るとおり究極の鍛錬を通じ、多くの人が考えるよりもずっと長期間にわたり人間は高いレベルで、能力を発揮することができる。しかし、結局はみな死ぬ運命にあり、能力は衰えていく。この事実は、意外に重要かもしれない。仮に生涯、究極の鍛錬を続けるとすれば、鍛錬の総時間は一生涯でみればけっして減少することはない。もし究極の鍛錬に費やす総時間が能力に与える唯一の要因ならば、鍛錬を積んでいればけっして能力が落ちることはないことになってしまう。しかし、たとえ習熟した年齢になっても、結局は誰もが能力が衰えてくるのだから、コントロールできない外部要因が自分たちの能力に影響を与えている可能性はある。この点については後にもっと掘り下げて再度検討することにしよう。

加えて、幅広い研究成果でみれば究極の鍛錬の量とともに能力は向上していくように思えるが、両者の関係はすべてのケースにおいて単純でも直接的でもない。行う人によって練習には質的な違いが生じる。こうした質的な差は多くの場合、教師、コーチ、メンターの差から生じてくる。鍛錬は考案されるものなので、結果には良し悪しがありうるからだ。

究極の鍛錬がたとえどのようにうまく設計されても、**結果に影響を与えるもう一つの重要な要素は、どれだけ鍛錬に努力をつぎ込むかということだ。**楽器演奏、スポーツなど何かで上達しようと究極の鍛錬を行う。だから前述のレオポルト・アウアーの「心を込めて練習する」という言葉の意味はよく理解できる。ぴりっと引き締まり、集中力にあふれ、すごく頑張れるときもあれば、疲れて気が入らず、ただ体だけを動かしていることもあるだろう。練習の熱心さを計測することは難しいかもしれないが、明らかに重要なことだ。

ボイストレーニングは、楽しくストレスの解消になるとアマチュアの声楽家は感じているのに、プロの声楽家は厳しくかつ難しい努力が求められると感じることが、声楽家を対象とした研究で明らかにされている。傍目(はため)には両者は同じことをやっているにもかかわらず、内面ではまったく異なる反応が起こっている。このことが重要なのだ。

一般向けの書籍や記事は究極の鍛錬をひどく誤って伝えており、多くの人がそれについて話すときにさらに歪曲してしまうため、これらの要素をすべて覚えておくことはきわめて重要である。誤解の主な原因は、マルコム・グラッドウェルの大人気著書『天才！（Outliers）』（講談社）であり、その中には「一万時間の法則」という章がある。この言葉は、エリクソンらによるベルリンでの研究に由来するもので、トップクラスのバイオリニストは、20歳になるまでに平均約一万時間の意図的な練習を積み重ねていることが判明した。ビートルズなどに関するグラッドウェルの見事な語り口から、多くの読者は、一万時間練習さえすれば、あるいは「一万時間やるだけで、ほとんど何でも世界クラスの偉人になれると結論づけた。一万時間を費やす」というコンセプトを口にすれば、誰もが知っているように頷くだろう。

残念ながら、これはすべて的外れだ。「一万時間の法則」など存在しない。一万時間には何の不思議もない。この数字は、たまたま20歳の一流のバイオリニストの究極の鍛錬の時間の平均合計だったが、その年齢にはとくに意味はない。彼らはその年齢でプロとしてのキャリアをスタートさせようとしていたにすぎない。30歳までに彼らははるかに多くの時間を積み重ね、一般的には40代、50代、そしてそれ以降も上達を続けるだろう。世界最高のバイオリニストの一人になるために一万時間以上のじっくりとした練習が必要なのはほぼ間違いない。また、20歳の時の一万時間はあくまで平均であり、もっと練習した生徒もいれば、もっと少ない生徒もいる。

それでも膨大な時間だが、バイオリン演奏は、長い歴史の中熾烈な国際競争が繰り広げられてきた分野であることを忘れてはならない。あなたの分野もそうだろうか？たしかにそうかもしれない。しかし、もしあなたの分野がまだ生まれたばかりであったり、競争がまだほとんどローカルなものであったりするならば、あなたは少ない練習時間で一流の演奏家になれるかもしれない（しかし、おそらく競争相手よりもはるかに多くの練習時間をこなさなければならないだろう）。魔法の数字などないのだ。

グラッドウェルの「一万時間の法則」がより問題となるのは、それについて話したり書いたりする多くの人々によってさらに複雑化されているだけでなく、偉大なパフォーマンスにつながる行動に関して明らかに間違っているからだ。これまでみてきたように、究極の鍛錬という行動は非常に具体的に定義されている。それは一般的な練習ではないし、単に仕事をこなすことでもない。しかしグラッドウェルは、ビートルズが演奏に費やした時間や、マイクロソフトの共同創業者ビル・ゲイツやサン・マイクロシステムズの共同創業者ビル・ジョイがプログラミングに費やした時間について説明することで、彼の主張の正当性を展開している。たとえばジョイは、広く影響を与えるようなソフトウエアのプログラムを書くまでに、約1万時間をプログラミングに費やしたという。問題は、ビートルズやゲイツやジョイがやっていたことは、究極の鍛錬の基準を満たしているかは明らかでないということだ。

だからといって、究極の鍛錬が彼らの成功に重要でなかったとか、彼らがとてつもない努力をしなかったということだろうか？　そうではない。というのも、彼らが究極の鍛錬を何時間行ったのか、誰も見当がつかないからだ。1万時間より少なかったかもしれないし、もっと多かったかもしれない。それは問題ではない。なぜなら、一万時間やその他の特定の時間数に魔法の力はないからだ。

今度「偉大になるためには何が必要か」という話になったときに思い出してほしい。このトピックについて意見を述べたり、「一万時間の法則」について聞いたりする人のほとんどは、究極の鍛錬とは何かを知らず、その重要な役割を理解していない。しかし、あなたにはわかる。

達人になるための究極の鍛錬の重要性は、もう一つの問題を提起する。

いったいどういう人が究極の鍛錬をやろうとするのか？

究極の鍛錬はとてもきつく、それ自体すぐには結果に結びつくことはない。何年にもわたり何千時間もつぎ込まないかぎり高い成果に結びつかないことを考えると、なぜほとんどの人がやろうとしないのに、一部の人はやろうとするのかという疑問がわいてくる。とてつもなく高い能力への道が明らかなのに、なぜほんの一握りの人だけがその道を選択するのだろうか。これはとても深い問いかけだ。あまりに深い問いであるため、本書ではそのために一つの章（第11章）を設けることとした。ただし、この章ではこの質問は、自動的にもう一つの重要な問題につながることを指摘することにとどめておきたい。

遺伝で説明できる可能性はあるのだろうか？

究極の鍛錬の全体像が完全な形で明らかにされたことで、多くの人が能力は生まれつきか後天的かの論争をするようになり、究極の鍛錬を支持する者と天賦の才を支持する者とが相対峙（あいたいじ）することとなった。しかし、究極の鍛錬の枠組みを支持する者でも、高い能力において遺伝の果たす役割を否定してきたわけではないことは大切なことだ。能力が生まれつきであることを証明する特定の遺伝子が、これまで発見されていないという立場であるだけなのだ。もちろん、「ずば抜けた能力をもつオーボエ奏者や飛行機のパイロットやセールスパーソンになれる遺伝子を発見しようとする試み」も、逆に「こうした分野の能力を制約する遺伝子を発見しようとする試み」も、これまでいずれも不毛に終わっている。

しかし、究極の鍛錬を支持する人は、卓越した能力をもつのに必要であるとてつもなく厳しい鍛錬に進んで取り組むうえで、遺伝子の果たす役割が存在する可能性を否定しているわけではない。つまり、たとえばサッカー遺伝子というものが存在しないとしても、何千時間もサッカーを練習する苦労に耐え、それ自体を楽しめるようにさせる遺伝子の組み合わせも理論的には存在するかもしれない。

生まれつきの才能を支持する人の中には、自分の主張が遺伝に基づいているにもかかわらず、「コツコツ努力する遺伝子」の可能性を認めようとしない者がいる。才能論者はこのことを「コツコツ働く人の理論（drudge theory）」と呼んでいる。現時点では、検証すらされていない仮説で正しいとも正しくないともいえないが、遺伝子の研究が長足の進歩を遂げるようにでもなれば、このことに関して新たな洞察が得られるかもしれない。

同時に、受胎から始まり生涯を通じＤＮＡと自然（遺伝子と環境）は相互に多様な形で影響し合っている。そのため、厳格な意味で能力は先天的なものか後天的訓練に基づくものかという論争は、人間が実際にはどのように発達しているのかを理解していくと、ますます役に立たなくなっているのだ。このことについては第11章「情熱はどこからやってくるのか」でより詳細に検討することとしたい。

究極の鍛錬では何が行われているのか

究極の鍛錬はすぐれた外科医やビリヤードプレーヤーや講演家を生み出すことは明らかだが、その効果は一般的にも通用するのだろうか？　すなわち究極の鍛錬は、特定の分野で人間の能力を向上させるだけではなく他の分野にも適用できるのだろうか。答えはイエスだ。そしてそのことを発見することに価値がある。多くの人がそうでないと思っているからだ。

ゴルフの愛好家なら、そのゴルフ人生で誰もが出合う特定の状況に、ジョーダン・スピースが遭遇しているところをビデオで見たことがあるかもしれない。ジョーダン・スピースはトーナメントに出場中ボールに向かって構え、スイングを始め、まさに打とうとする瞬間に彼の気を散らすような大きな物音がする――ファンの叫び声、誰かが急に動いた物音、他のホールでのギャラリーの叫び声だ。スピースは途中でスイングする手を止め、ボールを打つ姿勢からいったん下がり、集中力を取り戻してからまた前に進み、ボールを打つ。

通常のゴルファーはこうした状況に出くわすと畏敬の念を抱くものだ。自分が同じ状況に置かれたらどのようにするかわかっているからだ。そのままひどいショットを打つか完全に空振りしてしまうだろうとわかっていても、いったん始めたスイングは途中で止めることができない。

このことはどうして重要なのだろうか。卓越した能力をもつ選手のやっていることを頻繁に見ていると、長い間練習し、何度も繰り返してきたためにもはや自動的に行っているのではないかという印象をしばしばもってしまう。しかし、実際のところこうした選手が身につけているものは、自動的にやってしまうことを避ける能力なのだ。

たとえば自動車の運転など、何か新しいことができるようになるには、人間は三つの段階を経るものだ。

第一段階では、いろいろなことに注意を払うことが求められる。車の制御方法、交通規則などいろいろなことを学ばなければならない。

第二段階になると、知識を連携するようになる。車、状況、交通規則の知識といろいろな自分の体の動きを関連づけ、スムーズに組み合わせることができるようになる。

第三段階になると、考えることなくひとりでに車を運転するようになる。これを自動化（automatic）という。そしてこの自動化によって普通の人の車の運転技術の向上速度は劇的にスローダウンし、ついには技術の向上が完全に止まってしまう。

車の運転を含め、日常のほとんどのことで、自動化によって技術の向上が止まってしまってもたいして問題にはならない。日常的活動で卓越した存在になる必要はなく、ただ日々の生活を送るのに支障がなければ十分なのだ。こうした活動には趣味で行うゴルフなどが含まれる。それでお金を稼ぐ必要はないし、ただ楽しめればいいのだ。そんなことに自分の頭の大部分をつぎ込む必要がないことはありがたいことだ。その結果、もっと重要なことに自分の頭を使うことができるからだ。

・自動化を避ける

しかし、こうした趣味で行う活動を実行しようとする際、自分たちの脳はすでに自動化されているのだ。靴の紐（ひも）を考えずに結ぶように。もしゴルフでの試合の相手が小銭をチャリチャリさせ、ちょうどバックスイングを振り上げたとき、突然相手の立てた雑音にこちらの脳の一部が直感的に過剰に反応してしまっても、動きはすでに自動化モードに入っており、ミスショットとわかったとしても回避する手立てがないのだ。

対照的に、偉大な業績を上げる人は、己の選んだ分野で自らが自動化して成長停止段階に陥ることをけっして許さない。自動化を回避することがすなわち究極の鍛錬を継続する一つの効果なのだ。自分がうまくできない点を絶えず意識しながら練習するという鍛錬の本質から、自動化に基づく行動をとることができなくなる。自分の専門分野では、素人に比べれば達人はほとんどまったく苦労することなく多くのことをやり遂げることができる。能力の高いパイロットはボーイング747をいとも簡単に着陸させることができる。しかし、つまるところ、そうした能力は常に意識的にコントロールされたもので無意識になされたものではない。

継続的な練習によって自動化を避けることには、もっと大きな別の意味がある。すぐれたパフォーマーは、よりよくなるために常に自分を追い込み、コーチや教師から常に追い込まれているのだ。これは決定的に重要なポイントである。

・偉大なパフォーマーは常に上をめざす

この本が出版された数か月後、ニューヨークのジュリアード音楽院の書店の店長からサイン会に来ないかと誘われた。私は「喜んで」と答えたが、ジュリアード音楽院の生徒たちが私の書いた本に価値を見いだすかどうかは懐疑的だった。世界でもっとも高度な音楽学生である彼らは、人生の大半をまさに究極の鍛錬の原則に基づいて訓練され、その原則に忠実だった。この本を必要としない人たちがいるとしたら、彼らだと私は考えた。一冊でも売れればラッキーだと思った。

店長は、「実は、この本は今までで一番売れた本なんです」と答えた。

私は仰天した。しかしこのことはその後、他の専門領域でもみられるようになった。たとえば、私は神経外科学会に招かれ、この本の考えについて講演した。おそれおおい話だ。800人もの脳外科医がいる会場で、どうすればよりよい手術ができるかを話すことを想像してみてほしい。しかしその後、隣の会場で行われたサイン会では、外科医たちがドアの外まで列をなし、私は一時間近くサインをしつづけた。

スポーツのコーチたちもまた、驚いたことにこの本のメッセージに強く反応した。スポーツは音楽と同様、究極の鍛錬の概念がすでにもっとも深く浸透している分野であることは明らかだと思われた。この本の考え方をすでに実践して生計を立てている人たちが、どうしてこの本に興味をひかれたのだろう？

コーチがこの本を求めるその答えはいくつかあることがわかった。第一に、コーチの多くがこの本を欲しがったのは、自分自身のためというより、生徒たちのためだった。たとえば、ゴルフ・インストラクターの組織がこの本を推薦しはじめていることがわかった。ウォールストリート・ジャーナル紙のすぐれたゴルフ・コラムニスト、ジョン・ポール・ニューポートがこの本について記事を書いている。これらのインストラクターや他の多くのコーチの教え子たちは、大人の教え子でさえも、多くの子どもたちと同じように間違った考えにとらわれていることがわかった。彼らは、すぐれたパフォーマンスは実際よりずっと簡単にできると信じているのだ。

アトランタの有名なイースト・レイク・ゴルフ・コースのティーチング・プロに、一般のゴルファーが犯す最大のミスは何かと尋ねたことがある。彼は二つの間違いをあげた。平均的なゴルファーのグリップとスタンスはまったくできておらず、スイングを始める前からうまくいかないようになっている。そしてもう一点、彼らは現実的でない期待をしすぎている。多くのゴルファーはほとんど練習していないのに、テレビで見るプロのようなプレーを期待している。その結果、楽しむべきときにみじめな思いをしているのだ。私は今ようやく、多くのスポーツのコーチが、この本に何を期待しているのかを理解した。彼らはこの本によって、生徒たちが自分への期待値をしっかり調整し素晴らしいパフォーマンスについての現実を知ることでさらに成長することを願っているのだ。

コーチがこの本に価値を見いだすもう一つの理由は、自分自身の仕事に役立つからである。ほとんどのコーチは、自分たちがやっていることの背景にある科学的な研究についてはよく知らない。究極の鍛錬がどのように、そしてなぜ効果的なのかを正確に理解すれば、それを応用する新しい方法をすぐに思いつくことができる。ある野球指導者向けの新聞が、この本について私にインタビューし、でき上がった記事を一面のトップに掲載した。私は、編集者がなぜこの資料を読者にとって価値があるものと考えたのか不思議だったが、その理由を理解できるようになった。

このような経験やその他の経験を通して、私は、どのような分野でも最高のパフォーマー、つまり、私たちの多くがあこがれるしかできないことをすでに成し遂げているパフォーマーほど、偉大なパフォーマンスについてもっと知りたいと強く願っているものだということを目の当たりにした。どんなにすぐれた選手であっても、彼らは常にさらに上をめざそうとするのだ。

究極の鍛錬でどのような変化が起きるのか

究極の鍛錬を必死に行えば、とてつもなく能力が高まるのではないかと直感的に思える。その一方、鍛錬が具体的にどのように作用するのかわからなければ、何がどう変化していて、どうすれば最善の効果が得られるのか十分に理解して行っているとはいえない。こうした究極の鍛錬の結果、体の中で具体的にどのような変化が起こっているのか。何が変化しているのか。究極の鍛錬をどのように補強できるのか。次章ではこうした問題を検討したいと思う。

第6章 究極の鍛錬はどのように作用するのか

どうやってどのように我々を変えるのか

究極の鍛錬はどう人を変化させるのか

ここまでみてきたところによれば、正しい究極の鍛錬を行うことで普通の人でも能力を向上させたり、達人の能力を身につけたりすることができるといえそうだ。しかし、究極の鍛錬がいったいどのように作用するのかはわかっていない。そのことが理解できるまでは究極の鍛錬を支える理論的枠組みは完全には説得力をもちえないし、またもっとも効果的な方法で適用することもできない。このことは、エンジンが車を動かすことはわかっていてもエンジンがどのように機能するのかわからないかぎり、車をより速く効率的に動かす方法が理解できないのと同じだ。エンジンが具体的にどのように機能するのか知るのはきわめて重要なのである。それでは、究極の鍛錬はいったいどのように作用するのだろうか。

一般論をいえば、この鍛錬は現状の能力を超える水準まで自分を追い込むことだが、その作用をより具体的に知る必要がある。また、達人は肉体と精神どちらのシステムを酷使して自分自身を鍛え上げているのかを知る必要もある。実業界であろうがスポーツまたはその他の分野であろうが、答えは実は同じで、しかも普通予想されるようなものではないのだ。

たしかに究極の鍛錬がもたらすもっとも重要な効果は、能力の限界点で達人の能力をさらに引き上げられる点にある。**具体的には普通の人に比べよりよく認識し、よりよく知り、より多く記憶できるようになることだ。**その効果は最終的にはそれ以上のものとなる。長年の徹底した究極の鍛錬のおかげで人間の体と脳は実際に物理的に変化する。

世界クラスの達人は、普通の人とは異次元の能力水準で活躍しているため、達人の能力は普通の人のものとは当然、根本的に違っているようにみえる。事実、能力が違っているからこそ異なる次元での高い水準の業績を生み出すことができるのだ。鍛錬を始めた当初は、達人たちも現在の達人の状態ではなかった。そして、こうした根本的変化はひとりでに起こったわけではない。

それでは、究極の鍛錬がどのように大きく人を変化させていくのか、以下一つずつ検討することとしよう。

より多くを認識する

ビック・ブレーデンはテニスプレーヤーがダブルフォルトをいつ犯すかを予想する並外れた能力がある。テニスの規定では1回のサーブで2回打つ機会が与えられる。1打目で失敗すると2打目を打つことになる。2打目のボールがトスされると選手がボールを打つ前に、その打球がダブルフォルトになるかどうかほとんど正確にブレーデンは言い当てることができた。ブレーデンはプロ選手としての長いキャリアをもつ、とても有名なテニスの先生だったが、この特殊な能力がどこから来たのか見当がつかず、困惑していたという。

ブレーデンの能力については何も研究が行われた形跡がないので、なぜそうした能力があるのか正確にはわからない。しかし、偶然他の優秀なテニスプレーヤーについて研究がなされており、その研究を通じ、一般に優秀な選手は、普通の選手に比べサーブがどこへ飛んでいくかいち早く知る能力があることがわかっている。ブレーデンのように相手がボールを打つ前にボールの飛んでくる位置がわかっているのだ。このことは重要だ。なぜならそれが、何が達人を達人たらしめるのかについて多くの人が持つ誤解のよい例だからだ。

トップランクのテニス選手は150マイルに近いスピード、ときにはそれをしのぐスピードでサーブを打つ。このスピードでボールを打つと、サーブを打った選手のラケットから相手のサービスラインまでボールが届くのに4分の1秒しかかからない。たいていの人はこのようなサーブに直面すると、自分の頭を動かし目の前にやってくるボールを見ることさえ困難となってくる。しかし、トップ選手の場合、こうしたサーブを打ち返すことができる。

そこでトップ選手は素晴らしい反応速度をもっているので、向かってくるボールを見るや4分の1秒で、ボールを打ち返すために正しい姿勢をとれるのだという誤った結論を導きがちだ。トップ選手はたしかに素晴らしい反応速度をもっており、訓練でその反応速度を高めることができる。だからプロはその能力に磨きをかけている。問題は、反応速度の向上は科学者が「べき乗則」（指数をもつ公式で示される）と呼び、普通「8対2の法則」（結果の8割を原因の2割がつくり出している）と呼ばれるものに従っているのだ。すなわち、初期のほんの少しの練習が大きな向上に結びついているということだ。その後は、たとえたくさん練習してもそれほど上達は望めない。トップ選手は反応速度がこれ以上向上しないところまで自らを追い込む練習に励む。しかし、最上位にランクされる選手は、こうした限界を乗り越える方法を身につけている。

・トップ選手はボールに反応しているわけではない

研究者は実験で、相手のプレーヤーが自分に向かってサーブを打ち込んでくるビデオの映像をテニス選手に見せ、高性能の機械でその選手の目の動きを正確に追った。平均的能力の選手はボールを見ていた。ところが**トップ選手の場合、相手の選手がサーブの動作に入り、ラケットでボールを打つまでのほんの短い瞬間（ブレーデンがサーブの失敗を見抜くその瞬間）、なんとボールをまったく見ていなかった。トップ選手は相手選手の腰、肩、腕などを見てどこにボールを打ってくるか予想するための先行指標として利用していた。**研究者はボールが打たれた瞬間ビデオの映像を途中で止め、相手がどこに打ってくるか被験者に尋ねた。ボールを注視していた平均的能力の選手はまったく言い当てることができなかった。しかし、トップの選手は予測することができた。それゆえに、サーブが打ち込まれる前に素早く適切な体勢をとり、相手選手のボールを打ち返すことができたのだ。

ボールが地面にたどり着く前にトップ選手はすでにそこにいた。反応速度を改善しなくてもより速く反応する術(すべ)を見つけ出していた。

スポーツ分野だけではなくそれ以外の幅広い分野でも、研究者はこれまでに同様の現象を数多く発見している。バドミントン、クリケット、ホッケー、バレーボールなどで達人は、そうでない人に比べ、ひと足早く次に何が起こるか察することができるのだ。

スポーツ以外のより日常的な活動として、示唆に富む分野にタイピングがある。なぜ普通の人より速くタイプの打てる人がいるのだろうか。テニス同様、反応速度の向上にもおのずと限界があるはずだ。タイプがもっとも速い人の場合は打ち込んでいる文章のずいぶん先のほうまで読むことで、他の人と比べ優位に立っている。これによって次の入力に備えて指を正しい位置に持っていく動作を少し速く進めることが可能になっている。とくに反対の手で次の文字を続けて速く打てば、平均的なタイピストをはるかにしのぐ文字数を効果的に打てるようになる。トップの技能をもつタイピストでも文章の先が見えないようにすると、その能力は素人とたいして変わらぬものとなることを研究者は確認している。

ときには達人は、見えているものをよりよくより迅速に理解する能力を向上させて、多くのものを認知している。たとえば、運転技術は高いが、まだ運転経験の浅い運転手を危険な状況に置き、反応速度を検査した。さまざまな種類の危険な状況を運転手という視点から映像で見てもらったのだ。そして、経験の少ない運転手と、危険な状況に何度も直面してきた経験豊富な運転手を比べてみたが、こうした検査での反応速度には大差はなかった。しかし経験豊富な運転手の場合、何が起こっているかを迅速に理解することができた。経験の浅い運転手の場合、危険な状況に遭遇したとき、何が起こったのかを理解しようとしても、現状を目にしながらも動けなくなってしまうのだった。**経験豊富な運転手は即座に状況を理解できたので、反応するのに十分な時間をもつことができた。**

ジャグリングをする曲芸師も同じような能力を示す。ジャグリング（人生をいかに切り抜けるかに非常に近いといわれている）では、絶えずボールを見守りつづけながら、手の動きを常に微調整する技術が求められている。**一流曲芸師は、ボールの行方をずっと追ったりはしない。ボールの軌道の頂点を見ていれば、必要な動きの調整ができることを知っているからだ。**一流曲芸師はほとんど何も見ていないように見えるかもしれないが、平均的な技量をもつ曲芸師よりもはるかに多くを見て理解しているのだ。

多くの分野でこれと同じことに出合う。ここまでは一流の人であればたくさんのことが見えていることを示す例――素早い反応が要求されるケース――を検討してきた。実際に達人は、それ以外の多くの分野でもすぐれた知覚能力を発揮している。

・達人の知覚能力

X線画像診断の例をみてみよう。ここでは反応速度は重要な役割を果たしてはいない。間違ったときのリスクはきわめて高いものとなりうる。ベテランの放射線の専門医と1~4年の経験しかない研修医とを比較した研究で、両グループにいくつかの同じX線画像を見せ、時間制限を課すことなく異常な個所(かしょ)を診断するよう求めた。このX線画像には、「多発性腫瘍」や「肺の虚脱」といった重篤な症例が含まれていた。

ベテランの専門医のほうが断然正確に診断したことは驚くに値しないだろう。たとえば、専門医は肺の虚脱診断の成績では研修医を著しく上回っていた。しかしなぜだろうか。肺の中葉の部分が壊され濃い影となっており、がんと診断できる可能性もあるX線画像だ。正確な診断には、隣接する葉の異常な膨張などかすかな手がかりとなるものを見つける必要がある。X線画像を見て病名を特定する際、専門医はより重要となる特徴の発見に注力する。専門医のほうは診断に伴う謎を解くため、多くの手がかりを見つけ、同時に個々の手がかりを詳細に識別していた。腫瘍がある場合、画像にはかすみがかった斑点がある。しかし、研修医はその同じX線画像が一般的な肺の影にしか見えず、肺の中に何か液体が入っており、うっ血心不全の兆候と誤診してしまった。専門医はいずれも腫瘍であると正確に診断した。

専門医は物理的な意味でよく見える目をもっていたわけではない。どちらも同じ画像を見ていたし、どちらの目にも同じようにはっきりと映っていた。違いは文字どおり何を見ていたか、そして何を認識したかにある。

達人のもつ卓越した能力は、視野でとらえた以上のものを認識することができるのだ。そして、その能力は視覚に限ったことではない。聞こうと思えば多くのことが聞こえ、ふれれば多くのことを感じることもできる。高度に訓練を受けた航空パイロットと見習いのパイロットを被験者とする実験で、この二つのグループの被験者に航空管制官とパイロットとの会話の録音テープを聞かせ、その内容は航空予定表ではどの状況かを示すよう求めた。訓練を積んだパイロットは見習いパイロットの2倍の精度で解答した。音楽家は素人より、音の高低や音符の大きさのごく微妙な違いに敏感に気づくことができる。みなが同じ音を聞いていても、長年訓練を続けると人より多くのことを認知できるようになる人がいるのだ。

明らかに、こうした発見はビジネスの世界で価値をもつ。達人はより多くを認識することができるという研究結果からビジネス界に直接応用できるいくつかの方法が導き出せる。

通常の人が気づかない目印を理解できる

ちょうど一流のテニス選手が、サーブを打つ相手のボールを見ず、体の動きを見るように、他の分野の**達人も表面的には気づきにくい重要な情報を見つけることができる。**こうした兆候はときには大変重要なので、広く業界で知られることになる。40年前、ウォルマートの創業者のサム・ウォルトンは顧客満足度を測る画期的な方法を見つけた。**サム・ウォルトンは顧客がどれだけ満足しているかを知りたければ、従業員

の満足度を測ればいいということに気がついた。幹部が社員を処遇するやり方で、一般社員は顧客に対応するからだ。

たいていの場合、こうした指標は目立たないが大変有効だ。小売流通業の経営幹部の中には、店の駐車場の油のシミを見て車の整備状況と顧客の経済状況を知ることができる人もいるそうだ。１９８０年代の広告でフィットネス（運動で減量すること）があおりたてられると、調査会社は衣料品販売に関する統計データを分析し、ＸＬサイズ以上の衣料販売が伸びていることを発見した。アメリカ人はスマートになるどころか、フィットネスブームでむしろ体重が増えつつあるといういち早い警告となった。ローラ・リッテンハウスという風変わりな株式アナリストは、年次報告書に書かれたＣＥＯからの株主へのメッセージに、「私」という単語が何回現れるか数えることにしている。株主へのメッセージに現れるこうした事実や他の兆候が会社の業績予想に役立つと主張している（基本的に自己中心的な経営者の経営する企業の業績はよくない）。

こうしたしばしば目立たない兆候は、固く守られた企業秘密だ。たとえば、ヘッジファンドのいくつかはオーナーが金融市場で発見した信頼にたる関係性に基づいた数学モデルを用いている。ルネサンス・テクノロジーズもそうしたモデルを用いる運用会社である。創業者のジェームズ・シモンズはファンド運用を通じ、この数年、一人で年間10億ドルの利益を上げている。もしルネサンスの独占的なモデルが世の中に広く知られて用いられれば、ファンドの優位性はたちまち失われてしまう。だからシモンズは運用モデルについて話したがらないのである。ビジネスやそれ以外の分野でも、目立たない兆候は高い価値をもつが、このように秘密にされているためほとんど知ることはできない。

一般的に、先行指標が企業秘密であるか否かにかかわらず、そうした先行指標を開発したり活用したりするには相当な訓練が必要となる。たとえば、テニスの場合、サーブをうまく打ち返す秘訣（ひけつ）の一つは、プロはみなすでに知っている。しかし、普通の人が次回テニスコートに立って、その情報を生かそうとしても生かすことはできない。相手の腰、肩、腕の微妙な動きを察知できるほど何百時間も練習してはいないからだ。達人が用いる先行指標のほとんどは、役立てるには鍛錬を要する。

達人は先が見えている

卓越した音楽家やタイピストは普通の人よりも先のページを見ているわけだから、文字どおり将来を見ていることになる。先に何が起こるかを知り、いち早く備えるからこそよりよい結果を生み出していく。達人は普通の人よりもたった1秒だけ先を見ているのかもしれない。しかし、その1秒が大きな差を生む要因となる。それ以外の分野ではこの時間の差はより大きく、より重要になる。

占いの話でもノストラダムスや占星術師を雇うことを述べようとしているわけでもない。先を見る力の大部分は、注視する力を高め、新しい見方を身につけさえすれば手に入れることができる。しかし、本当に身につけようと思えば、一度きりでなく何度も行い、しかも究極の鍛錬の原則を用いて、まだ十分でない能力を絶えず向上させながら行う必要がある。現在の仕事の地位に就いてから、5年後自分の事業はどうなっているか最後に真剣に考えたのは、どれほど前のことだったか思い起こしてほしい。15年後の事業の姿はどうだろう。そのころのビジネス環境、競合、規制当局、その他の要因はどのようになっているだろうか。こうした議論は、CEO以外のスタッフが行うことはめったにない。しかし、達人たちの経験ではこうした議論は、誰にとってもすぐれた効果があるといわれているのだ。

数は少ないが、はるか将来の経営の基本方針を検討している企業もある。日本を専門とする学者ジョン・ネイスンは、松下グループの創業者である松下幸之助との面談を今でも覚えている。松下幸之助は20世紀が生んだ偉大な実業家の一人だ。ネイスンは社内の池に浮かべた小さなボートに松下と二人で乗っていた。松下が一度、両手をポンと打つと、その瞬間に何匹もの大きな鯉（こい）が水面に顔を出した。餌の知らせだとわかったからだ。「この魚たちは長い期間のもつ意味を知っている」と松下幸之助は言った。「百年にわたって生きているからだ」

松下幸之助はずっと先の将来を考えていた。自分の事業のために５００年計画をもっていた。百年後の今でも、変化の激しさで知られる電子産業に身を置く松下幸之助の会社は、強大である。

石油会社もその必要性から他の多くの会社に比べはるか遠い将来を探索している。石油採掘権の交渉には何年もかかり、開発にはさらにあと十年の年月がかかる。そして運がよければ何十年にもわたって原油が採掘できる。だから石油資本は常に今後百年の原油の需給予想を行っている。もっともすぐれた予想とは、単なる数学の分析を超え、考えうるあらゆる因果関係を理解させてくれるものだ。

たとえば**シェルはシナリオプランニング（将来のシナリオを複数描くことで戦略策定、意思決定を行う）の過程を通じ、１９７０年代のアラブ諸国による原油禁輸への**

備えができたことで有名となった。どのシナリオもシェルの幹部に、原油の禁輸が起こる可能性を示したわけではなかった。シナリオは単に演習として行われ、予想ではないからだ。しかし、戦略グループのつくったシナリオの一つに原油価格引き上げにつながるサウジアラビアで発生する事故の想定があった。この事故がきっかけとなり、アラブ産油国が原油価格設定を見直すようになるというシナリオだ。シェルの幹部はその分析をさらに進めた。そして、第三次中東戦争（六日間戦争）でアメリカがイスラエルを支援したことに対しアラブの産油国が腹を立てていて、複数の目的が原油禁輸や供給制限によって、同時に達成できるとアラブ諸国は信じているかもしれないということを、シェルの幹部は気づくことができた。

この演習をしていたおかげで、どのような出来事が原油禁輸につながるのかシェルの幹部は理解していた。それゆえ実際に禁輸が発動されるとシェルは他社に比べ格段にうまく対応することが可能だった。シェルの幹部たちはすでにこの事態が起こることを映画にして見ていたのだ。競合他社が動揺する中、シェルは石油精製施設の拡大のスピードを緩め、自社の石油精製所が多種類の原油を原料として取り扱えるように施設を変更した。シェルが他のどの石油資本よりも圧倒的にうまくオイルショックを乗り切ったと業界では評価された。

あまりにも短期志向がはびこっている今日、遠い将来を考えることに価値があるのかと多くの人はいぶかしがるだろう。一般に受け入れられている考え方に従えば誰も四半期以上先のことは考えない。しかし、こうした世間の知恵がいつもそうであるように、必ずしもそれが真実であるとはいえない。株価ボードを見れば、多くの銘柄があることがわかるだろう。そうした銘柄の中には、多くのバイオテクノロジー関連や情報技術関連の会社も含まれており、いまだ利益も出ていなければ当面すぐには利益を見込めない企業もあるだろう。にもかかわらずとてつもない高値の株価がついている。投資家たちはこうした会社の遠い将来を見て評価しているのだ。ファッション業界にもはやりすたりがあるが、**将来予想は常に重要だ。合理的に将来を見ることは企業にとって常に利益につながるのだ。**

より少ない情報から多くを知る

どの分野でも少ない情報から多くを知るという能力は、成功するには不可欠だ。欲しいと思うほどにけっして情報は手に入らないからだ。誰もが二つの制約条件の下で情報を求め、躍起になっている。情報を得るには時間と金がかかり、**正しい意思決定**

を迅速かつ安価で行うことができれば、どの分野でも競争で優位に立てる。

達人は長期間にわたる究極の鍛錬を通じ、自分が専門とする分野でもっとも重要な意思決定を行うためにこの能力に磨きをかけている。警官は、ピストルで撃つべきか瞬時に決められるようになる。クオーターバックは、ボールを投げるべきかどうか、もし投げるとしたらどこに投げるべきかほとんど手がかりがないような状況でも意思決定できるようになる。ラインバッカーがタックルしようとあなたに向かってくることはないが、情報が少ない中ビジネスで素早い意思決定を行うことができれば、しばしば競争で優位に立てる。

人事をCEOの中核的業務とみなしていたジャック・ウェルチは、ときにはそうした人事の意思決定を素早く行った。ウェルチはGEの監査に従事していたジョン・ライスという若者と昼食時に知り合った。ウェルチはこのことを思い出してこう述べている。「その場で気に入ったよ」。ライスのプレゼンテーションを気に入ったウェルチは、ライスを特別昇進させた。

それがキャリアの転機となりGEの幹部の中でライスはスターの一人となり、50歳でGEの副会長に就いた。ライスを昇進の道につけたウェルチは、当初ライスのことをあまり知っているわけではなかった。しかしウェルチは十分にわかっていた。ウェルチは何十年にもわたり、徹底して厳格に人材の評価を行うことを自分のキャリアの中核に据えてきたからだ。

微妙な差異を認識する

レブロンを化粧品会社として圧倒的な存在にした企業家チャールズ・レブソンは数種類の黒色の微妙な差を認識できるといわれている。この能力は色彩の専門家にとってもとくに難しいとされる。この能力はすべてのことが評価できるということの比喩でもある。たとえば、マネージャーが人の扱いがうまいということと、与えられた仕事に直属の部下が張り合いを感じているかどうか見抜けるかどうかということはまったく別のことだ。もし張り合いを感じていないなら、それを問題とみなすべきか、機会とみなすべきなのか、そうした状況にどのような対応をすべきだろうか。対応策のうちのどれが効果的でどれが効果的でないように思えるのか。もし対応するならばそのうちのどの案を採用するべきか。このようなことは一色の黒と五つの異なる色の段階をもつ黒とを見分けるようなものだ。

こうした微妙な差異を認識できる能力は、人、状況、提案、業績、その他どんなことでも評価する際、とても役に立つ。**他人が気づくことのできない細かな差異がわか**

るということは、物事をより多く認識する能力を有しているともいえる。

これら決定的な能力は、明らかに訓練と修練の賜物である点は特筆に値する。またこれらの能力はどの分野でも学ぶ側も懸命に学び、教える側も懸命に教え、身につけていく能力だ。なぜなら一般的にこうした能力は、自分たちの学んでいる専門分野を超えて伝えることができないことが調査研究で明らかになっているからだ。たとえば卓越した音楽家はよい耳をもっているので、微妙な音の差を認識できる能力をもっているはずだと思うかもしれない。しかし、ごく微細なトーンの差を認識できる音楽家が演説のトーンの差を認識しようとすると、普通の人と変わらないという研究結果が明らかになっている。特定の分野で傑出し具体的な能力を身につけたいと思ったときこそ、究極の鍛錬は効果を発揮する。

より多く知る

達人が普通の人よりもより多くを知っているということは、痛いほど明らかだと思うかもしれない。たとえば偉大な投資家は、普通の人が知るよりもはるかに多くのことを自分の投資分野で知っていることが期待されている。しかし、この事実は見かけほどたしかなことではない。実際、多くの研究者がこの事実と反することを信じていたときもあった。研究者に浮かんだ小さな疑念は、我々の多くが考えていることだ。

こうした疑いをもった研究者は「偉大な業績」は卓越した知識からではなく、卓越した推論方法や推論する能力に由来すると考えていた。問題を分析するための最善の方法を知っていれば、知識など本当は必要ではない。その問題をよく考え、分析や推論の方法がコンピュータで処理されるなら知識はもっと少なくてもかまわないと主張していた。

こうした考え方は１９５０〜１９７０年代の初期のコンピュータの時代に多くの人に受け入れられた。当時、科学者は知能をもつ機械をつくろうと模索していた。当時はどんなことでも可能なように思えた。１９５７年、野心に燃えるあまり二人の科学者（ハーバート・サイモンとアレン・ニューウェル）は、大胆にも一般問題解決ソフト（ジェネラル・プロブレム・ソルバー）と呼ばれるコンピュータプログラムを発表した。**そのプログラムは特定の分野の知識データは何ら持ち合わせていなかった。論理のルールと問題解決の戦略をもっていたので、理論的には普遍的に問題解決に利用できるはずだという考えからだった。**これは十分に威力のある知的エンジンがあれば、特定な知識など必要がないという科学的な考えの方向性をよく示している。**しか**

し、このプログラムは現実の課題を何一つ解決しなかった。

知識をまったくもたないコンピュータで、望んでいるような結果が得られないことにやがて研究者自身気がついた。一人の科学者のとったアプローチではうまくいかないことを理解するため、人工知能を生み出そうとしたもっとも有名な試みを考えてみよう。それはコンピュータでチェスプログラムを成功させようとする探求だ。知識が重要ではないアプローチを用いる場としてチェスは完璧だった。コンピュータにチェスのルールとゲームの目的をプログラムすれば、その恐ろしいスピードと推論の力を自動的に発揮し、どんな人間もかなうことができないからだ。機械の勝利は確実だと思われた。

しかし、悩ましいことに人間のほうが勝ちつづけた。それは大きな問題だった。なぜならチェスの研究者の推定では、どの局面でもトップランクのチェス競技者は一手を考えるのに15秒を要する。一方、コンピュータは一秒間に数千手を推測することができた。では、なぜ人間が勝てるのだろうか。当時のチェスの世界チャンピオン、ガルリ・カスパロフが１９９６年あの有名なＩＢＭのディープ・ブルーと初めて対決をした。コンピュータは一秒間に一億手を検討したが、それでもカスパロフは勝った。それから一年後、コンピュータプログラムは一秒間に2億手検討できるようにアップグレードされ、コンピュータはやっと6ゲームのうち、2勝1敗3引き分けで勝つことができた。

・知識が重要な要素

とてつもない優位性にもかかわらず、なぜコンピュータは負けたり引き分けたりするのだろうか。答えは、人間はコンピュータがもっていないチェスの知識をもっているからだ。それは多くの異なる特定の状況の中で、名人がそれまでどのように駒を動かしてきたのか、それぞれの動かし方でおおよそどのような結果をもたらすのかといった、チェスに関する膨大な知識をもっていたのだ。研究者たちは幅広い分野の調査を通じ、達人の秘密がどこにあるかついに突き止めた。

「どのような人工知能でももっとも重要な要素は、知識である」と人工知能コンピュータに取り組んでいる三人の著名な科学者（ブルース・G・ブキャナン、ランデル・デイヴィス、エドワード・A・ファイゲンバウム）は記している。

「一般的な推論の方法で豊富な内容をもつプログラム（数学の論理力をもつものまである）も、特定の分野で乏しい知識しかもたなければ専門家レベルの仕事をするにはほとんど役に立たない」と記している。また三人の研究者は結論として次のように記している。**「知識にこそ、力の源泉がある」**。驚くべき人工知能も、コンピュータが膨大な量のデータを取り込み、理解できるようになるまで不可能だった。私たち人間も、コンピュータとよく似ている。

他の研究者も、別の経路で同じ結論にたどり着いた。研究していたのはチェスだった。エドリアーン・グルートというオランダの心理学者は、世界クラスのチェス競技者と愛好家レベルでは腕の立つ競技者とされている者を比較研究した。驚くことに、世界クラスの競技者は技量の低い競技者とたいして変わることのない手数しか考えておらず、先の手を読むという意味においては深く考えてもいなかった。また駒の選択でみても両者のアプローチにはほとんど大差はなかった。要約すれば、世界クラスの競技者の知的エンジンはそうでない人に比べ、とくに速いようにはみえなかったということだ。

では何がこうした競技者の腕前をより上達させているのだろうか。

この質問への答えは部分的にはすべての分野に当てはまると思えるが、専門分野で多くの知識をもっているということだ。チェスの研究者は（少し後に私が説明する方法で）次のことを発見した。チェス名人レベルの競技者たちはチェス愛好家の実力者に比べ、チェスに関し膨大な知識がある。少なくとも10倍、ときには100倍もの圧倒的な差でチェスの知識をもっているのだ。それに劣らず重要なことは、幅広い分野で達人はいずれもより組織化され、体系化された知識をもっていた。このおかげで素人と比べ、抜本的に異なる有用な方法で問題にアプローチすることができた。

たとえば、熟練の物理学者と駆け出しの物理学者に対し24個の物理の問題を与え、類型別に分類するように指示を出す実験を行った。駆け出しの物理学者は、もっともわかりやすい特徴に基づいて問題を類型化した（たとえば摩擦を伴うのか斜面があるのかどうか）。より熟練した物理学者は問題を解くのに必要な基本原理に基づいて問題を分類した（たとえばニュートンの運動の第二法則）。

その他の研究や他分野を対象とする実験でも同じ結果を確認している。熟練の心理カウンセラーは、治療法の選択をするためにもっとも関連のある要因に従って患者の発言を整理する。一方、駆け出しの心理カウンセラーは、表面的で些細(ささい)な点に基づいて患者の発言を整理しようとする。漁師は、海でとったものをその習性や商業的価値など高度に実利的な視点に基づいて分類する。素人の釣り人は、見た目で分類する。一般に達人たちの知識はより高い次元の原則に基づき統合されたり結合されたりしている。

・ビジネス界でも経営能力より専門知識

実業界でもはっきりと同じ現象がみられるようだ。多くの企業はトップの業績を上げる者を、異なる環境で異なる内容の仕事を多くさせることで、可能なかぎり幅広い知識を身につけさせようと躍起になっている。現場業務や企画・管理などの業務を世界的に行わせることで、ビジネスに関する重要な要素やときにはすべてを学ばせていく。

もっとも業績のよい企業の多くが、一般的な経営能力よりはむしろ業界固有の知識を深くもつことが大切だと認めている点は、とくに重要だ。この一般経営能力と業界の固有知識という相対立する概念の関係は、何十年も前にコンピュータを専門とする科学者がジェネラル・プロブレム・ソルバーをつくろうとした試みと、アメリカの実業界全般がたどってきた道がほとんど同じだったということを示している。アメリカのトップビジネススクールも、アメリカの主要企業の多くも、過去何十年にもわたり一般的な経営能力をもつ素晴らしいマネージャーを生み出そうと努めた時期があった。身につけた経営に関する一般的な技術の力だけで組織を思いどおりに操れると思っていたのだ。ビジネスに固有な知識はあまり必要がなく、理論を重視し、ビジネスの課題解決の戦略だけを知ろうとした。

しかし、結果からみればもっとも成功した企業の多くでは、経営はそのようには行われてはいなかった。2001年、ジェフリー・イメルトがGEのCEOに就任したと同時に、彼は世界でもっとも成功している企業の調査に取りかかった。**経済全般の成長率よりも何年にもわたり高い成長率を維持し、株主に卓越した利益をもたらした企業の調査だ。こうした企業の共通点は何だったのだろうか。この調査が明らかにしたカギは、マネージャーの「深い専門知識」だった。その企業が従事している分野の広範な知識である。**イメルトは、GEが他社を制するために必要なのは事業に対する「深い専門知識」であることを突き止めた。イメルトはハーバードビジネスレビューのインタビューに答え、次のように語っている。

「GEの事業部門のうちもっとも成功している部門では、経営トップが長くその地位にあった。航空機エンジン部門のベテランであるブライアン・ロウは、大きな4、5個の意思決定を業界の深い知識を頼りに自分で行った。これによって我が社は、50年もの長きにわたりこの分野では業界でのリーダーの地位を獲得することになった。一方、再保険事業のように短い期間で人を入れ替えたところではGEは失敗している」

知識を身につけ、発展させてくれるのは究極の鍛錬の一要素である。一つの分野で能力を拡張しつづけようとすれば、次々と知識を蓄える必要がある。そして何年もの間そうしつづけるためには、すべての知識を結びつけて役立つようにするという重要な体系づけという行為に磨きをかけなければならない。ところで、「知識が偉業の中心的な役割を果たしている」ということは、「偉業は生まれつきの才能に基づくものである」という主張に対して理論上の深刻な問題を投げかけている。なぜならどんな分野でも初めから膨大な知識をもって生まれてきた人はいないからだ。

知識のもつ決定的な役割を考えると、達人にはもう一つの特性を開発することが求められる。つまり膨大な知識をもっていても決定的な瞬間に思い出せなければ、使うこともできず、結局何の役にも立たないからだ。

より多くを記憶する

第3章のチェス競技者の記憶力の内容を思い出していただきたい。チェスの達人は実戦で置かれたチェス盤上の25個もある駒の位置を数秒で完璧に思い出すことができた。一方素人の場合、同じチェス盤を見つめていたにもかかわらず駒の位置は5個くらいしか思い出せなかった。しかし、チェスの駒の位置がでたらめに置かれると、達人も素人と同じくらいの数しか駒の位置を思い出すことができなかった。一流のチェス競技者は、汎用性のある驚異的な記憶力をもっていたわけではなかったという結論である。

第3章で検討しなかった問いで回答する必要があるものは、どうしてそうなったのかというものだ。具体的にどうやってそんなに覚えることができるのか。あらゆる分野で達人たちはなぜ通常可能と思える以上のことを記憶することができるのか。

現役時代のゴルフのジャック・ニクラウスは出場したすべての試合の一打一打を覚えていたと伝えられている。成功している事業家は相当昔の財務諸表の特定の数字をいつまでもよく覚えている。**卓越した能力をもつ人は、自分の専門分野の情報については驚異的な記憶力をもっているということを研究者は発見した。**このことをどう説明すればよいのだろう。

チェス競技者について画期的な発見をした同研究から、達人がなぜ専門分野で驚異的記憶力をもつのかその答えの一部を得ることができた。その実験は、達人と素人のチェスプレーヤーが数秒間チェス盤を見せられたあと、駒の位置を正確に思い出すように求められる簡単な短期記憶のテストだった。短期記憶とは瞬間的に情報を蓄える種類の記憶力で、もし他の何かで頭脳に負担がかかれば気が散り、覚えようとしているものをたちどころに忘れてしまうような類いのものだ。

何十年もの研究を通じ、こうした短期記憶の領域で覚えられるのは、平均値でわずか7つであることがわかってきた。この短期記憶力は人によって能力に差があまりない。ほとんどの人は短期記憶で5つから9つを覚えるのがせいぜいだ。

これまで述べてきたとおり、チェスの名人も駒がでたらめに並べられると駒を思い出そうにも短期記憶力の範囲でしか思い出すことはできなかった。もっと驚くことだが対局の場面を記憶する場合でも、短期記憶のレベルでみれば達人もほぼ間違いなく素人同様平均5つから9つしか覚えることはできなかった。だとすれば、その違いは「何を」記憶するかにあるにちがいない。

・塊理論で説明できるか？

後になって塊理論（chunk theory）という考え方を研究者が提唱した。被験者はいずれもおおよそ同じ数の塊の情報を記憶していた。素人にとっては、チェスの一マスに置かれた駒が一つの情報の塊だった。一方、何年にもわたり実戦での駒の動かし方を研究してきた達人にとっては、一つの塊ははるかに大きかった。駒を特定の位置に置いた場合、それに伴って決定されるすべての一連の駒の位置も、はるかに大きな一つの意味のある塊だった。

その違いはまるで文字と単語の違いに相当する。アルファベットのすべての文字を知っていてもその文字が単語に組み替えられるということを知らなかったとしよう。そして５秒間、配置された文字を見せられ（例えばlexicographer［辞書編集者］というぐあいに）、正しい順番ですべての文字を覚えるように求められたとする。単なる文字の塊を見せられたのだから、最初の７文字さえ覚えるのに苦労するかもしれない。しかし、実際にはその文字がよく見慣れた単語だとすれば（それも13字もの単語）、正しい順番でその文字を簡単に思い出すことができるはずだ。その文字を５秒間も見つめる必要もないだろう。０・５秒もあれば十分だろう。少し頭を使う必要があるかもしれないが、反対側からでもその文字を読むことができるだろう。

一流のチェス競技者はチェス盤を見るとき、文字ではなく単語として見ている。25個の駒を見る代わりに５、６グループの駒の塊として見ている。だから一流のプレーヤーは駒の位置を簡単に思い出すことができる。この類推は、さらに進めることができる。チェス愛好家としては名手だと認められている競技者に比べ、最高の腕前をもつチェス競技者は10倍から100倍の知識があるという議論をしたのを思い起こしてほしい。

ここで塊と呼んでいるものは、知識の単位だ。愛好家は約一千の塊の語彙があるが、最高位に位置づけられる競技者は一万～十万の語彙をもっている。

塊理論は説得力があり、価値がある。そして広く適用することができる。しかし、最高のチェス競技者やその他の分野の達人がもつ驚異的な記憶の逸話を説明するには、塊理論にはいくつかの問題がある。まず、ちらりと見せられただけのチェスのポジションをすぐ思い出せることには説明がつく。これは短期記憶に蓄えられていると推定され、大きな塊で記憶することのできる達人は短期記憶のもつ生来の限界を克服することができるからだ。しかし短期記憶は当然長くはもたないし、何かで気を散らされると機能しなくなる。だから電話番号を聞いたら、すぐ書きとめなければならず、その間にドアの呼び鈴が鳴ろうものなら、おそらくはその電話番号を思い出すことはできないだろう。

・達人の記憶方法とは？

今度は、目隠しをしながら10試合のチェスゲームを同時に進める競技者のことを考えてもらいたい。こうした競技者がチェス盤上のすべての駒の配置を短期記憶で覚えているはずはない。もしそうならば、今考えていたチェス盤から次のチェス盤に移った瞬間、その前のチェス盤のことを忘れてしまうからだ。そして、同時に長期記憶が使われているはずもない。なぜなら、長期記憶は少なくとも通常定義されている意味では、チェスの試合で使うのには、十分な速さと確かさでの情報の出し入れをすることが不可能だからだ。では達人はどうしているのだろうか。この質問に答えることができれば、チェスの達人がもつ卓越した能力だけではなく、診断を行う最高の医師、ソフトウエアのプログラムを書く最高のコンピュータプログラマー、ビルを設計する最高の建築家、戦略を選ぶ最高の経営幹部、そしてその他すべての分野の達人の能力を説明することができる。

こうした達人はいずれも「記憶技術（memory skill）」と呼ばれる能力を開発していた。記憶技術とは、その膨大な容量をもつ長期記憶に速くかつ確実にたどり着くことのできる特別な能力なのだ。達人たちは短期記憶もまた従来の定義の長期記憶も用いてはいなかった。

郵 便 は が き

料金受取人払郵便

新宿北局承認

9158

差出有効期間
2025年 8 月
31日まで
切手を貼らずに
お出しください。

169-8790

174

東京都新宿区
北新宿2-21-1
新宿フロントタワー29F

サンマーク出版愛読者係行

ご住所	〒　　　　　　　　都道府県	
フリガナ		☎
お名前		(　　　　)
電子メールアドレス		

ご記入されたご住所、お名前、メールアドレスなどは企画の参考、企画用アンケートの依頼、および商品情報の案内の目的にのみ使用するもので、他の目的では使用いたしません。
尚、下記をご希望の方には無料で郵送いたしますので、□欄に✓印を記入し投函して下さい。
□サンマーク出版発行図書目録

1 お買い求めいただいた本の名。

2 本書をお読みになった感想。

3 お買い求めになった書店名。

市・区・郡　　　　　　町・村　　　　　　書店

4 本書をお買い求めになった動機は?

・書店で見て　　　・人にすすめられて
・新聞広告を見て(朝日・読売・毎日・日経・その他=　　　)
・雑誌広告を見て(掲載誌=　　　)
・その他(　　　)

ご購読ありがとうございます。今後の出版物の参考とさせていただきますので、上記のアンケートにお答えください。**抽選で毎月10名の方に図書カード(1000円分)をお送りします。**なお、ご記入いただいた個人情報以外のデータは編集資料の他、広告に使用させていただく場合がございます。

5 下記、ご記入お願いします。

ご職業	1 会社員(業種　　) 2 自営業(業種　　) 3 公務員(職種　　) 4 学生(中・高・高専・大・専門・院) 5 主婦　　6 その他(　　)		
性別	男・女	年齢	歳

ホームページ http://www.sunmark.co.jp　　ご協力ありがとうございました。

こうした説明方法を初めて提唱した研究者アンダース・エリクソンとウォルター・キンチは、この能力のことを「長期作動記憶（long-term working memory）」と呼んでいる。またこの記憶力を「専門家作動記憶（expert working memory）」と呼ぶ研究者もある。その重要な要素を理解するため、前述のSFの話を思い出してほしい。あの叫び声を上げていた長距離ランナーのSFは任意に並べられたとてつもなく長い数字の羅列を記憶することができた。

SFはこうした数字を、自分にとって意味ある形に関連づけることで思い出すことができた。たとえば、数字の列が「4131」となっていれば、これを「4分13秒」という一マイル競走の記録として覚えた。SFはいわゆる記憶の「引き出し構造（retrieval structure）」と呼ばれるものを自ら工夫してつくり出していた。自分がすでに知っている概念に覚えるべきデータを結びつける方法だ。

SFは任意に並んだ数字を覚えようとしただけだった。彼にはより大きな目的があったわけではない。記憶の引き出し構造をつくる際たまたま身近にあり、その記憶すべき課題と何ら関係のない概念を選んだだけだ。現実の世界で達人を際立たせる理由となるのが偉大な長期作動記憶の力だ。これは自分が長年取り組んでいる活動のまさに重要な部分と結びついて、引き出し構造として長期記憶上にでき上がっている。まさに**達人は自分の専門分野を深く理解し、身につけていく膨大な量の情報を次々と長期記憶にするための仕組みを手にしているのだ。**

このことをさらに説明するため、熱狂的な野球のファンと、たまにしか野球の試合を見ることのないファンの二つのグループを被験者とする簡単な調査研究をみてみよう。この二つのグループに、試合の情景の一コマを活き活きと描いた文章で説明した。熱狂的な野球ファンは、試合結果に重要な影響がある出来事を思い出すことができた。たとえば、ランナーを進塁させたり失点を防いだりといったことである。試合の上辺だけを見ているもう一方のグループの被験者は、重要でない細かい点を覚えている傾向にあった。たとえば観客の様子とか天気などだ。熱狂的なファンの場合、野球に関し深い知識をもっていたので、読み取った情報を格納するために必要な記憶フレームワークを備えていたのだ。

・達人たちは専門分野の記憶構造をもっている

この発見は一般に通用するものだ。すなわち達人は普通の人に比べはるかに高い水準で自分の専門分野を理解している。それゆえ達人は、専門分野の情報を覚えるうえですぐれた構造をもっている。医師が患者の診断をする際、平均的な能力をもつ医師に比べ最高水準の能力をもつ医師は患者のことをより覚えている。それは診断にあたり、平均的能力の医師よりも高いレベルで推測すべく、データを駆使しているからだ。

もっともすぐれたコンピュータプログラマーは駆け出しのプログラマーに比べ、プログラム全体の構成力にはるかに長けている。すぐれたプログラマーは自分が何をしようとしているのか、そしてそれをどうすれば実現できるかがわかっているからだ。しかし電子工学を始めたばかりの者は、電子回路を見て電子部品の存在を確認する。専門家は、電子回路上の重要な機能グループの存在を確認し、またそのことをよく覚えている。厳密な研究によって、こうした例にとどまらず他の多くの分野での同様の事例が明らかにされているのだ。

チェス競技者に関していうなら、今や驚異的な記憶力は、駒をグループ単位で認識するという能力以上のものであることがわかってきている。一流のチェス競技者は、それぞれの駒のグループが担う戦略的な重要性も同時に理解している。そして攻撃、防御、敵のかく乱などというそれぞれのグループが担う戦略の役割も理解している。「文字対単語」と同じように考えれば、素人は文字を見ているのに対し、専門家は単に単語を見ていただけではなく単語の意味もすべて理解していたのだ。

達人の驚異的な記憶力が自然に手に入るものではないのは明らかだ。それは専門分野に関する深い理解のうえに構築されているので、何年もの集中的な学習によってしかもたらされないのだ。新しい情報を高度な概念に絶え間なく関連づけることも求められており、大変厳しい課題だ。このように考えれば、達人の卓越した記憶力が専門分野以外には及ばないことも簡単に理解できるだろう。**専門分野の知識は達人の能力の中心的な要素であり、専門分野と切り離すことはできないのだ。一般的な能力とはまったく異なり、何年もの究極の鍛錬を通じてのみ最終的に手に入れることのできる能力なのである。**

・脳や体そのものを変える究極の鍛錬

長期間にわたるよく練られた究極の鍛錬を経て、達人がいかによりよく認知し、理解し、記憶する能力を開発するか、またこうした能力が卓越した業績を上げるのにいかに重要かこれまでみてきた。しかし、これだけではない。究極の鍛錬は、加えて人間のすみずみまでくまなく影響を与えるような方法で作用する。このことにはいっそう目を見張らされる。究極の鍛錬で人間の頭脳や体そのものを物理的に変化させることができるのだ。

この効果は、たとえばウエートトレーニングで、筋肉が増えるような形ではっきり見えるものではない。むしろたいていの人が変えられないだろうと考えている特質にかかわるものだ。たとえば、マラソンランナーの心臓は普通の人と比べて大きい。生まれつきそのような有利な特徴に恵まれたのだと思うだろう。しかし、これは間違っている。何年間もの集中的なトレーニングでマラソンランナーの心臓は大きくなったのであり、トレーニングをやめると心臓の大きさも元の通常の大きさに戻っていく。運動選手は、何年ものトレーニングによって筋肉の大きさだけではなく筋肉の構成（速筋と遅筋の割合）さえも変化させることができる。関節が硬直する年齢までに長年訓練すれば、バレエダンサーは普通の人より足先を伸ばせる能力を身につけ、野球のピッチャーははるか後方に腕を伸ばせる能力を身につける。

脳それ自体も変わる可能性がある。幼児が楽器の練習を始めると脳は違う形で発達し、大脳皮質が変わっていく。音を聞いたり指先を制御したりする領域が脳の中でより大きな位置を占めるようになり、この効果は訓練を若い年齢で始めるほど高くなる。脳がもっとも変化しやすいのは若い時であるが、しかしそこで完全に終わってしまうわけではない。平均2年間の厳しいトレーニングを積んだロンドンのタクシー運転手を対象とした研究では、空間ナビゲーションをつかさどる脳の部分が発達していることがわかった。

・反復練習がミエリンを増加させる

こうした変化でもっとも大切だと思われる点は、**神経細胞やニューロンの周囲に「ミエリン（myelin）」と呼ばれる物質が増えてくるという事実だ。このミエリンがまわりにあることで神経細胞やニューロンはより機能するようになる。たとえば、プロのピアニストの頭脳を見るとピアニストの能力に関連する脳領域でミエリンの増殖が見られた。**

ミエリンの増殖には時間がかかるということを理解しておくのは重要だ。たとえば、特定のピアノの鍵盤を特定な方法でたたくような動きをコントロールする神経線維のまわりにミエリンを増やすには、その神経線維に何度も何度も適切な信号を送る必要がある。神経線維に信号を送り、ミエリンを増大させるこのプロセスは、スポーツや音楽だけではなくビジネスのような純粋な知的分野でも生じる。達人を生み出すには信号を何百万回も神経線維に伝達しなければならない。言い換えれば、ミエリンの発生プロセスと究極の鍛錬での能力開発は、同時進行で行われているように思える。そしてミエリンは、達人になるためにはなぜ長年の徹底的訓練が必要か——具体的には、反復練習の多さである——という問いに新たな方法で答えてくれる。ミエリンの研究はいまだ初期段階だが、もっとも根本的な分子のレベルでミエリンの存在が激しい鍛錬と卓越した能力を結びつけるかもしれない。

達人のことを見たり考えたりすると、どうしても普通の人とは根本的に違うという強い感情をもってしまう。ウォーレン・バフェットの投資運用成績を調べたり、ルチアーノ・パヴァロッティの音楽を聴いたり、ロジャー・フェデラーがテニスボールを打つのを見たりすると、達人の専門分野での能力と自分たちの能力を結びつけるものを何一つ見いだすことができない。達人の域に達する道を探すのはどうやっても不可能に思える。だからいつも達人のことを説明しようとすると、あの人は異星人や超人で信じられない能力の持ち主だというていつもの比喩にたどり着いてしまう。

これまで検討してきたことは、ある意味で人間の自然な反応は正しいことを裏づけている。達人は根源的に普通の人とは違っている。実際、達人の頭脳や体は普通の人のものとは根本的に異なっており、情報を認知、構成、記憶する能力は普通の人のものつどんな能力もはるかにしのいでいる。しかし、こうした達人の卓越的特質を何か永遠のミステリーや運命づけられた結果と考えてしまうと、これまでの多くの人同様に誤ることとなる。達人の能力はむしろ過程がもたらした結果であり、そうした達人の能力を開発する過程を構成する要素は今や明らかになっている。

普通の人の現状の能力を達人の域に導く道は、実際にあるのだ。ただし、その道は長くつらい。だから最後までその道を歩みつづける者は少数しかいない。どんなに遠い旅路になろうとも、その旅路は常に有益で、究極の鍛錬を構成する諸要素を適用すればいつでも始めることができる。しかし次に問題となるのは、どうやるかだ。

第7章

究極の鍛錬を日常に応用する

機会はたくさんある。
もし自分自身の仕事を新しい方法で考えるのならば……

究極の文章修業

ベンジャミン・フランクリンは、デイビッド・ヒュームや他の多くの人も認める「アメリカで最初の偉大な文筆家」だ。それゆえ、フランクリンがどうやってあのような卓越した作家になりえたのか興味をひかれる。フランクリンは自らの文章修業について自伝に書いており、学校で課題になったりするのでこの自伝は広く知られている。しかし、どのように達人が生まれるのかについて我々が得た知識に照らし合わせると、このベンジャミン・フランクリンの文章修業に秘められたいくつかの要素はこれまで思っていた以上に意味深く、ためになる。

ベンジャミン・フランクリンは、十代の少年としては文章がうまいと自分では思い込んでいた。ある日フランクリンの父親は、息子ベンジャミンと友人ジョン・コリンズが一つの論点をめぐり手紙でやり取りしていることに気がついた（その議論は、女性は教育を受けるべきか否かという点についてだった。コリンズは、女性は男性と同じようには学ぶ才能に恵まれていないと主張し、一方ベンジャミンは反対の立場をとった）。

ベンジャミンの父親は、息子の手紙は綴りも句読点もコリンズよりもすぐれていると言った。そして、その後ベンジャミンの手紙の悪い点も具体的に教えた。「表現の流麗さと明快さについていくつか事例を示し、父は私に説明してくれた」とフランクリンは述懐している。人を評価する際、まずほめ、批判をする際には具体的事例でその根拠を提示することは大切なことだ。この点からすれば、ベンジャミンの父親ジョサイア・フランクリンは、誰にとっても手本になるだろう。

父親の自分の文章力に対するこうした観察に、ベンジャミンはいくつかの方法でこたえている。第一に、どうやってもまねできないすぐれた手本を見つけた。ジョゼフ・アディソンとリチャード・スティールが書いた『The Spectator（スペクテイター）』という名のイギリスで高い評価をもつ定期刊行物を一巻にまとめた書籍だ。これについては誰でも似たようなことはできたかもしれない。しかし、その後ベンジャミンはそれまでほとんど誰も考えもしなかった目を見張る方法で文章修業のプログラムに着手した。

そのプログラムは、『スペクテイター』の記事を読むことから始まった。そして一つひとつの文章の意味に簡単な注をつけ、数日後にその注を見て、ベンジャミン自身の言葉でそれぞれの文章の意味を再び表現した。それができるとベンジャミンは今度は自分の書いたものと原本とを見比べ、「いくつかの間違いを見つけ、訂正をした」と述べている。

気がついた間違いの一つは、語彙力不足によるものだった。どういう対策をとればよいかとベンジャミンは考え、詩を書こうとすれば膨大な「言葉の蓄積」が必要とされることに気がついた。同じことを表現するにも、詩ではリズムや韻律を考え多くの異なる方法で表現する必要があるからだ。そこでベンジャミンは、『スペクテイター』を韻文に書き換えることにした。そして、書き換えたものを忘れたころ、今度はその韻文形式のエッセイを散文形式に書き換え、自分の苦心の作と原本とを見比べた。

またベンジャミンは、よいエッセイのカギとなる要素は構成だということに気がつき、改善の方法も編み出した。エッセイの文章一つひとつに短い注釈をつけ、その注釈をそれぞれ別の紙きれに書くことにした。そして注釈を書いた紙切れをグジャグジャに交ぜ、そのエッセイのことを忘れるまでの間、数週間寝かせておいた。

・フランクリンが行った究極の鍛錬文章編

忘れたころに、今度はその注釈を正しい順番に並べ替え、その順番に基づいてエッセイを書き原文と比較した。またもやフランクリンは「多くの間違いを発見し、修正した」。驚くべきことには、この手法が、彼の置かれた状況下で、大変よく構成された究極の鍛錬の原則に合致していたことだ。フランクリンには指導してくれる教師はいなかったが、父親が文章の具体的な間違いを指摘してくれた。自分の能力を超える散文を見つけることで、事実上、自らの教師をつくり上げたのだ。フランクリンにとってこれ以上ない選択ができた。

『スペクテイター』のエッセイは人をひきつけ、時事的で、画期的な文章でフランクリンが望んでいた文体にまさに合致していた。フランクリンが手本にしたこうしたエッセイはいずれも大変素晴らしいできだったため、フランクリンが学んだあと300年たった今でもこの一巻は幅広く読みつづけられている。このようにフランクリンは自分の能力のうち課題となる部分を見つけ、自らの限界に挑戦するとともに修業方法として究極の鍛錬の中核的内容を自ら発見していた。

重要なことは、ベンジャミン・フランクリンがただ座ってエッセイを書くことでよい文筆家になろうとしたわけではなかった点だ。むしろ一流のスポーツ選手や音楽家のように、**課題となる特定の部分に何度も何度も働きかけた**。まず最初は構文だ。究極の鍛錬の原則に正確に従って取り組んだ。『スペクテイター』の文章を一つひとつ要約し、再現するというフランクリンの手法は結果として究極の鍛錬の目的に沿って巧みに考案されていた。一つのエッセイには多くの文章があったので、フランクリンはかなりの量を日課のようにこなすことができ、また、原文と自分の文章を比較することで即座にフィードバックを得ることができた。

フランクリンは次の課題である語彙に取り組もうと決意し、韻文化するというまたもや素晴らしい練習の仕組みを考案した。これを大量に行い、また即時にフィードバックを得た。最終的には、フランクリンが韻文形式の文章を散文形式に書き換えている点に注目したい。フランクリンはまさに文章の構成に取り組んだのだ。この3番目の課題であるエッセイ全体の文章構成に対してフランクリンがとったアプローチもまた非常に巧みで、構成に何度も挑戦するだけではなく、他の技術も維持できる仕組みとなっていた。

フランクリンが行ったよい文筆家となる修業方法の特徴で、注目したい点が一つある。コツコツとやりつづけた点だ。現代人がフランクリンの行ったことや考案した訓練のことを聞くとその素晴らしさだけではなく、最後までやり抜く彼の能力に驚嘆するだろう。やり抜くのはとてつもなく大変な仕事に思えるからだ。誰でも理論的にはフランクリンの日課をこなすことができたであろうし、今でもできるだろう。しかし、たとえそれがどんなに効果があるとわかっていても誰もやらない。文章を書くことを学んでいる学生でもやらないだろう。しかもフランクリンは学生ではなかった。印刷をしている兄の職場の見習い工で、きつい仕事だったので自由時間はほとんどなかった。

そのため朝仕事に行く前と夜仕事から帰ったあとや日曜日に「一人で印刷工房にどうにかいられるようにすることができたとき」文章修業に勤しんだ。清教徒として育てられ日曜日は教会に行くべきだとわかってはいたが、「教会に行くための時間が自分にはないように思えた」とフランクリンは自伝に記している。

フランクリンが独学でどのように文章を上達させたか詳細に知ることは、二つの意味で注目すべきだと思われる。第一に、究極の鍛錬がどのように機能するかきわめて明確に示しているからだ。当時もっとも高い能力と影響力をもつ英文での散文家が、究極の鍛錬をどのように生み出しえたのか、事例研究の材料を提供している。

第2に、理想からは程遠い状況下で究極の鍛錬の原則をどのように自力で実行しうるのかという素晴らしい事例を提供してくれている。残念なことに今日企業やその他多くの組織が置かれている状況は、当時のフランクリンの状況と変わりはしない。

多くの企業が熟考された究極の鍛錬の原則をどれほど敵対視しているかということをみてきた。ビジネスとはかかわりのない一流の組織が究極の鍛錬の原則を受け入れている事実を考えるとよけいに首をかしげたくなる。我々はチャンピオンになったスポーツチームや偉大なオーケストラや劇団の素晴らしい能力に、畏敬の念を抱く。しかしビジネスのオフィスをのぞくと、達人の研究で学ぶべきものがそこにあるとは、まず誰の頭にも思い浮かばないことだろう。

アメリカの軍隊は究極の鍛錬の原則を研究し、採用して、組織を以前よりはるかに効果的なものに改善することに成功してきた。しかし大部分の企業やほとんどの教育機関、多くの非営利組織では依然「偉大な業績」の根本部分について、そのほとんどが理解されていないか、見過ごされている。

すべてではないにしろ、これが大部分の組織での実態だ。次章では組織がどのように究極の鍛錬の原則を多様な方法で用いているか、またどうすればよりいっそう活用できるかをみることとしたい。しかし、**大部分の組織は、こうした究極の鍛錬の原則を理解しないか、適用していない。**また従業員のほうも自分たちの働き方を変えられるポジションの人は多くないので、個人で何ができるかまずその可能性を検討することにしたい。どうすればベンジャミン・フランクリンのように自分の専門分野でよりよくなれるか考えてみよう。

どこに行きたいかを知る

自明なことかもしれないが、少し考えてみる価値があることとして、**まず自分のやりたいことを知る必要がある。しかし、そこで成功のカギとなる言葉は、「やりたいこと」ではなく、「知る」ということだ。**卓越した能力を獲得するには何年にもわたり多大な努力を求められるため、相当の覚悟がないかぎり誰もこうした試練に挑もうとする者はいない。だから自分がやりたいことが何かを明確に「知る」必要がある。

何となくであったり、どうもその傾向があるとか考えていたりする程度ではダメだ。第11章では、こうした覚悟がどこからやってくるのかというこの不可思議な問いについてより詳しく検討する。たとえ向かっている方向の次の単なる一歩にすぎないとしても、当面は何を成就したいかは決まっているということで、話を進めていこう。

究極の鍛錬の仕組みを考案する際、最初にぶつかる困難はその次のステップを見つけることである。もちろん、次のステップが明確な分野もある。たとえば、ピアノの演奏をしようとするなら、学ぶべき技術やその順番も何世代にもわたり教師が確立してきた。同様なことは高度に系統立てられた専門的職業分野にも当てはまる。少なくとも会計士、弁護士、医師になるための初期のステップはよく確立されていて、先生が導いてくれる。

しかし、大部分の仕事が高度な学習段階に達するといずれの専門分野でも、研究し、習得すべき項目をあらかじめ限定した出来合いのカリキュラムやシラバス（科目で用いられる教材の細目）による対応は困難となり、身につけるべき技術や能力、また習得方法すら自分自身で決めなければならない。しかし、ほとんどの場合こうしたことを自分自身で行えるだけの力は私たちにはまったくなく、誰かに頼るほかない。

メンターという存在を新たな観点で見直す必要があるだろう。単に助言を受ける知恵のある人という観点ではなく、**自分の専門分野で経験の深い達人として、次の段階で身につけるべき技術や能力は何か助言を受けたり、自分の訓練でフィードバックを与えてもらえたりする存在として、見直す**必要があるだろう。それが理想のメンターであり理想的なメンターの活用法だ。そうした人を見つけることは簡単なことではないが、一般原則を導くことは常に可能だ。**あらゆる訓練活動では何に取り組まなければならないのか、またそれがうまくできているか他者から受ける評価はとても重要だ。**

開発しようとする技術や能力の選択肢は無限にある。しかし、訓練という観点からみるとこうした選択肢は二つの一般的なカテゴリーに分かれる。

一つは、実際にその技術や能力を利用するかは別として、演奏家が本番のコンサートの前に練習するように直接的に訓練すること。

もう一方は、仕事の一部として訓練することだ。

直接的に訓練をする

多くの仕事で、訓練を直接するという考え方は十分には確立していない。訓練で唯一確立されたものはスピーチの練習ぐらいのものだ。しかし実際のところ、仕事で訓練する可能性は驚くほど広く、深い。訓練が決定的に重要だとされている分野で、用いられている究極の鍛錬のモデルに基づき、三つの一般的なカテゴリーが考えつく。

音楽モデル

演奏家は音楽が楽譜に書かれているので、これから何を演奏するかがわかっている。**達人と普通の人とを分けるのは、その音楽をいかに上手に演奏するかだ。**

ビジネスでも多くの類似した状況に遭遇する。その数はぱっと思いつくよりもはるかに多い。もっとも自明なものがプレゼンテーションやスピーチだ。これはしばしば企業生活の一要素を形成しているからだ。しかし、どれほどうまくこなしているだろう。こうしたことはとても重要だ。たとえば、ウォール街のアナリスト、取締役会、上司や議会委員会やそばにいる同僚に対するプレゼンテーションのできは、いずれも自分自身の組織に大きな影響を与えうるものだ。にもかかわらずほとんどの人は何回かのおさらいだけで練習をすませている。

もっとずっとうまくできるあらゆる方法を残らず思い浮かべてみよう。

講演の文章を分析し、それぞれの段落で伝えるべき重要なメッセージを決める。その際、「情熱」「論理性」「聴衆との絆（きずな）」「ユーモア」は十分か点検する。そしてそれぞれの段落を繰り返し練習し、常にカギとなるメッセージを効果的に伝えようと努める。繰り返すたびに、コーチやビデオからフィードバックを受ける。ＹｏｕＴｕｂｅの時代、類似のプレゼンテーションを誰かが行うビデオを見つけることは以前に比べずっと簡単かもしれない。そうしたビデオを分析し、自分が聴衆に伝えたいと思っているカギとなる同じ考えを他人はどのようにうまく、もしくは下手に伝えているのかその様子を具体的に注意して見ることができる。

これまでのプレゼンテーションの準備にかける時間と比べこうしたやり方は、ずっと手間のかかる方法だろうか。しかしこれこそが、達人が行う準備と同種のものなのである。

これ以外の多くの重要な仕事でも同じように訓練することができる。多くのマネージャーにもっとも忌み嫌われている仕事の一つに直属の部下の人事評価がある。この仕事には実は音楽モデルが当てはまる。つまりあなたは何を伝えるべきかをすでに知っているのに、それを効果的に伝えることが難しいからだ。伝えるメッセージはいくつかに分けることができ、それぞれがもつ意図を分析し、繰り返し練習するたびにコーチによるフィードバックを受けたり自分で録画してビデオで見たりする。

採用試験やマスメディアの取材インタビューでもこうした方法が訓練方法として利用できる。結局のところ、どのような質問を聞かれるにせよ、こうした状況で伝えるべき大切なメッセージは本人がおそらく一番よく知っているからだ。

プレゼンテーションや講演の原稿をどのように書くべきかという質問にはまだ答えてこなかった。書くものは何であれ一つのパフォーマンスだとよくいわれる。ということは、書くという行為は、音楽モデルの活動とみなすことができるかもしれない。実務的な文章を書く場合、ベンジャミン・フランクリンの採用した、多くの部分に分けるという方法は適した方法ではある。だが、その場合『スペクテイター』の作家のまねではなく、株主への手紙や広告、ブログへの書き込みやその他文章の目的から考えて適切な文章を選ぶべきであろう。

口頭でのプレゼンテーションについていえば、とくに効果的な方法はフランクリンの技法をよりおもしろくしたものを行ってみるといい。具体的には、とくによくできたと思うプレゼンテーションをいろいろな観点からじっくり観察してメモをとり、そのメモをほとんど忘れたころに、そのメモに基づいて同じ要点の講演原稿を組み立てる。そして実際に話をし、録画して元のビデオ内容と見比べるのだ。

チェスモデル

卓越したチェスプレーヤーは、一流の競技者同士が実際の試合で駒をどう動かしたかを研究する。その際、いろいろなテーマで戦いの場面を再現する。序盤戦、詰めのステージ、攻撃、防御、はるかに細かく分かれたそれ以外の多くのカテゴリーテーマに基づいてこういった駒の動かし方について何千もの本が出版されている。

日々の訓練では特定の駒の配置を研究する。あなたならどう動かし、チェスの名人は実際にはどう動かしたかを見比べる。もし違いがあるならなぜか、どちらがよいのかを考える。

チェスモデルは音楽タイプとは異なるが、よく考案された究極の鍛錬の要素を満たす訓練の一つだ。それはこの専門分野で求められる訓練に合致するよう工夫されている。チェスの場合、駒の動かし方と改善を要する駒の動かし方に焦点を当て、高い頻度で繰り返し、即座にフィードバックを得ることができる。仕事の要素の多くは、これと類似のアプローチで改善することができる。

実際、**チェスモデルはこれまで90年間にわたりビジネス教育で、ケースメソッドという異なる名前で幅広く用いられてきた。**ハーバードビジネススクールで開発されたこの手法は、チェスの訓練と強い相関関係をもっている。問題が提示され、それに対して解決方法を見つけるのが課題だ。現実の世界の実態を考えると、ケーススタディに登場する主役が選択した解決策が可能なかぎりベストなものであったのか、学び手であるあなたが選んだものがよいのかはよくわからない。しかし、課題に集中し、提示された解決策を評価するプロセスはたいへん役に立つ。だからこそケースメソッドは世界中の何百もの大学で採用されている。

このアプローチの最大の強みの一つは、改善を要する特定の技術に鋭く焦点を当てることができることだ。このことは究極の鍛錬の原則に合致している。たとえば、あなたはアメリカ製品を中国で販売する最初のチャンスを得るまで、何年もマーケティングに携わっていたとする。それにもかかわらず中国輸出に関するマーケティング技術は、あまりたいしたものではないかもしれない。しかし、ケーススタディを用いれば、短期間で中国におけるアメリカ製品のマーケティングについて十数回もの事例を研究することができる。

同様な状況で具体的なスキルを集中的かつ繰り返して学んだことのない人間に比べ、何歩も前に進むことができるのだ。

チェスモデルの利用法の一つは、ケースメソッドを採用するビジネススクールで授業を受けることだ。いつでも誰でも利用できるわけではないが、ビジネススクールでの学びには多くの利点がある。ケースの課題に対する正しい回答は、常にはっきりとしているわけではないので、他のクラスメートやとくにそのケースを書いたかもしれない教師からの意見を聞くことは役に立つ。ビジネススクールの授業では、生徒を多くのケーススタディにふれさせる。ハーバードビジネススクールの場合、２年間で５００以上のケースを学ぶ。

ビジネススクールに行けなくても、時に応じてチェスモデルを適用できる。初心者なら、世界的に有名なビジネススクールで使われているケーススタディをオンラインで購入し、独学することができる。チェスモデルを意識することで、ニュースを読む方法や自分の業界で起こっていることの観察方法が変わってくるだろう。

チェスモデルの中核は質問にある。自分ならどうするかという質問だ。読んでいる新聞の記事一つひとつや自分の企業や業界で起こっている出来事の一つひとつが、この質問に答える機会を提供してくれる。

原油価格が突如上昇したり、消費が落ち込んだり、ゴロツキトレーダーが70億ドルの損失を出したり、アップルがiPhoneを発表したりしたというニュースを読むだけではなく、自分のやりたいことにどう影響を与えるか想像してみよう。そして、自分ならどうするかという質問に答えるよう心がけることだ。

さらにとても重要なステップがある。質問の答えを書いて保存するということだ。思い出してほしい。フィードバックこそ訓練の効果を高めるには不可欠な要素だ。人は過去に思ったことを間違って思い出す傾向がある。つまり、その後物事が実際どう進んできたかを考え、自分に都合のよいように事後的に自分の記憶を調整しようとするのだ。しかし、書きとめておくことで、こうしたことを防ぐことができる。自分だったらどうしたかということと、当事者が実際にどうしたかということを比べることが、この演習を真の学びにつなげる唯一の方法だ。そして、そこから学びうることは計り知れないものがある。

スポーツモデル

一流のスポーツ選手の訓練は二つのカテゴリーに分かれる。

一つはコンディショニングである。これは特定のもっとも役に立つ力や能力を伸ばすものだ。全米プロフットボール選手のラインマンは瞬発力をつけるように足の筋肉を鍛える。テニスプレーヤーは試合が3時間続いても、まだテニスボールが追えるようスタミナをつける。

もう一つの訓練のカテゴリーが、特定のスキル向上に取り組むことだ。野球のボールを打ったり、フットボールを投げたり、バンカーからゴルフボールを打ち出したりすることだ。こうした分野のスキルが共通にもつ特性は、いつも異なる状況で能力を発揮しなければならないという点だ。なぜならば、遭遇する状況はけっして同じというわけではないからだ。この点、前述の音楽モデルとは異なっている。ピアニストにとって、ベートーヴェンのソナタ「月光」の楽譜はけっして変わることはない。しかし、クオーターバックは二度と同じパスを出すことはないのだ。

ビジネスとの類似性は何だろうか。仕事が肉体的にはあまりきつくないとすれば、またたとえきつくても、コンディショニングという適切な体調調整をする機会があるのは明らかだ。しかし、もし大部分の先進国の仕事のように仕事が情報やサービスを基本とするものなら、コンディショニングの中身は、すでにもっている認知力を高めることになるだろう。

もし財務に関する仕事であれば数学と会計の基本知識が、工学関係の仕事であれば科学の基本知識が、編集の仕事ならば語学力が、コンディショニングの対象となるだろう。多くの場合こうしたものはみな高校や大学で学ぶもので、練習してもほとんど得ることはないと思うかもしれない。しかし肉体的な能力と同様、こうした能力も維持する努力を続けなければ衰えていく。

このように定義したコンディショニングは、いくつかの形をとりうる。自分の仕事の基礎となるような基本的なスキルを教科書やハンドブックで復習すれば、より早く、より簡易に、より自信をもって基本的なスキルを用いることができるようになる。たとえば、たとえ長年働いてきたとしても、仕事を始めたときにおそらく読んだであろうグレアムとドッドの書いた『証券分析（Security Analysis）』（パンローリング）を今読めば、きっと忘れていた重要なことを思い出すことだろう。文章を書き、編集するものにとって同じことがファウラーの書いた『A Dictionary of Modern English Usage』やストランクとホワイトが書いた『The Elements of Style』に当てはまるだろう。

どんな分野でも、フットボールのラインバッカーがレッグプレスを使って足を鍛えれば常に報われるように、読めば常に報われると定評のある手引書がある。違いはどのラインバッカーも高校からずっとプロフットボール選手になるまでレッグプレスをやっているのに、ビジネスの世界では驚くくらい少人数しか仕事を支える基礎となるコンディショニングの訓練に時間を使っていない。

コンディショニングは新しい資料で行うこともできる。コンピュータのソフトウエアを使えばクリック一つでできるかもしれないのに、基礎知識を確認するためわざわざペンと紙を使って、見たこともない企業の財務諸表について基本的な財務比率分析を行ったり、企業価値ベースに基づいて株価を評価したりする。雑誌に載っている記事を鉛筆で校閲してみる。こうしたことでけっして新しい技術を学ぶことはないが、あなたの技術を可能にしている底力を増強することにつながる。

スポーツモデルでの二つ目の訓練要素は、固有のスキルの開発だ。絞り込んだ分野でのシミュレーションに基づく特定の技術の開発だ。この考え方は、ビジネスにも広く応用できるが、一人で行うには困難が伴うかもしれない。スポーツ選手はほとんどの時間を特定のスキルの訓練に費やす。そのスキルとは変わることのない楽譜で音楽を演奏したり、ほとんど自分一人でコントロールできる野球のボールを投げたり、テニスでサーブを打ったりするものとは違う種類のものだ。こうしたスキルを学ぶのが難しいのは、次の一つないし二つの特性があるからだ。

その一つが、予想できない敵の動きに素早く対応しなければならないという点だ。たとえば、野球でボールを打ったり、テニスのサーブを打ち返したりする種類のものだ。

もう一つは、流動的で動的（時間とともに刻々と変化すること）という点だ。クオーターバックがボールを投げようとしたとき、ワイドレシーバーは受けられない状態かもしれないが、ボールが落ちてくるころには受けられる状態になるかもしれないということだ。

予想することのできない敵、早い対応、動的な状況というものは、ビジネスの状況にとても似ている。こういう状況に自分を置き、一人で練習することはとても難しい。訓練には性質的にどうしても他人の力を必要とするからだ。もしセールスや交渉の訓練で協力してくれる人がいれば、そのときはぜひともそうしてほしい。訓練の際、必ず究極の鍛錬の原則を思い起こしてもらいたい。つまり、**自分の能力の特定の**

部分を開発し、多く繰り返し、直後にフィードバックをもらうことだ。

もし誰にも助けてもらえなくても、テクノロジーが助けてくれるから心配はいらない。ビデオゲームやコンピュータゲームをする人は、この本を読んでいる時点で、これらのゲームが究極の鍛錬の要素を完璧に体現していることに気づいただろう。新しいレベルに到達するたびに、ゲームはあなたを少し難しいレベルに進める。練習を大量に繰り返すことができる。実際、これらのゲームはほとんど中毒になるように巧みに設計されている。常にフィードバックがあるので、自分のプレーのどの面を改善すべきかがよくわかる。プレーヤーはゲームをしているつもりでも、実際は集中した究極の鍛錬をしているのであり、それを続けるかぎり上達しつづけるのだ。

起業家や組織は、デジタルゲームに見せかけた究極の鍛錬の力を使って、人々のパフォーマンスを向上させる新しい方法を急速に見つけている。

たとえば、アメリカ陸軍は、イラクやアフガニスタンの村で一般市民と接する際に不可欠な人間関係のスキルを兵士に教えるためにゲーム仕立てのシミュレーションを用いている。

消防署では、消火スキルの訓練にゲーム仕立てのシミュレーションを使用している。火災があまりに珍しくなったため、多くの消防士がほとんど実地経験のないまま実際の火災に立ち向かっているため、貴重な訓練となっている。

企業では、数十億ドル規模の巨大な建設プロジェクトを運営する管理職の訓練に、デジタル・シミュレーションを活用している。このような場合、失敗できないうえに、現実世界での適切な経験を積み重ねるには数十年かかるかもしれない。しかし、ゲームベースのシミュレーションでは、管理職は何十回もの現実的なシミュレーションに参加することができ、ゼロコストで失敗を経験したり、即座にフィードバックを受けたり、新たなスキルをどんどん獲得することができる。このような例は何百、何千とある。あらゆる領域において、デジタル・シミュレーションは、これまで練習できるとは考えられなかったスキルを、究極の鍛錬によって獲得することを可能にしている。たとえ練習できる類いのものだったとしても、今でははるかに速く、集中的に、そしてより効果的に練習することができる。

この革命はまだ始まったばかりだが、ソフトウエアがトレーニングを一変させたチェスを見れば、その方向性を垣間見(かいまみ)ることができる。ボビー・フィッシャーは1958年、史上最年少の15歳半でグランドマスターになり、世界を驚かせた。しかし、高品質なチェス・ソフトウエアの登場以来、12歳7か月でグランドマスターになったウクライナの少年セルゲイ・カヤキンをはじめ、多くのプレーヤーがボビー・フィッシャーの記録を破っている。

あなたは、自分の取り組んでいるものは効果的な訓練がしづらいと感じていないだろうか？　その感覚は過去には正しいものだったかもしれない。そして現時点でまだ正しかったとしても、この先そう長くはもたないだろう。今や事実上、誰もが究極の鍛錬の恩恵を得ることができるからだ。

仕事上で訓練する

職場でビジネスのスキルを直接に訓練する機会は、思いのほか多くある。しかし、こうした職場での訓練の機会も唯一の機会とはいえない。我々は誰もが違った方法でビジネスのスキルを訓練することができる。**それは仕事自体の中に訓練を見つけてしまうことだ。**くどいようだがそれは異なるタイプの活動だ。もし上司とあなたがボーナスの目標について話し合いをもっているとすれば、「待ってください。あと5回話し合いをしましょう」とは言えないだろう。しかし、こうした状況でもまた別の状況でも、自分の能力をよくする違った行動をとることができる。それはいずれもあなたの頭の中でできるのだ。

研究者はこうした活動を自主調整と呼んでいる。この言葉は幅広い分野の活動を内含している。そのいくつかはここではとくに重要なものだ。ニューヨーク市立大学のバリー・J・ジマーマン教授は大規模な調査で、究極の鍛錬の特性が自主調整のカギとなる構成要素と同じであることを発見した。効果的な自主調整は、仕事での活動の前、最中、そして後に行われている。

仕事の前に

自主調整はまずゴール設定から始まる。この場合の目標は人生を導く大きな目標ではなく、むしろ身近なゴールで、今日行うべきことに関する目標の設定だ。研究によれば業績がよくない人たちはまったくこうした目標を設定せず、ただコツコツ一生懸命に働くだけだということがわかっている。そこそこの業績を上げる者は、ゴールを設定するが、大まかで単によい結果を求めるだけだ。たとえば、受注し、決済して利益を出す、新しいプロジェクトの提案書を書き上げるといった目標だ。これに対し**もっとも素晴らしい業績を上げる者は、結果ではなく、結果に至るプロセスを目標に置く。**たとえば、単に注文をとるというのではなく、顧客が語っていないニーズを見極めることに焦点を当てて目標を設定する。

いかに究極の鍛錬の第一ステップに酷似しているかおわかりいただけるだろう。それはまったく同じではない。あなたは訓練内容を設計しているわけではなく、むしろ、日々の仕事で要求されていることを実行しているにすぎない。しかし、そうした活動でもっとも素晴らしい業績を上げる者は、特定した仕事をいくつかの要素に分け、いかにうまくできるようになれるかに焦点を絞っている。ちょうどまさにピアニストが特定の一節をうまく弾けるよう徹底的に訓練するのと同じだ。

ゴールが設定されると、次の事前準備はその目標にいかにたどり着くか計画を立てることだ。最善の結果を出す者はもっとも具体的でかつ技術を重視する計画を立てる。自分の行き先にどのようにたどり着くか曖昧ではなく、正確にしっかり考える。だからもし自分の目標が顧客のまだ語っていないニーズを見極めることならば、その日にやるべきことは顧客が使ういくつかのキーワードを聴くことかもしれない。あるいは顧客の重要な課題を引き出すために、特定の質問を投げかけることなのかもしれない。

仕事の事前準備の段階で行う自主調整の中で**重要なのは、態度と信念だ。**あなたが毎日行う事柄に関して具体的目標を定め、計画をすることは難しそうだと思うかもしれない。たしかに難しいし、それを一貫して行うには強い動機づけが必要だ。その強い動機はどこから来るのであろう。**もっとも素晴らしい業績を上げる者たちは、研究者が自己有能感（自分はできるのだという感覚）と呼ぶ強い強烈な信念をもって仕事に臨んでおり、同時に努力は報われるという強い信念をもっている**ことを明らかにしている。

仕事中に

達人が仕事中に用いる自主調整の中でもっとも重要なものは自己観察だ。たとえば、通常のマラソン選手はレース中、走ること以外の何かを考えている。走ることがつらいから、心の中から払拭したいのだ。これに対しすぐれたマラソン選手は自分自身に集中している。たとえば、自分の呼吸を数え、同時にいくつかの数値上の比率を維持しようと歩数を計算している。

多くの人は体を激しく使って仕事をしているわけではない。しかし同様の原則が精神的活動においても当てはまる。最高の結果を出す者は自分自身のことを注意深く観察しているのだ。実際のところ自分自身から抜け出して**自分の精神で自分の身に今何**

が起こっているかを客観的に観察し、どのようになっていくか自分自身に尋ねている。研究者は、このことをメタ認知と呼んでいる。つまり、自分自身に関し知り、自分に関することを考える。達人はこうしたことを普通の人よりずっとうまく体系立てて実行する。メタ認知は彼らの確立した日課の一部となっている。


メタ認知が重要なのは、状況が刻々と変化するからだ。メタ認知は訓練すべき機会を見つける役割を果たすほか、達人が環境の変化に適応するのを助ける貴重な役割も果たしている。顧客が取引の交渉の最中、まったく予想もしていない問題を取り上げても、卓越した実業家は一呼吸おいて考え、あたかも外から自分自身の心理過程をのぞき込むように観察しようとする。そうして、

「目の前の人間が今反対している背景には何があるのか、自分はその背景を十分理解しているのだろうか」

「自分は今怒っているのだろうか」

「自分は一時の感情で正気を失っていないだろうか」

「ここで異なる戦略が必要だろうか、もしそうならそれはどんな戦略だろうか」と考える。

加えて、メタ認知のおかげで達人は進展する状況下で鍛錬する機会を見つけることができる。達人は、自分自身の思考を観察することができ、次のように自らに問う。

「こうした状況で今とくに負担のかかる能力は何なのか」

「ここでは他のスキルを用いることができるのか」

「もう少し自分の限界に挑むべきなのか」

「どのように自分の能力が機能しているのか」

達人は、このように自分自身を観察できる能力を通して活動することで、活動自身を訓練の機会に変えているのだ。

仕事の後で

結果に関し役に立つフィードバックのない訓練は価値がない。仕事で見つける訓練の機会も同様で訓練結果に評価がないかぎり役に立たない。これはどうみても自己査定と呼ぶべきものにちがいない。なぜなら訓練活動は自分の頭の中で生じたことで、何をしようとし、その結果がどうだったかわかるのは本人だけだからだ。

達人は普通の人が自分自身をみるようには自分のことをみていない。目標設定や目標の選択を具体的にしたように達人は自己査定においても具体的だ。普通の能力の者はうまくいったとかまあまあだったと自己満足で終わってしまう。

しかし達人は自己評価にあたり、達成しようとしていた事柄に適切な基準をもって判断に臨む。

ときにはこれまでの自分の最高のできと比較したりする。

また、ときには直面するかあるいは今後出会うことになるであろう競争相手の能力と比較する。

さらにあるときには、その分野でもっともすぐれた人間と比較する。

このどれもが意味があるものだ。究極の鍛錬がそうであるようにカギとなるのは現状の自分の能力を少し超えた基準に自分を引き上げ、能力の限界を高める強さの課題を選ぶことだ。研究者は日常の常識を裏づけるようにこう言う。

「基準が高すぎれば人は意気消沈してしまい、あまり役には立たない。一方低すぎると進歩を生み出すことはできない」

もし自分の限界を適切に超えるような水準で訓練し、その後厳格に自分自身を評価できれば、犯した失敗を見つけることができるだろう。

自己査定でもっとも重要な点は、何で失敗したかを見つけることだ。普通の人は、失敗は自分がコントロールできないことによって引き起こされていると信じている。たとえば、競争相手が幸運だったとか、課題が難しすぎたとか、生まれつき才能がなかったといったぐあいだ。

それに対して達人は、失敗したのは自分に責任があると考える。これは単に性格や態度の違いではない点に注意する必要がある。思い出していただきたい。最善の結果を残す人々はとても具体的に技術ベースの目標を設定し、実現に向け戦略を決定する。自分たちが欲しいものを手に入れるにはどうすればよいのか明確に考え抜く。だからうまくいかないときは、失敗と失敗の原因となった要素をしっかりと結びつけることができる。

たとえば、ゴルフのチャンピオンの研究をみると、このパターンがはっきりと示唆されている。**ゴルフのチャンピオンは平均的なゴルフプレーヤーに比べ、自分の問題を天候やコースあるいはその他の偶然のせいにすることはほとんどない。**達人は容赦なく自分自身の実績をみることに集中している。

仕事の後の段階での最後の要素は、その他のすべての要因の影響を受け、同時にそれら要因にも影響を与える。あなたもすでに仕事で何らかの経験をしているはずだ。たとえば、チームとのミーティング、証券トレーディング、四半期ごとの予算評価、顧客訪問などだ。達成し改善したいことはあらかじめ考えてはあっただろう。しかし、終わってしまったことは終わってしまったことで今となってはしかたがない。

それよりこれからどう対応するかだ。経験は完璧ではなく、その経験の一部もあまりよいものではない確率が高い。このような場合、達人は自分の行動様式を変化させて対応する。

一方平均的な人は将来そうした状況を回避しようとする。それもそのはずだ。平均的な人はどのように行動すべきか、また自分たちの行動がどのようにゴール到達に貢献するのか明確な考えがないままにこうした状況に陥っている。だから思いどおりに物事が運ばないと、自分がコントロールのできない曖昧な力のせいにしてしまう。その結果、次回どう適応し、どうすればよくできるようになるか見当もつかない。平均的能力の人が、できれば今後は同じような状況を回避したいと思ったとしても、ちっとも不思議なことではない。そして当然、これでは今後成長できる可能性はまったくない。

達人は当初からかなり異なるプロセスを通して経験を積んできたので、どう適応すべきか勘を働かせることができる。だからこの次はこうすればうまくできるだろうと達人が考えるとき、それが実際うまく働く可能性は高い。だから、平均的な人が繰り返すことを避けるのに、達人が同じ経験を繰り返そうとしても少しも驚くには値しない。そして繰り返すときは、どうして達人たちが今までみてきたような仕事前の特性や態度をもって仕事に取り組んでいるのかがわかるのだ。

すなわち、達人がより具体的な目標と戦略をもって仕事に臨むのは、以前の経験が具体的な目標と戦略を試すためのテストだったからだ。そして、達人はよりいっそう、自己有能感を強くする。なぜなら、自分の業績に対する細かな分析は、平均的な人たちの焦点がぼけた分析よりもずっと効果的だからだ。それゆえ、達人は自己有能感に基づいて、頑張ろうという決定的に重要な強い動機づけが生じることになる。これが自己強化サイクルのエネルギーといわれるものだ。

知識を深める

仕事中、そして仕事から直接技術を磨くことに加えて、ビジネスパーソンは仕事で業績を上げるために究極の鍛錬を、もう一つのカテゴリーで利用することができる。

達人にとって専門分野の深い知識がいかに必須であるかはこれまで検討してきたとおりだ。仕事を通じ知識が手に入ることを待っている必要などない。直接的に仕事に必要な知識を追求することができるのだ。

多くの仕事や組織で、自分の事業分野の本質に関する教育がほとんどもしくは一切行われていないのはバカげたことだ。エンジニア、弁護士、会計士、といったプロフェッショナルな職に就く人たちは学校でそれぞれの専門分野のスキルを学ぶ。しかし、自分が勤める企業や業界のこと、金融取引関係、どのように事業が機能しているのかといった知識となると、ほとんどの人は必要なことはいずれ仕事を通じて身につけるのだと思い込んでいる。会社も同意見だ。しかし実際は、必要な知識を仕事を通じて身につけられるかもしれないし、身につけられないかもしれない。しかし、分野固有の知識が決定的に重要であることを考えると、知識獲得にぞんざいな方法をとることはどうしても納得できない。

その分野固有の知識を仕事から副産物的に得るのではなく、直接得ることを目的とすると、どれほどの違いが生まれるか想像してみればいい。もし自分の携わっている事業で専門家になる目標を立てたら、今はしていないあらゆる種類のことをすぐにでも始めるようになるだろう。

事業の歴史を調べ、現時点でこの事業に関する主要な専門家を見つけ、読めるものは手当たり次第に読み、新しい観点を教えてくれる組織の内外の人たちにインタビューし、カギとなる統計やトレンドを追う。

正確にはビジネスにもよるが、こうしたことを通じて傍目にも見違えるほど専門分野で知識を深め、しかもおそらくはかなり短期間で深めることができるようになる。

時間とともにそのような知識によって、他者を圧倒するようになることだろう。

そして、想像以上にチャンスが広がる。ハーバードビジネススクール教授のマイケル・ポーターはおそらく企業戦略論では最高峰の権威者だが、彼はかつて自分がかかわったコンサルティングの入念な準備をするため、顧客の企業とその企業が属する産業を分析していた。

インターネットが普及する前のことだが、図書館で20時間の調査をしたその時点で、ポーター教授はその企業のＣＥＯと同程度まで事業について理解を深めることができた。ポーター教授は企業を見る際、どのデータを探せばよいか長年学んできていたので、普通の人が40時間かかるところを20時間でこなした。たとえ40時間かかってもやはりその知識は大きな投資の見返りになる。こうした知識をもつことであなたがどれほど優位になるか想像してもらいたい。雇用する側はその他大勢の企業と同様、自社や自社の属する産業についてもっとも重要な情報を従業員に対し、明らかな形では教育していないからだ。

メンタルモデルの力

分野固有の知識を累積する際、その目的が単に情報を集めることではない点を自覚しなければならない。やろうとしていることは、**メンタルモデルをつくることだからだ。メンタルモデルとは、これによって自分の専門分野がシステムとしてどのように機能しているかイメージできるものだ。メンタルモデルは達人たちを定義づける特徴の一つだ。達人はみな巨大で、高度に発達し、複雑な自分の専門分野に固有なメンタルモデルをもっている。**

要求水準が高く複雑なあらゆる分野で究極の鍛錬の原則が当てはまる。企業戦略、医学、政治、そしてそれ以外の数多くの分野でだ。

たとえば、運転に関する分野のメンタルモデルはただ運転するという目的には十分かもしれないが、プロの運転手のためにはおそらくまったく不十分だろう。普通の運転手としては車がどのように動くか一般的な知識はもっているし、いくつかのよく運転する道についてはかなりよくわかっている。そしてガソリン代についても多少関心を払っている。

しかし、一流のトラック運転手は同じ分野でとても豊かなメンタルモデルをもっている。一流のトラック運転手は車に関するすべてのサブシステム（たとえば、機械、油圧、電気に関すること）を細かに把握している。そして、こうしたサブシステムでの情報がどのように相互関係をもっているかについても詳しく理解している。何百もの道路を知り尽くし、その特徴もわきまえている。速度制限や道路の状況、途中のサービス施設の所在、積載量制限、ガソリン代、州のライセンスの必要性などだ。もっとも大事なことは、一流のトラック運転手はこうした変数的な要素が全体として収益へどのように微妙な影響を与えるのかを理解している点だ。

豊かなメンタルモデルは、誰にとっても主に三つの方法で卓越した能力の開発に貢献している。

①メンタルモデルは、専門分野の知識をためておくためのフレームワークを形成している

これまで達人たちが普通の人とは違う方法で驚異的な長期記憶力をどのように手に入れているかをみてきた。また達人を偉大にしているのは一般的な記憶力ではなく、

達人のもつ専門分野での卓越した知識のおかげだということもみてきた。

この膨大な知識をメンタルモデルとして整理することで強大な力を手に入れられる。メンタルモデルは達人にとって驚くべき記憶力をもたらすだけではなく、新しい情報を普通の人よりも学び理解する助けとなる。なぜなら達人はこうした新しい情報をバラバラにみるのではなく大きな包括的なイメージの一部としてみているからだ。

たとえば最近実施された会計規則の変更（ＦＡＳ１５７）では、企業は新しい方法でリスク性資産を計上しなければならなくなった。これは47か所の計算書を訂正したり削除したりする大規模で複雑な経営課題となった。しかし一流の会計士はこの変更が、エンロン事件後のより詳細なリスク評価に向けた大きな変更の一部であることを理解していた。だから今回の変更が誰にとって有利になり、誰にとって不利になるか、また、なぜ行われたのかも十分理解していた。

②メンタルモデルのおかげで何が重要な情報で何が重要でない情報か見分けられる

メンタルモデルのもたらす能力はある状況で新しい要因に遭遇した際、とくに貴重となる。より重要な事柄を考えられるように脳の余力を確保してくれるからだ。

ある研究で、一流のパイロットと見習いのパイロットの二つのグループが、航空管制官とパイロットの無線を録音したものを聞き、何を聞いたか、思い起こすよう求められた。見習いパイロットは、一流のパイロットより意味のないつなぎ言葉をより多く覚えていた。しかし一流のパイロットは、重要な概念を表す言葉をはるかに多く覚えていた。一流のパイロットは、豊かなメンタルモデルの一部としてこの交信を聞いていたので、重要なことに頭脳の力を集中させることができたからだ。

③もっとも重要なのは、メンタルモデルで次に何が起こるか予想できるようになること

メンタルモデルは自分の専門分野の知識がシステムとしてどう機能するかを理解させてくれるので、システムへのインプットを変えればアウトプットにどのような影響を与えるか知ることができる。つまり、今、目の前で起こった出来事で今後何が起こるのかがわかるということだ。

新前とベテランの二つの消防士のグループが火事の状況を見せられて、そこに何が見えるのか質問を受けた。新前は目に見えるものを見た。つまり炎の激しさと炎の色だ。一方、ベテランにはストーリーが見えていた。ベテラン消防士は自分のメンタルモデルを用い、現状がどうして引き起こされ、次にどうなるかを推し量った。こうした推論や予測は興味深いが、実際にはそれ以上の意味をもつことに注目しなければな

らない。こうした推論や予想ができるということは、ベテランの消防士のほうが新前より火事に立ち向かう能力がはるかにすぐれていることの証(あか)しである。

メンタルモデルはけっして完成してしまうものではない。達人は高い水準のメンタルモデルをもっているだけではなく、常にそれを拡張し、改良している。こうしたことと全体を勉強だけで学ぶことは不可能だ。

すでに論述してきたとおり、多くの分野でのこうした研鑽(けんさん)は、普通、究極の鍛錬を伴う活動を通じ行う必要がある。あるいは仕事を通じたメタ認知のプロセスで学ばなければならない。加えて、他の知識を追求しメンタルモデルを格段に増強し豊かにすることも可能なのだから、こうした研鑽をしないでおくのはバカげたことだといわざるをえない。

個人は究極の鍛錬の原則を自分自身の生活や仕事に活用し、多くのことができるようになる。こうした原則は常に役立つものだ。めざす「偉大な業績」獲得までその道のりにどれだけのステップがあろうとも、一歩進めばその分だけ能力は向上する。一歩階段を上ればその分成長が感じられる。メリットを享受する前にクリアしなければならないハードルもないのだから、鍛錬の過程は、純粋にチャンスなのだ。

組織で働く場合、究極の鍛錬をいっそう効果的にするには、個人的にだけではなく組織をあげて原則を適用する必要がある。そうすることは可能であり、他の多くの企業がこうしたことができていないからこそ、もし組織として実行すれば、それだけ大きな価値を生むことができる。

このことは次の章で取り扱うことにする。

第8章

究極の鍛錬をビジネスに応用する

このことを上手に実行する者はほとんどいない。
ほとんどの者はやろうとさえしない。
早く始めた者はそれだけ報われる

人事と究極の鍛錬

すべての企業が偉大な存在になろうとしているわけではない。それが厳しい現実の姿だ。しかし、究極の鍛錬の原則は、本当に偉大になろうとした企業にとって何が必要かを明確に示している。一方、沈まないように懸命に水面下で足をかいていて、壮大な構想を考える余裕などない企業オーナーや経営陣が、究極の鍛錬の原則を採用することで現状を大きく改善する可能性がある。

事実こうした原則を採用することで、それまで希望を失っていた企業が本当に偉大な企業になることを思い描けるくらいに変わる可能性もある。究極の鍛錬の原則が組織で採用されれば大いに役立つのだ。

にもかかわらず、多くの企業はこうした原則を採用していない。この事実は単なる機会損失以上のことを意味している。むしろこうした原則を採用することが、企業の生き残りには今や不可欠となっている。第1章で経済基盤がますます財務資本から人的資本ベースに変わってきたことを検討した。これまで重要な要素とされてきた規模の経済性や特許保護などではなく、組織の人材の能力が事業の成否を決める時代になっている。しかもグローバル経済では、これまでよりも能力基準の向上がより迅速かつ広範に起こっており、能力の劣る企業に残された場所はない。今や組織が究極の鍛錬の原則を本格的に採用しはじめることには、十二分すぎる理由がある。しかし、実はもっと他にも究極の鍛錬の原則を採用すべき理由がある。

企業が今日、将来の成功を託すもっとも能力の高い若手従業員の中には、自分たちの能力の向上を支援するよう企業に強く求めている者が多い。

今の若者は、多くのCEOたちよりもいち早く現在の新しい経済の本質を理解しているようにみえる。だからこそ企業に向かって従業員の能力開発を続けるように強く要求している。究極の鍛錬の原則をうまく応用してきたキャピタル・ワン・ファイナンシャルの最高幹部は**新たに採用された人たちは、継続的に職業能力開発ができると**

いうことにもっとも、もしくはそれに準ずる優先順位を置き、就職先を決めていると言った。他の多くの人事部長も同じ現象が起きていると報告している（就職の決定基準として報酬は上位3位にはけっして入らない）。

・若手の能力向上研修が採用のポイントとなる

究極の鍛錬の方法を組織的にもっともうまく活用している先駆者のGEは、こうした新しい雇用環境の変化に対応してきており、とりわけ高い潜在能力をもつ従業員をこれまでよりずっと早い時期に、同社で有名なクロントンヴィル・リーダーシッププログラムに参加させている。元CEOのジェフリー・イメルトは将来の幹部候補として見込みのあるトップの人たちをひきつけるには、早期選抜によるリーダーシップ研修が「強い売りになっている」と語っていたが、現在も同様である。

先駆的な企業数社が、数年前から究極の鍛錬の原則を研究し、適用しはじめている。その好例の一つが、医療製品メーカーのビー・ブラウンが採用した製品売上アップの方法だ。その製品は専門的で複雑だったため、販売員はその仕組みや使用方法、医師や病院への売り込み方について、大規模なトレーニングが必要だった。同社は、これまでのようにセールスパーソンにそのような内容をすべて学ばせるのではなく、彼らにそれを学んだうえ、教えられるよう準備をさせた。

究極の鍛錬に関する所見に合わせて、営業チームは6週間にわたって、マネージャーから何時間もコーチングとフィードバックを受けながら、自分の営業プレゼンテーション型となるまで準備、練習、修正を行った。第7章で説明したように、ビデオ撮影によってさらにフィードバックが行われた。その結果、営業担当者は、それまでの教材よりもはるかに完璧に教材をマスターした。同社はまた、医療用シミュレーション機器を使った製品の使用方法についても営業チームを訓練したが、これもまた、集中的な努力、反復、フィードバックによって既存のスキルのレベルを押し上げるという、究極の鍛錬の原則に沿ったものであった。

会社の幹部が私に説明してくれたように、結果は「驚くべきもの」だった。この製品の売上は、従来の1・5%増から毎年10・5%増に伸びた。トレーニング前は、製品を試した顧客の約25%がその製品に買い換えただけだったが、営業チームのスキル向上後、2008年の不況期にもかかわらず、95%の顧客が買い換えに応じた。

この実験には典型的な二つの重要な側面がある。

第一に、営業マンたちが不満を口にした点だ。ある幹部が私に語ったところによると、必要とされる時間と作業について以前よりも営業担当者から「かなりの反発があった」そうだ。よくあることだが究極の鍛錬は難しく、人々を不快にさせる。

第二に、その価値は十分にあった点だ。よく知られているにもかかわらず、ほとんど行われることのないプロセスを通じ営業担当者のスキルを向上させることで、この会社は歴史的な不況の中、売上と利益を数百万ドル増加させた。

この成功に気をよくしたビー・ブラウンは、顧客に対して究極の鍛錬に基づく自社製品の使い方のトレーニングを始めた。このプログラムは非常に成功しており、ある幹部は私にこう言った。

「私たちは、その病院の看護師が私たちと一緒に研修しないかぎり、その病院との契約はとらないのです」

それくらい、同社は病院の看護師がそのトレーニングを評価してくれると確信をもっているのだ。

卓越した企業はどのように究極の鍛錬を応用しているのか

今や人材開発で名をはせることが思った以上に価値があることに組織は気づきはじめている。こうした評判をとれば、企業は「一番優秀な人材を採用することができる」とRBLコンサルティングは報告している。大学やビジネススクールのもっとも優秀な人材をひきつけるためにもっとも有利なことなのだ。見込みのある卒業生を継続的にひきつけ、そうした人材の能力をさらに開発することで、企業はよりいっそう高い業績を上げ、さらに素晴らしい卒業生をひきつける結果になる。企業はこの好循環で毎年圧倒的に強い存在になっていく。究極の鍛錬の原則を採用する組織内のエリート集団はいくつかの主要なルールに従っている。

仕事で限界に挑ませ成長させる

これはまさにスポーツのコーチや音楽の教師が生徒の課題選択をするときのように、もっともすぐれた組織は学び手の現状の能力を少し超え、限界に挑戦するような適切な課題を提供する。イーライリリーの前CEOジョン・レックライターは人材育成モデルを次のように説明していた。

「人材育成の成否の3分の2は慎重に選んだ人事ローテーションで決まり、残りの3分の1はメンターやコーチとの一対一の指導（このことについては後でより詳しく検討することとする）で決まる。教室での座学による人材育成の役割はほんの少ししかない」

人事ローテーションを通じた人材育成は理論としてはわかりやすいが、実行となると困難だ。組織は人材がそれまで得意だった部分を生かして人事ローテーションを行い、能力開発を目的に人材配置などはしない。企業は激しい競争にさらされているので、現在卓越した業績を上げている人材をその部門から引き揚げ、本人が苦労するかもしれない部門に投入することはなかなかできない。これが成功するためにあらゆる企業が立ち向かわなくてはならない組織内の緊張だ。

GEほど究極の鍛錬の原則を中心に従業員のキャリア開発で成功している企業はない。GEは他社に比べ一つの優位性をもっている。GEは、他社のいずれと比べてみてもほとんど負けることのない幅広い事業分野をもっている。世界水準でみても他者からうらやましがられるほどもっとも熟達した経営陣を生み出しており、その際究極の鍛錬の原則のもつ利点を十分活用している。

GEがもつ人材開発の秘密兵器の一つがペンシルベニア州エリーにあり、機関車の製造をしている「GE運輸（GE Transportation）」の経営を担わせることだ。機関車の購入は、顧客にとっては大きな意思決定だ。だから同社の経営者は顧客先のCEOと直接交渉にあたるという経験を積む。同社には労働組合があるので、組合との交渉も学ばなくてはならない。取り扱っている製品はそのサプライチェーン（供給網）と同様に複雑で、経営者として学んだことがより広く応用できる環境になっている。エリーはかなりのへき地であるため、勤務地としては魅力に欠けるが、全国的なメディアの注目にさらされることもない。またビジネスリーダーとして万が一失敗してもGEの規模が十分に大きいので、同社の失敗がGE全体の最終損益にあまり影響を及ぼすことはなく、問題の解決を図ることができる。

経営を学び、経営者としての自己の能力開発が求められるストレッチジョブ（自己の能力の限界に挑戦することが求められる仕事）へマネージャーを意図的に配置するのは、成功している多くの企業が採用する人材開発手法だ。しかし、それを採用するだけで自動的に機能するわけではない。

ここで記述した人事ローテーションを効果的に実行するために別の訓練も併せて採用することが必要となる。しかし、能力開発に取り組む従業員が現場で意思決定することが、従業員の成長のために中心的な訓練であることをこうした企業は理解している。具体的にどのような経験が必要かを詳細に規則化している企業もある。たとえば、二つ以上の地域や二つ以上の事業部門を経験する必要があるといったぐあいだ。また非公式であるものの、究極の鍛錬の原則を守っている企業もある。

経営陣となった者はたいがいもっとも厳しい経験、すなわちもっとも困難だったストレッチジョブが一番役に立ったと報告している。2000年から2010年、そして再び2013年から2015年にCEOを務めたP&GのA・G・ラフリーは、日本が阪神・淡路大震災の被害を受け、アジア経済が崩壊した時期に同社のアジア地域の統括責任者だった。その経験を振り返り、**「危機のときは通常のときよりも10倍の学習ができる」**ことを発見したと語っている。

ラフリーは偶然に危機の経験に遭遇した。危機をつくり出すことはできないが、危機のときに経験する内容を意識的につくり出すことはできる。1988年、GEでは危機的状況が進んでいた。GEの何百万台という冷蔵庫のコンプレッサーに不良があり、交換する必要があったからだ。CEOのジャック・ウェルチと人事の最高責任者であるビル・コナティは相談のうえ、ジェフリー・イメルトを世界でもっとも大規模となった当該製品のリコールの責任者に任命することを決定した。イメルトは次のように語っている。

「それはまるでハリケーンのようだった。しかし、ウェルチとコナティは自分たちが何をしているのかよくわかっていた。私がもしあの仕事をしていなければ、今日CEOの職には絶対就いていないだろう」

仕事を通じてリーダーシップを向上させる

どの分野でも、専門性が価値をもっていることを検証してきた。ビジネス界ではこの価値は増大しつつあるようだ。異なる仕事を経験させ人材を育成する必要性と、特定の分野で専門性を高める必要性との間に新たな組織上の緊張関係が生じていると、多くのトップ企業が報告している。これは、グローバル経済で競争が高まっている結果かもしれない。上司が18か月から24か月で異動する中、各部門は厳しい競争にさらされている。だから企業にとっての新たな試練は、あまり頻繁に新しい仕事に就かせるのではなく、むしろ新たなストレッチジョブを通じいかに自己成長の機会を提供するかにある。

数社で使われている一つの手法は短期の任務を与えることだ。マネージャーはその地位を離れるのではなく、自分の専門分野や関心のある分野以外で追加的な任務を引き受ける。異動するのではなく追加で仕事を行うのだから雇われる側からすれば負担となるはずなのに、マネージャーたちはあまり気にしていないようだ。追加の任務は自分たちの能力開発のためだとわかっているからだ。企業は実際このようなプログラムはとても人気があると報告している。

コミュニティに積極的に参加させる

コミュニティ活動への参加は企業に多数のメリットをもたらす。多くの企業は、よき企業市民、誠実さを尊重することの重要性をはっきりと世の中に表明してきた。企業のリーダーが慈善事業や学校、その他の非営利活動でもリーダーの役割を担えば、企業がこうした価値を尊重していることを地域社会に示すことができる。同時に従業員にもコミュニティ活動に参加するように奨励し感化させることができる。

もっと現実的なメリットもある。コミュニティ活動でのリーダーの役割を従業員が行えば、職場で必要となる技術を学ぶ機会を得ることになる。たとえば、ほとんどの従業員は、将来、会社の取締役会や大企業の取締役会に出席することはない。しかし多くの人は地元の非営利団体の理事会のメンバーになることで、戦略思考や財務分析ならびにその他多くのスキルの開発にとって絶好の機会を得ることになる。雇用主の中には従業員への能力開発プランに、非営利団体の理事になることを明記していることも多い。

フィードバックを迅速に行う

これまで特定のスキルを具体的に改善する究極の鍛錬を行うことで、「偉大な業績」を築き上げることができるという事実をみてきた。そうした活動を考案する際、多くの分野で教師やコーチがとても助けになることもわかってきた。しかし、ほとんどの組織でこうした役割を担う教師やコーチを見かけることはない。

従業員は自分たちにとってどのスキルがもっとも役立つか、ましてやどのスキルの開発が最善か指導を受けることはけっしてない。対照的に、大部分の一流企業ではこのためにコーチングやメンタリングプログラムが用意されている。こうした企業では慎重なジョブローテーションと大規模なスケールで行うそれ以外の人材開発プログラムを通じ、従業員の能力開発の一般的方向性が決定されていく。

たとえば、メンターはどのサブスキルに注意すべきか詳細な助言を提供する。どうやってトップの地位に就いたかを尋ねられたときこうした企業のＣＥＯの多くは、自分を絶えず導き、助けてくれたカギとなる何人かのメンターがおり、彼らが果たした役割の重要性について同じような話をしている。

たとえばワールプールの前ＣＥＯのジェフ・フェティッグは私に次のように語っていた。

「私が今この地位にある一つの要因は、まだメンタリングやコーチングが珍しいころ、仕事を始めたばかりの私にそれらを提供してくれた数人の上司のおかげだと思っている。この人たちのおかげで私の能力開発は可能となった」

この裏にあるのはフィードバックだ。頻繁で迅速かつ正確なフィードバックが能力向上にいかに大切か、これまで詳細に述べてきた。ほとんどの組織は誠実なフィードバックの提供がとても下手だ。年に一度行われる人事評価は、時間も短く不自然でかつあたりさわりのないものだ。だから従業員のほうも自分の業績がどれほどよかったかわからず、どう改善していったらよいのかもわからない。

しかし、より頻繁で率直なフィードバックを妨げているのは企業の慣行と企業風土だ。もちろん企業風土はなかなか手に負えないが、変えられないことはない。望めば、どの企業でも公正な企業風土を手に入れることができるし、もっていないことに対するいいわけはできない。

多くの模範的企業は、その気になれば単に公正な企業風土をつくり上げるという以上のことができる。

多くの組織にとって、大きな潜在力を秘めた手法の一つが、アメリカ陸軍で採用されている戦闘後の評価手法だ。ウェスト・ポイントのアメリカ陸軍士官学校でリーダーシップ開発に携わったトーマス・コルディッツ元大佐は、「文字どおり陸軍を抜本的に変革することができたのは、実にこのプログラムのおかげだ」と語っている。

そのコンセプトはいたって簡単だ。実戦であろうが、演習であろうが、重要な戦闘の後はいつでも将校と兵卒が集まり、何があったか話し合う。まずヘルメットを脱ぐ。「ここでは階級がないことを示すシンボル的行動だ」と大佐は語る。

「コメントは率直で、もし上司が誤った意思決定を下せば、たいていの場合部下がそれを指摘する」

この討議は非難するために行うものではなく、「専門家の討議として行われている」。陸軍の訓練に関する回覧資料にあるとおり、この討議のよい点は、完全なフィードバックをもたらすことにある。

「この会合の大変すぐれた点は、下士官は何が起きたかいつも理解しているということだ。みなの前で話をする自由な環境に置かれればいつでも率直に話をする」とコルディッツは語っている。

アメリカ陸軍は戦闘後の評価がもたらすもう一つのよい点にも気がついた。人は何が起こったか明確に理解できると、次は前よりうまくやろうと熱心になるという点だ。陸軍の訓練に関する回覧資料にあるとおり、戦闘後の評価が適切に行われると、「誰もが何が起き、何が起きなかったのか、そしてそれはどうしてなのかがわかるだけでなく、より重要なこととしてその任務を再び練習する機会を得たいという強い願望をもつようになる」という。

「戦闘後の評価はとても強烈なプロセスだ」とコルディッツは語っている。同じような訓練が企業やその他の組織にとって潜在的に価値をもつことは明白だ。いくつもの企業がすでにこの方法を採用しているが、その結果はバラバラだ。課題は組織風土だ。真に誠実なフィードバックが多くの組織の中で文化的に良しとはされないのだ。しかし、組織風土も時間をかければ変えることができる。超一流の組織は、真に深く、広範なフィードバックがもたらす利益を得るため、組織風土を変えようと必要な手立てを打ちはじめている。

有望な人材をいち早く発掘する

能力開発は若いうちに始めたほうが断然有利であることを示唆するヒントをこれまですでにみてきた（またこれについては後にさらに詳しく検討することにする）。

GEの元副会長のジョン・ライスは、ジャック・ウェルチから特別の昇進を受けたことが大出世のきっかけとなるが、ライスは次のように私に話している。

「リーダーシップの能力評価は雇用の初日から可能だ」

なぜなら多くの者にとってそれが本当に初日ではないからだ。少なくともそれまでにサマーインターンシップ（夏休みを利用した企業内研修で実質採用を目的としたもの）を通じGEで働いていて、企業側はサマーインターンの働きぶりを評価していた。評価の指標となっていたのは、何の権限もないときに相手をどうやって説得しともに働けるかという能力をみることにあった。

インターンシップでの評価とは別にGEがみているもう一つ重要な事実がある。学生時代にチームスポーツをやってきたかどうか、またそこでどんな役割を担っていたかという点だ。

早期の段階で人材育成に取りかかるというのは、多くの企業にとってとても大きな変化を意味している。働きはじめて数年してから、エリート集団に対して初めて能力開発のプログラムを提示していた時代とは大いに変化している。数多くの企業はそうした過去のプログラムを卒業しようとしている。こうした企業は将来のリーダーの育成を他社に先駆けて手がけることで、今後長期間にわたりとても競争力がつくと信じている。こうした企業が供給する組織内のトップ人材の数はより多く、その能力もより高くまたより信頼できるものになっているのだ。

人材の開発は感動で行う

究極の鍛錬はあまりにつらいので、強い動機がなければ長期間継続することはできない。企業はこの動機づけにどのように貢献できるだろうか。伝統的な回答は企業が思うことを従業員にさせ、やらない場合は解雇、降格、懲罰をするというものだ。しかし、こうしたことではけっして効果は上がらない。それどころか、今日のような情報社会では大部分の従業員はスパナを使っているのではなく、むしろ知識と人的関係を利用している。こうした能力を活用することでふだん簡単には気づくことのできないような結果を生み出していく。自分の言うことを聞かせようとしたり、正確に指示したりするのは難しい。

A・G・ラフリーは「命令による統制型リーダーシップモデルは99％効果がない」と語っている。だから今日超一流企業の多くでは、「感化させる（Inspire）」という言葉を好んで用いている。従業員は使命を感じるとき一番動機づけが強くなる。

ある企業、たとえばヘルス・ケア業界の関係者にとっては、使命を呼び起こすのは簡単なことだ。企業によっては企業の使命を見つけたり創造したりするには、まず企業の魂を求める深い探索が必要になることもある。そうした探索は気弱な人には向かない。しかし、崇高な目的はあらゆるビジネスに内在するものであり、それを特定し明確にすることは、リーダーのもっとも価値ある仕事の一つである。世界クラスの業績を上げる人材になってもらうため、従業員に十分な動機づけをしようとすれば避けられないだろう。

人材育成に最大の投資をする

人の能力を安く開発することはできない。人材開発プログラムは既存の人事制度の上にボルトで留めるようなわけにはいかないのだ。超一流企業のCEOは、みな口をそろえて人材育成は自分たちの仕事の中心だと主張する。たしかに最大の投資は、CEOやその他の経営幹部が人材育成につぎ込んでいる時間だ。何年もの間一流の業績を上げてきた企業のCEOは自分の時間の40%や50%、あるいはそれ以上を人材の問題に割いている。それ以外の多くのCEOにとっても最大の時間が人材に費やされている。多くの企業がリーダーの育成に関心があると主張している。しかし、これが本当かどうかは簡単に調べる方法があるという。この分野の権威者であるミシガン大学のノエル・ティシー教授は、「CEOの予定表を見せてくれさえすればよい」と言っている。

こうした経営幹部の多くは、自分たちの行動がもたらすカスケード効果（影響が連鎖的に伝わる現象）を期待している。すなわち、CEOの直属の部下が上司の行動を見て、自分たちも部下の育成に力を注ぐようになり、そしてまたその部下、またその部下と延々と段階的に続いていく効果を期待しているのだ。こうした企業はトップが示す手本のもつ力にのみ依存しているわけではない。経営幹部自身の人事評価では、自分自身を含め、部下の育成ができているかが評価の一部となっている。

リーダーシップの開発を組織風土の一部にする

超一流企業の経営幹部は、リーダーシップ開発プログラムと頻繁に言うが、この言葉は必ずしも適切ではないとみな感じている。リーダー育成は、スキル開発のようにプログラムでできるようなものではない。それは生き方の問題だからだ。たとえば、率直なフィードバックが行えるような企業風土は大切だが、現実には多くの企業ではそうなってはいない。メンタリングのために多大な時間を費やす必要があることを受け入れなければならない。非営利団体の活動に時間を使うことは単に許されるだけでは不十分で、むしろ奨励される必要がある。こうした文化規範を短期間で従業員に押しつけるわけにはいかない。時間をかけて、根づかせていく必要がある。

究極の鍛錬の原則をチームに応用する

以上述べてきたことをすべて行う企業は、いずれも業界で抜群の競争力を築き上げるだろう。尋常ではない水準で人材の能力が開発されるからだ。どの企業も優秀な人材であふれることを望んでいるし、そのこと自体は正しい。しかし、それだけでは十分ではない。

結局、どの組織でも一人ひとりで働くわけではなく、チームで働いている。チームの能力は個々のメンバーの能力だけでは測ることができない。3、4年ごとにナショナルチームの間で競われるワールドベースボールクラシックを考えてほしい。とくに2006年の春に何か国かのプロ野球選手チームが初のトーナメント試合を行ったとき、アメリカ人は誰もアメリカ代表チームを負かすようなチームは現れないと思い込んでいた。アメリカ代表チームは、とくに優秀な選手であふれていたからだ。なかでもロジャー・クレメンス、デレク・ジーター、アレックス・ロドリゲス、ジョニー・デーモンといった選手だ。しかし、アメリカのチームはこの国際トーナメント試合に敗れた。メキシコ、韓国に敗れ、驚くなかれ、カナダにまで敗れた（アメリカは2009年にも2013年にも敗れ、2017年にやっとトーナメント優勝を果たした）。同様のことは2004年NBAの百万ドルプレーヤーの選手で構成されたアメリカのバスケットボールチームでも起こった。それまでバスケットボール界では無名だったリトアニアにまで敗退したのだ。

個人レベルでは優秀な選手の集まりでも、それを優秀なチームへ変えるのは大変な修練を必要とする。しかし、こうした訓練にも究極の鍛錬の原則が当てはまるため、超一流といわれる企業はいずれも次のルールに従って行動しているのだ。

個々の人間だけではなくチームを育成する

究極の鍛錬を生み出す原則をチーム開発に応用することは、考え方としては難しくはない。個人にとって役に立つ基本要素、具体的にはよく考案された練習活動、コーチング、繰り返し、フィードバック、自主調整、知識の構築、メンタルモデルなどがいずれもチームの能力開発にも役に立つからだ。問題は実施面にある。

究極の鍛錬のもたらす効用を妨げるチーム内のもろもろの力が絡んだとき、問題が起こる。逆に、チームの能力開発に成功している企業は、究極の鍛錬にとって害となる次のような潜在的問題を回避したり、解決したりすることにすぐれている。

・チームメンバーの選択を誤る

どのチームも優秀なチームメンバーを求めているが、そうしたメンバーを一つにまとめることは、ビジネスでもそれ以外の分野でも、また別の技術である。「私がこれまでに出会った最悪のチームは、すべてのメンバーが自分が将来のCEOだと考えているチームだった」と語ったのは、30年以上にわたり、グローバル企業の経営幹部と仕事をしてきたコンサルタントのデービッド・ナドラーだ。彼は私にこう言った。「CEOの地位承継というゼロサムゲームがあったなら、効果的経営チームをつくることはとても困難だろう」

仲間と息が合うという風土がカギとなる。第二次大戦後、フォードには革命的変革が必要だと感じたヘンリー・フォード2世が、アメリカ陸軍において経営チームとしてすでに大成功を収めていた「神童たち」を引き抜くことに成功した。このメンバーにはのちにリットン・インダストリーズの創業者となるテックス・ソーントン、のちにフォードの社長となり、その後アメリカの国防長官となるロバート・マクナマラがいた。「神童たち」は陸軍時代を含め長期にわたり、チームとして効果的に働きつづけた。

しかし、50年後フォードのCEOジャック・ナッサーが今こそフォードには革命的変革が必要だと賢明な判断を行ったとき、ナッサーの試みは社内の古参に阻まれてしまった。ほとんどがそうであるように、こういった連中は革命を本気では受け入れようとはしなかった。そして土壇場で、ナッサー自身が解任されてしまった。フォードにとってそれよりも深刻だったのは、革命が起きなかったことだった。

チームメンバーの選択に成功した注目すべき事例として、オハイオに基盤をもつ製鉄加工会社のワージントン・インダストリーズをみてみよう。

同社工場では採用が決まるとその後90日間の試用期間に入る。この人物の運命はチームの投票により決定される。チーム全体の業績がチームの給与を左右するため、こうした採用方法は理にかなっている。だからチームのどのメンバーの評価の目も厳しく、新しいメンバー候補の評価の際も容赦はしない決まりだ。同社CEOのジョン・マッコーネルは「才能はあるがエゴの塊のような連中ではなく、チームがうまく機能するために献身的な人間が欲しい。そうすればいつでも勝てるからだ」と発言している。チームという言葉を用いる場合、それはあらゆるレベルに当てはまるチームを意味している。

1980年のレークプラシッドで行われた冬季オリンピックでアメリカのアイスホッケーチームはソビエトを破り、これまでにアメリカ人をもっとも感動させたアメリカ代表オリンピックチームとなった。

このチームは明らかに究極の鍛錬の原則に基づいて構築されたチームだった。その当時はプロ選手には出場資格がなかった。そのため、大学生選手から選ばざるをえなかったコーチのハーブ・ブルックスは気の合う者同士を集めたうえで、とてつもなく厳しい訓練を課した。このことはのちに映画化された『ミラクル』の一シーンで示されている。選手名簿を見たブルックスのアシスタントが全米で優秀な大学の選手が名簿からはずれていると抗議した。この抗議に対して選手の組み合わせがもっとも重要だという哲学を伝えるため、コーチのブルックスは次のように発言している。

「私が求めているのはベストな選手ではない。チームにとって適切な選手だ」

・低い信頼

チームの有効性に関する膨大な文献を読んだり、スポーツ、ビジネスのチームについて人と話をしたりすれば、必然的にこの事実に直面する。すなわち、信頼こそが勝利するチームにとって、根源的に重要なものであるということだ。もしチームのメンバーが嘘をつき、情報を隠し、チームメートの寝首をかこうと画策しているとしたら、チームとして何ら価値のあるものを仕上げることはできない。同様に、メンバー同士でお互いの能力を信頼することもできないかもしれない。そんなチームは相乗効果を生み出せない。むしろ反対にマイナスになるだけだ。運に恵まれても2＋2がせいぜい3となるのが関の山だ。

いわゆるドリームチームは、最初から問題を抱えている。メンバーがおうおうにして互いに不信感をもつ特別の理由があるからだ。スポーツでは、通常は互いに競争し合っている人たちがオールスターチームに限って同じチームメンバーとなる。敵対心を一時は横に置いたとしても、互いの行動や能力に対し信頼を抱くことはめったにない。ビジネスでも同様だ。チームメンバーが次の昇進で競わなくても他の誰かが常に昇進し、誰かに昇進の機会を奪われたりする。「大きな問題は、結果として人が定着しないことだ」とコンサルタントのラム・チャランは語っている。

「とくにオールスターチームの場合、ヘッドハンターの狩り場と化し、常にチームのメンバーに対し引き抜きの力が働く。不安定性はチームとして大きな課題だ」

これは実に大きな問題だ。信頼は、形成するのにはどうしても時間がかかるからだ。

多くの企業はこの信頼を形成するプロセスを早めようとしている。1980年代、あちこちではやった遊びがある。机に座った姿勢から後ろ向きに倒れて同僚の腕に抱えられ、信頼することを学ぶというものだ。これはひょっとすると今でも有効かもしれない。しかし現在では、コンサルタントが信頼形成のために多くの練習を生み出してくれている。個人的体験を共有したり、自分のパーソナリティのタイプを明かしたりする根拠のある洞察に基づいたプログラムで、互いの弱みを知ることが相手との信頼形成につながるというものだ。

実際、信頼はもともと脆(もろ)く、努力してつくり上げる必要があるため、トップレベルのメンバーで構成されたチームでは信頼は広範にいきわたることはありえないのかもしれない。

「各人が本当に高い能力をもつ経営幹部をチームとして高いレベルにまとめ上げるの

は幻想だ」と著名なあるマネジメントコンサルタントは語ってくれた。本人はこのメッセージがあまりにも気がめいるので、匿名扱いにしてくれと言っている。この人物は続けてこうも語ってくれた。

「たまに好業績を上げる経営チームが存在していても普通の場合、二人、多くてもおそらく三人止まりだ」

高いレベルの人材間で信頼を築くのは本当に困難なことなのだ。誰もが自分がスターだと思い込んでいるからだ。

だから、彼が指摘するとおり**歴史に残るトップ経営幹部のチームは、いつもほとんど二人だ。**１９８０～１９９０年代のコカ・コーラのロベルト・ゴイズエタとドナルド・キーオや１９６０～１９９０年代のキャピタルシティーズ／ＡＢＣ社のトム・マーフィーとダン・バーク、あるいは２００５年まで20年間続いたコルゲート・パームオリーブのルーベン・マークとビル・シャナハン、または１９６０年代のバークシャー・ハサウェイのウォーレン・バフェットとチャーリー・マンガーたちを思い浮かべればよいだろう。ペアを組んだ時点では誰も彼らのことをドリームチームと呼ぶ者はなかった。それどころか、ほとんどの人は彼らの名前さえ聞いたことがなかった。こうしたペアでのチームはみな長い年月をかけ、信頼を築き、驚くべき業績を残した。

こうしたペアをみて他に何か気づいた点はないだろうか。それぞれのチームには、有名になった上司とそれに比べあまり有名ではないが企業に献身的努力を捧げたナンバー2が存在していた。こうした献身的働きをするナンバー2はめったにおらず、このことがチームを頻繁に沈めるもう一つの病状を生むことになる。

・ぶつかり合う思惑

同一人物が最高と最悪の経営チームをつくり出す例に出合うことはめったにない。しかし、ディズニーのマイケル・アイズナーの場合は別だ。このケースを考えてみよう。

アイズナーは最初の10年COOのフランク・ウェルズとともに同社のCEOとして経営を指揮し、名門企業を救い、株主に多くの利益をもたらした。彼らはペアで成功した典型的な経営チームだった。ナンバー1とナンバー2の役割が明確で、その職に就いた当初業界以外ではとくに有名ではなかった。この生産的パートナーシップは1994年ウェルズがヘリコプター事故で亡くなるまで続いた。

その後、最近の企業の歴史でみれば、アイズナーはもっとも悪名を残すことになった破滅的な経営チームをつくった。マイケル・オーヴィッツを社長として迎え入れたのだ。オーヴィッツは結果として14か月しかもたなかった。広範な事後検討の結果からみれば、戦略としてはずれているとアイズナーがみなしていた数多くの大型プロジェクトに着手した。とりわけ、ヤフー株式を大量に取得し、ディズニーの書籍やレコード分野を拡大し、ＮＦＬチームの買収などまで目論んでいた。

オーヴィッツはどうも自分自身の将来についてもまた自分なりの考えがあったようだ。自分の執務室の改造に２００万ドルのお金を費やしている。アイズナーはこのことも承認してはいなかった。結論はチームとしての失敗だった。

それは典型的な問題だった。ちょうど達人が自分の専門分野で自分のメンタルモデルをもっているように、最善のチームも効率的に働けるメンタルモデルが共有できるメンバーで構成される必要がある。アイズナーとオーヴィッツは、ディズニーの事業分野と同時に自分たちのチームのあり方についても強く対立し合うモデルをもっていた。

もっと一般的にいえば、これまで述べたように、誰もがＣＥＯになりたいと思い、また、そう信じる十分な理由があれば、チームのメンバー間で手のつけられない対立が起きる可能性がある。結果として政治的に強引なやり方や目立つことをやろうとすることになる。そして、それを非難するのは簡単だが、拙速にそうしてはならない。

もしあなたが、誰からも注目されることなく、企業で汗水たらして働いているとき自分の直属の上司がクビになるとわかれば、あなたは自分のキャリアをどうするだろうか。成長株の社員に光を当てようとする他の企業もある。その会社に役に立つからだ。こうして昇進する者を見れば、他の従業員も後に続こうとする。

難しいのは、こうした避けることのできない個々人の思惑が組織を破壊してしまわないように保つことだ。それがリーダーの仕事の一部となる。

たとえば、1990年代のアメリテックのトップ経営陣はオールスターチームメンバーで構成されていた。その中には、のちにアメリテック、テラブやクエストのCEOとなるリチャード・ノーテバートとケーブル・アンド・ワイヤレスとEDSのCEOとなるリチャード・ブラウンがいた。当時、アメリテックでリーダーシップ開発に関し助言をしていたミシガン大学のビジネススクールのノエル・ティシー教授は、同社CEOのビル・ワイスが経営トップ陣に対し、他のメンバーのことを悪く言うのを見つけたら、その者を即刻解雇すると毎週露骨に言っていたことを述懐している。

ジャック・ウェルチは、GEで後継者候補間の対立を管理するためそれまでの伝統とは異なるアプローチをとった。ウェルチはその20年前、CEO候補の最終選抜に残った人間として自分が味わった不愉快な体験を覚えていた。GEはウェルチと他の候補者を昇進させるとともに本社の仕事につけた。しばらくすると候補者間での社内政治は湯気が立ち込める湿地のようになった。20年後ウェルチは、自分が選んだ最終候補者たちを互いに何百マイルも離れた現場の仕事に配属した。

たとえエゴに突き動かされる有力候補者たちが同じCEOの仕事を求めて競争しなくても、チームは別の原因でやはりバラバラになる可能性がある。

・解決されていない対立

ウェスト・ポイントで陸軍のボートクルーのコーチをしていたスタス・プレチュスキ大佐はやっかいな問題に直面していた。徹底的な体力検査を通じ、大佐はチームのすべての漕ぎ手の強みと能力を把握していた。エルゴメーター（作業計）に基づき、それぞれの力を測定していたのだ。各メンバーがもたらす貢献度を計算するためあらゆる組み合わせを考慮し、クルーを選定した。大佐は漕ぎ手を客観的かつ正確に、一番能力の高い者から順にランクづけすることができた。そうして能力の高い8人を大学代表メンバーに、もう8人のもっとも能力の低い者たちをジュニアチームとして選択した。しかし、問題はジュニアチームが代表チームを3回に2回破ってしまうことだった。実はこれはハーバードビジネススクールのケースにもなっている。

このケースはハーバードビジネススクールのケーススタディの有名な一つで、ボートの大学代表チームが、「誰がもっとも貢献できるか」をめぐり、互いにいがみ合っていたのに対し、ジュニアボートの漕ぎ手たちは失うものが何もなかったので互いに喜んで助け合っていた。しかしこのケースでは、コーチのプレチュスキ大佐が実際にどのようにしてこの問題を解決したかには具体的にはふれていない。

実際はこうだ。ある日コーチである大佐は代表チームの8人にペアを組ませ、チームを四つに分けた。そして90秒間互いにレスリングをするように命じた。唯一の規則は殴ってはいけないというものだった。大佐は当時を振り返り、まるで「プロレスを見ているようだった」と語っている。コーチがレスリングをやめさせると、どのペアも勝敗の決着はついていなかった。どの選手も相手が自分と同じくらい強く、むきになっていることに気がついた。大佐はその後、組み手の相手を替えさせ再びレスリングをやらせた。3度目になると選手たちは互いの相手を選ぶようになった。「一人は別の選手を指差し、『おまえだよ』と叫んでいた」と大佐はのちに語っている。4度目か5度目になると一人の漕ぎ手が突然笑いはじめて全員参加の乱闘となった。ついに誰かが叫んだ。

「コーチ、もうボートを漕ぎましょう」

そこから代表チームは長足な進歩を遂げ、全米大会では準決勝まで進んだ。

経営陣のメンバーにレスリングをやらせてみたいと思うかもしれないが、おそらく実際には命じることはできないだろう。しかし、グループを機能不全にしている緊張を解放するには他にもよい方法がある。こうした対立は、ぶつかり合う思惑の裏返しだ。**将来にエネルギーを集中させる代わりに過去にこだわっている。こうした思いを表に出して共有し、解決することがリーダーのもっとも重要な仕事だ。**チームの業績を脅かすものに対処することが不可欠なのだ。

・問題に直面しようとしない

解決するのが難しいので、みなわかっているのに知らないふりをしている大きな問題。このことを言い表すのに、よくある比喩が「部屋の中にいる象」だ。スイスにあるIMD（International Institute for Management Development）のジョージ・コールライザー教授にいたってはこの言い回しをさらに発展させた。彼は「食卓に魚を置く」と言っている。魚は臭い（＝問題）のできれいにするのが嫌な仕事だが、しかし最後にはおいしい食事が食べられる。

ほとんどの人が食卓に魚を置く役回りは引き受けたくないと思っている。チームの風土として許されないときにはとくにそうだ。

「そこには、上辺だけの丁寧さや暗黙の相互依存、すなわち上司の前では互いに差をつけたりはしないという関係があった」とデービッド・ナドラーは語っていた。ABBにおいて120億ドルもの売上を上げつつも経営破綻に向かっていた部門のことを次のように話した。

「経営破綻の一つの理由は、礼節を気にするあまり遠慮してもっとも重要な事柄に関しても互いに正直な感情を述べ合わなかった」

その部門のリーダーは、チームのメンバーに本当は何を考えているか言わせることでこの事態を打開した。それはチームにとって初めての経験だった。60秒もの間、緊張感と怒りのこもった沈黙に耐え、部門リーダーは一人の幹部を名指しし、なぜそんなにむっとしているのか直接に説明を求めた。

ジャック・ウェルチは魚を食卓に置く名人の一人だ。現実と向き合えと彼は言っていた。経営トップ陣の仕事がやりやすくなるように尽くしてきたウェルチの努力はときには見過ごされた。GEのドリームチームは過去も現在も経営諮問委員会だ。かつてこの経営諮問委員会では本社の堅苦しい雰囲気の中でリハーサルずみのプレゼンテーションが行われ、本当の討論はほとんどなかった。

ウェルチは、この委員会の討論の場を社外に移し、事前に準備したプレゼンテーションをやめ、ジャケットやネクタイの着用も禁止した。そして非公式な話し合いを促すためコーヒーブレイクの時間を長くとった。

これらはウェルチが手がけた変革の代表的なものだった。

GEでは、これをソーシャル・アーキテクチャーと呼んだ。経営学者は、これがウェルチの経営革命が成功した決定的な要因の一つであると信じている。

組織に究極の鍛錬の原則を応用するのは、組織における他のどんなことと比べてみても容易なことではない。しかし、いっそう競争を増すグローバル経済において、生き残り、そして発展したいと思えば、他の選択肢はほとんど考えるべきではない。すべての組織は、遅かれ早かれこの原則を採用しようとするだろう。

そのとき、早く始めることが競争において大変優位になるということを覚えておかねばならない。

究極の鍛錬の効果は累積的だからだ。組織として個人とチームの能力開発にできるだけ早く着手すればするほど、競合他社は追いつくことが困難になるだろう。

第9章 革命的なアイデアを生み出す

究極の鍛錬を使って、創造性の伝説を乗り越える方法

寿命が短くなる商品とビジネスモデル

すべてがコモディティ化（商品の差別化がなくなり価格や量のみを判断基準に売買が行われるようになること）されるというのは嘘だ。そのようにみえるだけだ。

今日、インターネットで統合された我々の時代には奇跡と呼べるようなことが可能になってきた。

その一つは、買い手側が昔と比べ自分が購入するものに関し、大変多くの情報をもっているということだ。これまで顧客が情報不足であることに乗じて稼いできた、驚くほど多くの売り手にとって、これは大問題だ。まだ車をネットで買う人は少ないか

もしれないが、ほとんどの人は買う前にたいていネットで値段をチェックしている。カーディーラーの店に、オンラインショップで見つけたディーラーの値段表をプリントアウトしてショップに入ってくる人の姿を見たことがあるだろう。これが力の均衡を変えているのだ。

前述したように、処方薬は米国よりカナダのほうがずっと安い。しかしインターネットの時代が始まる前は、カナダでの処方薬が安いという事実は製薬業界にとってたいした問題ではなかった。しかし、今では頭の痛い問題だ。大学に行く子どもをもつ世帯は大学構内の本屋に並べられた目玉の飛び出るような教科書の価格にこれまで長い間打ちのめされてきた。しかし、今はどんな選択肢をもつことができるようになったのだろうか。今やインターネットで、同じ教科書をイギリスではずっと安く注文することができる。

商品はデジタル時代には何でも比較されてしまう。直接比較可能な商品はコモディティ化される。この現象がもっとも非情な形で登場するのが、逆オークションだ。たとえばあるプラスチックの部品が必要だとしよう。この取引には8社のサプライヤー（部品製造業者）が適切だとして事前に選定する。そして製品の仕様といつどこでその製品が必要かを伝え、さらにオークションで勝ち残った納入業者にはどういう条件で支払いが行われるかも伝える。そして、会社は彼ら納入候補業者に火曜日朝8時にオンラインでオークションに参加し、互いに徹底的に競争する時間を一時間与える。一時間後に終了ベルが鳴り、もっとも低い価格を出したところがその取引を受注する。

こうやって購入されるものは付加価値が低いほんの少数のものだけだと思いたいだろうが、実際には、買い手側は付加価値の高いものを含めあらゆる商品やサービスをコモディティ化してしまう購入方法を開発している。

一連の企業不祥事の後タイコ・インターナショナルは、製造物賠償責任を担当する法律事務所を採用するため、逆オークションを利用した。カンザスシティに本拠をもつシュック・ハーディー&ベーコン法律事務所が18か月の固定法律相談料でこの取引を獲得した。

・イノベーションが注目されるわけ

なぜイノベーションがビジネスでもっとも注目される話題なのだろう。なぜ主要な雑誌はイノベーションに関する記事で満ちあふれ、参加料一人、2700ドルもするイノベーションの会議を主催するセミナー業者が出現するのだろう。どうして一流の経営コンサルティング会社がイノベーションを中心に業務を構築しようとしてきたのだろう。世間の人はイノベーションに関するこうした一連の事柄を不思議に思っている。こうした質問への回答の主要な部分は次のとおりだ。

すべてをコモディティ化しようとする力の働く世界では、これまでとはまったく違った何か新しいものをつくることが生き残りの唯一の方法なのだ。他に類のない商品ならコモディティ化されるはずはない。買い手側の心理の深層にふれるサービスは価格だけに基づいて購入されることはけっしてない。そうした商品やサービスをつくるのはこれまでも常に大切だったが、今や不可欠となっている。

しかし、コモディティ化との戦いは続けていかないかぎり意味がない。商品自体の寿命が劇的に短くなっているので、戦いの手を緩めることができない。かつてのよき時代には、リグレーは3種の同じガム（スペアミント、ダブルミント、ジューシーフルーツ）を59年間も製造しつづけた。そしてあまりにも成功を収めたので創業者のウィリアム・リグレーはシカゴ市内でもっとも立派なオフィスビル（リグレービル）の一つを建て、サンタカタリナ島（ロサンゼルス南郊にあるロングビーチの沖の島）まで買収した。

これに対して21世紀、リグレーのシカゴの隣人モトローラに起こった一連の出来事を考えてみたい。モトローラは、当初携帯電話の革新的パイオニアでヒーローとして扱われたが、デジタル電話に乗り遅れ、落伍者(らくごしゃ)として軽蔑された。その後、スタイリッシュな薄型デザインの携帯電話RAZR(レーザー)をつくることで、チャンピオンとして返り咲いた。しかし、後継機を製造できず、またも戦犯扱いを受け、ついには競争の犠牲者として携帯電話事業の完全売却を決定した。モトローラは携帯電話分野で多くの偉大なイノベーションを達成したが、しかし、生き残るには少しだけ及ばなかった。

商品やサービスの寿命が短くなっていくにつれ、製品やサービスの売り手のビジネスモデルの寿命も短くなっている。よいビジネスモデルなら、かつては30年、40年、ときにはもっと長期間事業を回しつづけることができた。AT&Tや電力会社のように規制を受けていた公益事業なら百年近くも可能だった。

そんな時代は終わった。NETFLIXを考えてみよう。NETFLIXは、DVDを郵送してレンタルする事業から始まり、ハリウッド映画をオンラインで配信する新しいモデルに転換し、その後、オリジナルでの番組製作に年間数十億ドルを費やすモデルに転換した。

アマゾンは自らのビジネスモデルを絶えず変化させてきた。最初は書籍の販売からほとんどすべてのものを販売するようになり、次にマーケットプレイスを通じて販売するために何千もの他の小売業者を迎え入れ、次に巨大なアマゾン・ウェブ・サービス（ＡＷＳ）を通じて他の企業にコンピューティング能力を販売し、その過程で映画、音楽、オリジナル番組をオンラインで提供するようになった（同じくアマゾン・ウェブ・サービスを長年利用してきたＮＥＴＦＬＩＸと競合している）。そしてこうした目まぐるしい変化のたびに、根本的に新しい優位性が必要とされてきた。かつては、ビジネスモデルを変えることなく経営陣の世代交代が可能だった。今やビジネスモデルを革新することは、あらゆるビジネスにおいて重要な基本スキルとなっている。

イノベーションの要請はさらに奥深い。新たなビジネスモデルを創造するだけでなく、新たな次元でイノベーションを起こさなければならないからだ。経済的観点からみて過去３００年間、経済的覇権をとるための源泉は、科学と技術において主導権をもつことだった。すなわち科学技術がもっとも進歩している国や地域が経済的にもっとも繁栄してきた。それは変わらない。しかし、**創造力、想像力、共感形成能力、審美能力といった右脳の生み出す能力からの経済的価値が高まっている現在、我々はテクノロジーを超えたイノベーションを起こさねばならない。**

この典型的な例はアップルが当初iPodにおいて達成し、続いてiPhoneで見事達成した成果にみることができる。アップルは、MP3の音楽再生機や携帯電話を発明したわけではない。同社は既存の製品にエレガントなデザインを加え、シンプルで直感的なユーザーインターフェースを創造した。そして、さらにiPodではiTunes Music Storeを、iPhoneにはApp Storeというビジネス・イノベーションを加えた。重要なのは、どちらもパッケージ全体が粋だったということだ。その結果が世界でもっとも収益性が高く、もっとも価値のある上場企業アップルである。

テクノロジーは重要だったが、それだけでは十分でなかった。そのカギは創造性とデザインにおける革新、そして顧客との深い共感にあったのだ。

右脳的な価値創造の台頭は十分に広まっており、MFA（Master of Fine Arts——芸術学修士）の学位は、実業界で名をなしたいと考える若者にとってMBAよりも人気のある資格となっている。ニューヨーク大学はMBAとMFAを統合した新たな資格プログラムまで提供しはじめている。

創造性とイノベーションはこれまでも常に重要ではあったが、今や日々その経済的重要性を増している。課題となるのは、個人や組織がいかにこのイノベーションの時代をうまく乗り切るかということだ。個人や組織を支援しようとコンサルタント、研修会、書籍、雑誌が一体となって際限のないほどに助言と指導を提供し、巨大なイノベーション産業を生み出している。しかし、本書の目的はそれらが正しいか見定めることではない。それは不可能だし不毛だ。むしろ、究極の鍛錬の考え方が創造性とイノベーションに関しても本質的で深い洞察を提供し、そのような次元でも能力を開発したいと願う人にとっても役に立つことを証明することにある。究極の鍛錬はたしかにこうした洞察をもたらすし、それはとても重要だ。なぜなら、今までの他の偉業に関する考察と同様にイノベーションを創造することは多くの人たちが深く信じているものと実際は正反対であることを究極の鍛錬が示唆してくれているからだ。

創造性はひらめきによってもたらされるものではない

我々の大部分がイノベーションと創造性について知っていることは、実は実態とは違う。そしてそのことに関し二つの見解がある。

一つはあのアルキメデスに起きた逸話で、すべてを突然悟る「ユーレカの瞬間」というのがあるという考え方だ。学校で学ぶ歴史はこうした話であふれているので、この見方が正しいと信じ創造性に関して納得のいくものだと考える。こうしたエピソードは忘れがたい印象を人に与える。お風呂につかったとき、不定形物体も、水につけていればあふれた水量を量るだけで体積の計測が可能なことに気づき、喜んだアルキメデスは裸で通りを走るという話だ。学校で学ぶ子どもなら誰も忘れることができないだろう。

同様にゲティスバーグに向かう車中でエイブラハム・リンカーンはほとばしるようなひらめきで、のちにアメリカ史上もっとも雄弁だと評価されるスピーチを書いた。あるいは、イギリスの詩人、サミュエル・テイラー・コールリッジがアヘンの眠りから覚めると彼の前に突如としてクビライ・カーンの全身像が現れ、200〜300節の詩がカーンの口から表現されるのを見たとされる話もある。偉大な想像力をもつ人々は何度も稲妻に打たれ、それまで見たことも考えたこともないものを私たちの眼前に現してくれる。

・専門性が創造性の邪魔をする?

誰もが創造性について思い込んでいるもう一つのことは、あまり知識がありすぎると創造的にはなれないというものだ。私たちはよく「問題に近すぎて解決策がみえない」と言ったりする。

この見方をより幅広い原理としてとらえるならば、「ある状況や事業ないし研究分野を知りすぎると、直感的ひらめきをどうしても手にできない。ひらめきは、その専門領域に生涯没頭してしまうことのない人間にだけ訪れる」ということになる。創造的思考で著名なビジネス・コンサルタント、エドワード・デ・ボノはこうした見方について次のように明確に述べている。

「一つの専門分野であまりにも長く経験を積んでいると、そのことが創造性を制約してしまう。物事の行方がどうなるか事前に想像できると思い込み、新しい考えを思いつこうにも古い発想から逃げ出すことができないからだ」

もっとも、こうしたことを信じるのには十分な理由がある。何度となく組織レベルでは経験しているからだ。なぜウエスタンユニオン（アメリカの最初で最後の電報会社）は電話事業に投資しなかったのか。なぜＵＳスチールは電炉に投資しなかったのか。なぜＩＢＭはパソコンを発明しなかったのか。なぜ技術や産業に関し、知ることのできるものは何でも知っていたはずなのに、事業を革新する創造的な大発見に何度も何度も組織は失敗してきたのだろうか。

個人のレベルでみても状況は似ている。カリフォルニア州立大学デイビス校の教授で学部長のディーン・キース・サイモントンは１４５０～１８５０年の間に生まれた創造性の高い業績を上げた人たち３００人以上を対象とする大規模な調査を実施した。調査の対象にはレオナルド・ダ・ヴィンチ、ガリレオ、ベートーヴェン、レンブラントなどが含まれていた。サイモントン教授はこうした達人が正式な教育を何年受けたか把握したうえで、業績と教育年数の関係を多くの資料に照らして調べた。その結果、両者には図に示すと逆U字形の関係があることがわかった。もっとも高い業績を上げた人は、大学学部程度の教育を受けた人々で、それより長すぎても短すぎても低い業績につながってしまう。

他の研究結果もデ・ボノ博士の見解を裏づけている。70年前初めて実施された一連の有名な実験で、研究者エイブラハムとエディス・ルーチンスは被験者に異なるサイズの水入れを渡し、特定量の水を計測させる課題を与えた。具体的には１２７単位量、21単位量、３単位量の異なる三つの水入れを使って正確に１００単位量の水を計測するという試験だ（どうするかわかるだろうか？）。

被験者は最初、この計測課題を解くのに必要となる一連の作業を学んだ。

次に被験者は学習した作業手順より簡単に計測できる課題を与えられるが、どうしてもこの簡単な課題をこなすことができなかった。

さらに簡単だが最初に学んだ方法では計測できない課題が与えられると、簡単な作業方法がまったく見つけられず知っている作業方法でしか試みることができなかった。ところが、当初の作業を一度も学習していなかった被験者が、この課題を簡単な方法で解決した。

こうした創造性に関するものの見方は一般に浸透しており、どうしても次の二つの考えを抱きやすくなってしまう。

①インスピレーションは十分熟したとき突然訪れるものだ。

②創造的解決策が必要なら、あまり状況を知らない人のほうがうまくいくのだ。

こうした見方は、一見証拠に裏づけられているようにみえるかもしれないが、間違った方向に人を導く。そして、こうした見方では人間は創造的にも革新的にもなれない。偉業や究極の鍛錬の原則が証明してくれているのは、**課題への創造的な解決策を見つけようとすれば、知識はあればあるほどよく、知識は友人であり、敵ではないということだ。**創造性はひらめきによってもたらされるものではないのだ。

傑作が生まれるのに必要な「十年の沈黙」

ビジネス、科学、美術、音楽など幅広い分野で一つの共通した特徴が見つかっている。イノベーションの担い手には、創造的活動で大成功を収める前に、長年にわたる徹底的準備時間があったという点だ。創造的業績はたとえ本人がのちにそう主張していたとしても、けっして突然やってくるわけではない。それがトランジスタ、ビートルズのアルバム『サージェント・ペパーズ・ロンリー・ハーツ・クラブ・バンド』、また携帯電話、はたまたピカソの「アビニヨンの娘たち」などである。こうしたイノベーションにはいずれもそれに先立つ長くとても厳しい学びが存在している。ほとんどの場合、創造的な作品はそれ相応の時間をかけて生み出されている。偉大なイノベーションは長くて注意深い育成の後、開花したバラなのだ。その証拠は、驚くほど一貫して存在している。

過去多くの年代から76人の作曲家を選び、いつ最初に注目される作品を作曲したか、傑作はいつ生まれたか、どれほどの数の録音タイトル数をもっているのか調査を行った。この研究を行ったカーネギーメロン大学のジョン・ヘイズ教授は５００以上の作品を調査対象に認定した。

テンプル大学のロバート・ワイズバーグ教授がその研究成果を次のように要約して

いる。

「こうした素晴らしい作品のうち、作曲を始めて10年以内、この場合8年ないしは9年目に入って作られた作品はわずか三つだった」

作曲を始めて最初の10年やそこらの間は、こうした作曲家たちも外部の人間が注目するものはほとんど一切何も生み出してはいなかった。ヘイズ教授は、この長くどうしても必要になってしまう期間を「十年の沈黙」と名づけている。何か価値のあるものを生み出すにはこの「十年の沈黙」がどうしても必要となる。

131人の画家を対象とする同様の調査でも、ヘイズ教授は同じパターンを発見している。準備のための期間はやや短く、6年だった。しかしそれでもこの6年間という期間は、天才ピカソをもってしても破ることが不可能と思われるほど意味のある期間だった。66人の詩人の調査では、数人が十年以内で注目を浴びる作品を残してはいるものの、5年以内にそうした作品を書いたものは誰一人いなかった。残りの55人は傑作を生み出すのに十年以上の期間を要している。

達人たちを対象とするいずれの調査も、研究者が発見し名づけた「十年の沈黙」のことを強く思い起こさせてくれる。わざわざこうした証拠を発見しようとしたわけではないが、他の研究者もこの事実を発見している。ハーバード大学のハワード・ガードナー教授はその研究書『Creating Minds（創造する心）』で20世紀初頭の7人の偉大なイノベーター――アルバート・アインシュタイン、T・S・エリオット、ジークムント・フロイト、マハトマ・ガンジー、マーサ・グラハム、パブロ・ピカソ、イーゴリ・ストラヴィンスキーのことを書いた。これ以上に多様なグループの調査対象を考えることは困難だろう。ガードナー教授自身、この調査を通じこうした偉人の業績達成に必要な年数を証明あるいは反証しようとしたわけではない。しかし、ガードナー教授はこの調査を要約して次のように記している。

「この調査を通じ、十年ルールが実際にあることに驚かされた。4歳で始めれば十代でピカソのように巨匠といわれるようになれるかもしれない。思春期の後半になってようやく活動を始めたストラヴィンスキーのような作曲家やマーサ・グラハムのような舞踏家は20代の終わりになるまで頭角を現すことはなかった」

あのビートルズでさえ、重要なイノベーションを生み出すには深くて幅の広い準備を避けることはできなかった。テンプル大学のワイズバーグ教授は、ビートルズの研究を通じ、有名になるまで彼らは一緒に究極の鍛錬の原則に基づき何千時間もの練習をしたことを発見している。ビートルズは初期のころはほとんど自分たち自身がつくった曲を演奏することはなかった。その当時、彼らが作曲したものは魅力的なものではなかった。ビートルズが有名になってこうした曲が引っ張り出されてくることがなかったら、その存在すら知ることもなかっただろう。ビートルズの最初のナンバーワンヒット曲は、「プリーズ・プリーズ・ミー」（１９６３年）だ。この曲はジョン・レノンとポール・マッカートニーが５年半活動をともにしたあと、作詞、作曲されたものだ。その曲自体がどのような創造的成果をもたらしたかについては、たしかに議論の余地は残るだろう。商業的に成功したとはいえ、ポピュラー音楽の分野でイノベーションを引き起こしたとはとうていうことができないからだ。

本当のイノベーションはビートルズがいわゆる中期を迎え、『ラバー・ソウル』『リボルバー』『サージェント・ペパーズ・ロンリー・ハーツ・クラブ・バンド』といったアルバムが出るまで待つ必要があった。これらのアルバムにはいずれもポピュラー音楽界を変質させるようなまったく独創的な音楽が入っていた。サージェント・ペパーズのころにはジョン・レノンとポール・マッカートニーはすでに十年間ともに懸命に音楽に取り組んできていた。

長年にわたる準備の間、いったい何が起こっているかは正確にはわからない。しかしおそらくは、究極の鍛錬がもたらす専門分野の知識習得プロセスに、とてもよく似たものが生じていたように思われる。それはたしかに専門領域に徹底的かつ深くどっぷりとつかることだ。こうした鍛錬はしばしば教師の下で行われるが教師のいない場合もある。いずれにしてもなるべくたくさん専門領域の知識を学び、改善し、自己の限界に挑戦し、ついにはその分野自体の限界を超えようという意欲が出てくる。ガードナー教授は研究対象とした7人の偉大なイノベーターの物語を振り返り、彼らのような人々を「模範的イノベーター」と呼んでいる。

「この7人はいずれも思春期か成人の早い段階で自分の専門分野で達人となるため十年の時間を投資し、そしてその分野では最先端までたどり着いていた。たとえば、模範的イノベーターをめざす一人の若い娘は、もはや家族や地元の専門家からも学ぶことは何もなかった。自分が選んだこの分野の若手トップと技を競ってみたいと、ふと思うようになった。その結果、この模範的イノベーターは故郷を出ることを思い立ち、自分の活動分野の中心地である都市へと向かう」

ここに明らかな究極の鍛錬の要素を見て取ることができる。その要素とは、**自分が選んだ分野で達人になろうと大きな投資を行うこと、より熟達した指導者を求めるこ**

と、学びのなくなってしまうコンフォートゾーンを抜け出すために自分を常に追い込むこと、常に自己の限界に挑戦することである。これらを継続していると、模範的イノベーターは問題のある部分や特別に興味のある分野を発見する。これによって自分の専門の分野が未知の領域へしだいに進化していく。この旅はけっして簡単なものではない。だから、他の分野の達人と一種の類似性を見いだすことができる。

模範的イノベーターは、ほとんど常に働いている。自分自身や他人に厳しい要求を突きつけ、常にかけ金（リスク負担）を上げている。ウィリアム・バトラー・イエーツ（アイルランドの劇作家）並みに、完璧な人生以上に完璧な仕事を選ぶ。これまで究極の鍛錬がどのように達人たちを生み出したかつぶさにみると、自分にも他人にも要求水準の高い人であることがわかる。

こうしたイノベーションの例はたいてい審美的な分野からもたらされているが、ビジネスにとっても大変重要であると思う。なぜなら前述のとおり、今日のもっとも重要なビジネスのイノベーションの多くは、右脳の産物すなわち審美的な創造物だからだ。他の活発なビジネスのイノベーションの多くは科学の分野のものだ。過剰な知識がイノベーションの妨げになるという考え方は、科学ではいっそう支持しがたい。

ここで20世紀に大きくたたえられた創造的な問題解決の一例として、ジェームズ・ワトソンとフランシス・クリック両博士によるDNAの構造の発見について考えてみたい。ワイズバーグ教授は、両博士以外で数人の著名な科学者が当時、同じ問題にそれぞれ違う観点から取り組んでいたことを、ある詳細な研究で明らかにしている。その科学者には、二つのノーベル賞を受賞することになるライナス・ポーリングも含まれている。仮に、問題を知りすぎていることが、イノベーションには不利に働くと考えるなら、ワトソンとクリックは他の研究者と違って思考を曇らせるほど膨大なデータをもっていなかったということになる。しかし、実際のところ話はまったく逆だった。

インターネットが誕生する（1950年代前半）までは、今日ほど他人の研究成果を簡単には入手できなかった。ワイズバーグ教授は、ワトソンとクリックがX線結晶学や物理学を学んだばかりでなく、どのようにX線の写真、生のデータなどの数々の資料を入手したかを説明している。これらの情報が一体となって決定的に重要な知識を生み出した。それは他の研究者が当時、誰も一つのまとまった知識としてはもっていないものだった。

とくにワトソンとクリックは二つの紐が螺旋状に構成されているということを推測するのに必要な情報をもっていた（他方ポーリング博士は、その螺旋が3本の紐からできていると考えていた）。二つの紐は外側にあり、ベース（螺旋階段の段のこと）は内側にある（研究者の中にはベースが紐から外に飛び出していると考えていた者もいた）。ワトソンとクリックは螺旋の斜度（DNAが螺旋状になる角度）、そしてベースがどのように互いに結合しているのかも計算することができた。

ワトソンとクリックがこのパズルのピースを初めて見つけたわけではない。他の科学者はそれ以前に螺旋は二重にちがいないと気づいていた。一重でも三重でもない。分子の外側に紐があるということにワトソンとクリックより先に気づいた研究者もいた。にもかかわらずワトソンとクリックだけがDNAの構造を初めて解くことができた。なぜならワトソンとクリックだけが必要なすべての知識をもっていたからだ。ワイズバーグ教授は結論として次のように語っている。

「他の研究者に比べワトソンとクリックがよい頭脳をもっていたと仮定することはできない。二人は正しいDNAのモデルをつくるのに必要なものをもっていたが、他の研究者がもっていなかったというだけのことだ」

特定分野で過剰な知識をもち問題をよく知っていることが、創造的な業績の妨げになるという証拠を探そうとしても、研究ではそうした事実は見つからなかった。すべての証拠はむしろ反対のことを示している。**もっとも傑出したクリエーターはいずれも自分が選んだ専門分野で全身全霊仕事に打ち込み、自分の人生を捧(ささ)げ、膨大な知識を蓄積し、常に自分自身をその領域の最先端に置くよう努力した者たちだ。**

・長く学校に通う必要はないのか?

それでは、学校で長く学びすぎていると創造的業績が低くなるという証拠にはどう反撃したらよいのだろう。その矛盾は思ったより大きな問題ではない。もっとも明白なのは、何年間学校に通っていたかということは、その分野の知識が高いかどうかを評価する基準としては適切ではないかもしれないということだ。たとえば、文学で博士号をもっている者は、文学の歴史と解釈についてのかなりの知識を習得しているだろう。しかも、通常は特定のタイプの文学だ。しかし、それは文学作品を実際に創造するということに関していうならば、異なる知識と別のスキルを必要とするかなり違った分野だ。たしかに、創造的分野を大学院で学ぶ多くの者は、教授職につながる道として意識的に高い学位をとろうとしている。その分野のイノベーターとして人生を送ることを選んだわけではない。学校で何年過ごしたかということが、その分野の知識が高いかどうかの判断基準として有効でないのは明らかだ。

しかし、科学と技術の分野では状況は異なる。高等教育は今日創造的問題解決にはなくてはならないものだ。大学一年生の知識でがん治療の研究に挑もうとする者は誰もいない。しかし、高い教育と低い卓越性の相関関係を明らかにした研究は、1450〜1850年のイノベーターを対象としていたことを忘れてはならない。その研究対象期間の前半では、今日理解されているような意味での科学は存在していなかった。科学の方法論に関する基本的原理がまだ知られていなかった当時、高等教育を受けることは必ずしも科学の知識を授かることにはならなかっただろう。対象期間の大部分が科学以前の時代であったのだから、正式な学校での修学年数と実績の間に相関関係がなかったとしてもさして驚くべきことではない。修学年数は関係ない。より広範な分野でみればその分野の知識の習得と修学年数の関係はほとんどないかもしれない。

大局的にみれば、イノベーターは知識を負担とは考えておらず、むしろその恩恵を受けている。そして、これまでみてきたようにイノベーターはみな知識を習得し、その知識を習得するために長い年月を費やしているのだ。

イノベーションは育ってくるものだ

19世紀の著名な作家が、ジェームズ・ワットの発明した蒸気機関のことを古代ローマ最高の神ジュピターの頭脳から生まれた知恵の女神ミネルヴァと称したように、偉大な創造的業績は先例なく突然生じるものだという一般的な考え方を再考してみよう。

ビジネス、芸術、科学（ワットの蒸気機関を含め）における注目すべきイノベーションを詳しくみれば、こうしたイノベーションがまったく何もないところから生まれてはいないということがわかる。けっしてこれまで一度も見たことのないものではない。イノベーションは過去を拒否するものではない。むしろ過去に大きく依存し、現状の専門分野を習得した人だけが手に入れられるものだ。

その例はいくらでもある。しかし、美術史家によると20世紀の最高傑作といわれるピカソの「アビニヨンの娘たち」ほど劇的ではないかもしれない。ワイズバーグ教授もガードナー教授も自分たちの創造性に関する研究でこのことを深く追究している。それまでに生まれたものとまったく関係なくつくられたと言い切れる創造的な作品の名をあげることは難しいだろう。たしかに非人間的な顔と攻撃的なまでのヌードは１９０７年当時、スキャンダラスな絵画だった。

しかし、この衝撃を与える芸術は、それまでピカソがふれた多くの作品から影響を受けてつくられたものであることがわかっている。たとえば、古代におけるイベリア彫刻、アフリカと南太平洋の原始美術、セザンヌやマティスの絵に描かれた特定の人物や構成などだ。こうしたものの影響を受けていたとしてもピカソの画家としての能力をおとしめるものではない。

徹底的な調査の結果、このように画期的な作品でさえ、無からつくられたものではないことがわかった。**絵画という専門分野で何年にもわたり研鑽（けんさん）を積んで熟練してきた芸術家が、時間をかけて吸収し、育て上げてきた諸要素を見事なまでに新しい形で組み合わせ、洗練した結晶としてつくり上げたものがピカソの「アビニヨンの娘たち」なのだ。**

・イノベーションは突然起こるわけではない

学校ではしばしば逆のことを教えられたかもしれないが、芸術と同様、科学技術でも同じことを見いだすことができる。蒸気機関をつくったのは実はジェームズ・ワットではない。ワットがつくったものはけっしてジュピターの頭脳から生まれたミネルヴァのように突然誕生したものではない。

ワットが1763年に取り組みはじめる前に、多くの蒸気機関はすでに発明されていた。トーマス・ニューコメンが発明した蒸気機関が、炭鉱から水をくみ出すためにすでにイギリスで商業的に何台か使われていた。ニューコメンも蒸気機関を発明したわけではない。ニューコメンの機械はそれ以前に発明された機械の改良型にすぎなかった。それまでの開発の連鎖の上に改良を重ねていたので、もはやどの個人が蒸気機関を発明したか特定することは困難だ。ニューコメンがつくった蒸気機関はあまり効率的ではなかった。ワットの考案したもののほうがはるかに効率的だった。もちろん、産業革命で果たした役割から、ワットの蒸気機関は結果として歴史の流れを変える巨大なイノベーションとなった。しかし、それまで誰も想像もしなかった考えに基づき突然奇跡のように沸き起こってきたものではない。それとはまったく反対だ。ワットがそれまでにあったニューコメンのエンジンを改良しようとしたからこそ発明することができたのだ。ワットが、科学機器メーカーで長年働いていたことで、蒸気機関をつくるために必要な知識と技術を手に入れていたからだ。

同様に、イーライ・ホイットニーが綿繰り機をつくったのではない。ホイットニーは、綿の実から種を取り除くことについて他の発明家に先を越されている。先行する綿繰り機は長い綿繊維をもつものだけに使うことができた。しかし、長い綿繊維をもつ綿を大規模に栽培するのは経済的ではなかった。ホイットニーの機械は、多くの既存の機械と同じ原理を用いながら短い綿繊維にも利用できるものだった。そのことは大きな違いを生んだ。繰り返しになるが、こうしたことが業績の重要性をおとしめるものではない。ホイットニーの機械はアメリカ南部の綿繰り機に革命的な変化をもたらし、歴史を変えた。しかしそれは突然何もないところからもたらされたのではない。ホイットニーがすでにあったものをよく知っていたからこそ、可能になった既存の機械の素晴らしい改良だった。

蒸気機関と綿繰り機はそれまでにないほど重要なイノベーションだった。こうしたイノベーションがどのようにもたらされるかという話は、今日まで変わっていない。電報から飛行機、インターネットなどの技術革新はいずれもそれまであったものの適応と拡張の結果であり、過去の業績への深い知識と信頼抜きには不可能であっただろう。

あまり有名ではないイノベーションに関しても同じことがいえる。イノベーターの一人であるジム・マルグラッフは、子どものための電子読み取り機で大変人気の高いリープパッドを開発し、FLYペントップコンピュータも開発している。この技術のおかげで書くものはすべてデジタル化され、記憶される。同氏はニューヨークタイムズ紙のインタビューに答え、次のように語っている。

「過去の創造物の上に、新たな創造物は成り立っている」。ジム・マルグラッフはその他のイノベーターの経験と同様に自分の経験によると、課題から距離をおいてもイノベーションは容易には生じないと言っている。むしろ、「**ああそうか、という瞬間は何時間もの思考と研究の結果生まれてくる**」と語っている。インターネット業界の起業家でナヴィセント・コンサルティング・ファームの創業者であるダグラス・K・ヴァンデューンは、タイム誌に次のようなコメントを寄せている。

「**ひらめきなんていう考えは、物事は実際より簡単だと信じたがっている人たちが住む、夢想家の桃源郷にすぎない**」

偉大なイノベーターも鍛錬から生まれる

一見ベートーヴェンの作品やアインシュタインの理論からはかなりかけ離れていると思うかもしれないがＦＬＹペントップコンピュータのような小さなスケールでのイノベーションもとくに異なるものではないということを理解することは重要だ。つい最近まで研究者は創造性を二つのカテゴリーに分けて検討してきた。

一つは大きな創造性（ビッグＣ＝ビッグクリエイティビティ）といわれる、有名で影響力のある商品を生み出すような創造性だ。たとえば、集積回路や小説の『ハックルベリー・フィンの冒険』だ。

もう一方は、小さな創造性（リトルＣ＝リトルクリエイティビティ）といわれるもので、日々つくり出されるテレビのコマーシャル作品やフラワーアレンジメントなどである。

オレゴン大学のドナルド・ベゲット教授とカリフォルニア州立大学サンバーナーディーノ校のジェームズ・Ｃ・カーフマン教授はこの二つの種類のイノベーションは、発展という意味で連続した一連の流れの中に存在するとみなしている。だからこの連続した流れは、リトルＣを超えてミニＣ（ミニクリエイティビティ）まで遡ることができる。このフレームワークでは、「創造的な遂行におけるすべてのレベルで、個人的に新しい価値をもつと感じられるミニＣから、対人的にも意味のある貢献だと感じられるリトルＣに発展し、ついには卓越した創造的なパフォーマンスであるビッグＣへと連続的に発展していく軌跡をたどる」。

こうした見方は大いに意味がある。なぜなら創造的な成果も、他の種類の成果と同じように達成されることを証明してくれるからだ。ベゲットとカーフマンの両教授は次のように語っている。

「ビッグCの業績は少数の個人がもつ特別な遺伝的能力よりも、むしろ特定の分野での猛烈な究極の鍛錬に大きな影響を受けるようだ」

創造性の研究に携わる両教授は、エリクソンとその同僚の実証研究に対して、「この発展的な観点を支持する説得力のある証拠が、すぐれた創造性を生み出すことにおいて究極の鍛錬が果たす重要な役割を実証している」と語っている。

ということは、イノベーターも一般の人と同じような方法で偉大になることを示唆している。


それにもかかわらず、我々は例の同じ問題に何度も直面しなければならない。いったいどうやれば、これまでみてきた現実の世界のイノベーターの経験と例の実験研究成果を矛盾なく説明できるのだろうか。研究自身をより詳細にみることで答えはおのずと出てくる。

例の実験とはあの有名な水入れの実験だ。被験者は実験室で水入れを渡され、五つの一連の課題が与えられる。その課題は、水を注ぎ、移し替えるという同じ作業で解決できるものだ。同じ被験者に、今度は違う課題が出され、そのうちの一つはそれまでより簡単な手順でしか解決できないものだった。しかし被験者にはその解決方法がわからなかった。その結果、問題をあまりに知りすぎていると革新的な解決方法を見いだせなくなるということを、その研究が証明しているように思われるのだ。

この状況を一歩下がって考えてみると実際の創造的問題解決者のケースとは大いに異なっていることがわかる。この水入れの実験の被験者は生涯この分野に身を捧げた人でもなければ、この種の問題を解決するのに何千時間も費やしていたわけでもない。実験を見るかぎり、ただ被験者は研究者が考案し、研究者から五つの課題に対する解決方法の説明を受け、学んだだけだ。たとえこうした被験者が同じ分野のより簡単な課題に解答が出せなくても驚くべきではない。そもそもこの研究成果が卓越したイノベーターを助けたり妨げたりする要因について、意味のあることを説明できるとあまり考えるべきではない。

本来この実験は、ある特定の種類の課題に人があまりにも没頭してしまうとどうなるかという実験だと考えるべきだ。むしろ実験は、自分の専門分野で問題解決にはいまだ十分には時間やエネルギーをつぎ込んでいない人に何が起こったのかを説明するものとしてのほうが筋が通っており、説得力さえもっていると解釈できる。経験の多い被験者が簡単な解決策を考えられないのに、まったく経験のない被験者がこの解決策を見つけることができたというのがこの実験の結果だ。

しかし、実験の対象としてもっとも関心のある「達人」が含まれていなかった。すなわち、ほとんどの時間とエネルギーを特定分野の課題解決につぎ込んでいるような人たちが対象とされなかったということだ。この研究はたしかに興味深いし、当然のことながら有名である。しかしその研究結果は、偉大な創造者やイノベーターに関してこれまで読者とともにみてきたこととは矛盾している。

突然にしかも、完全な形で偉大なクリエーターたちの前に傑作が出現するという作品の伝説はどう説明したらよいのだろうか。答えは簡単だ。その話は本当ではないのだ。コールリッジは、詩人としてはもちろん、PRの専門家としても一流であったのかもしれない。そのように考えている批評家が実際にいる。コールリッジは、話をでっち上げて詩を売り込んでいたと分析している批評家がいる。

いずれにせよコールリッジの手によるクビライ・カーンの詩の草稿がのちに見つかっているのだ。コールリッジは出版の前に何回もこの草稿を書き直している。この詩が書かれた経緯を記したコールリッジ自身の著作で、コールリッジは17世紀に書かれた『巡礼』という本を読みながらアヘンによるまどろみに徐々に引き込まれ、ふと目を覚ますと「桃源郷ザナドゥにおいてクビライ・カーンが命じた豪壮な歓楽宮」で始まる有名な詩に出合ったと記している。批評家のジョン・ローズがのちに発見したように『巡礼』の一説の実際の記述では、カーンの町は次のように記されている。「ザナドゥにクビライ・カーンが豪壮な歓楽宮を建てた」

コールリッジも偉大なクリエーターたちと同様に、すでにある基礎の上につくり上げていたのだ。

エイブラハム・リンカーンは戦場へ行く途中、封筒の裏側にゲティスバーグの演説での不朽の名言を書きおろしたわけではない。ホワイトハウスの便箋で、何度も書き直されたその演説の草稿が発見されている。

アルキメデスの「ユーレカの瞬間」についても本人の記述や、アルキメデスと同時代の人物の記述の中にもお風呂の中の話を裏づけるようなものは少しも見つかっていない。すでに学者はユーレカの話は嘘だと結論づけている。

組織を革新的なものにするには？

個人にとって卓越した創造性やイノベーションを生み出す原則が、一般に「偉大な業績」を生み出す原則とちょうど同じであるように、究極の鍛錬の手法は組織にも当てはまる。前章で取り上げた組織の実績を上げることに役立つステップはすべて、組織が革新的になることにも役立つ。加えて、組織は他にいくつかの究極の鍛錬の原則を守ることで価値あるイノベーションを生み出すことができる。巨大なイノベーション産業は、組織の創造性について数えきれないほどの本を生み出してきた。しかし、究極の鍛錬や「偉大な業績」に関する原則を踏まえた本はほとんどない。

偉大なクリエーターに関する研究から強く浮き上がってくるもっとも強いイメージは、自分の専門分野に情熱的に埋没し、その分野で深い理解を得るというイメージだ。もともと組織は革新的であるはずはなく、そこにいる人間が革新的なのだから、組織が取りうる効果的方法は、そこで働く人たちが自らの専門分野の知識を広げ、深めるのを助けることだ。前章でこの面から組織が取りうるいくつかの方法をみてきた。

マッキンゼーが開発した別の方法は、組織の中にイノベーションネットワークを創造することだ。このネットワークで組織内の人は互いに結びつき、自分たちが取り組んでいる課題や試しているアプローチ、そして何を学んでいるかを互いに語り合うことができるようになる。マッキンゼーのジョアンナ・バーシュ、マーラ・M・カッポッチとジョナサン・ダビッドソンは「こうした新しい考え方はより多くの新しいものを創造するので、ネットワークはイノベーションのサイクルを生み出す」と語っている。卓越したクリエーターはよくこうしたパターンを経験する。ハワード・ガードナーもこのパターンに気づいており、模範的なクリエーターは自分の専門分野の中心になって活躍する人たちと交流しようと大都会に移っていくと指摘している。

組織でイノベーションが起こしにくい大きな理由の一つに、組織の風土が新しいことに友好的でないことがあげられる。組織では新しい考えはあまり歓迎されないし、リスクをとることも受け入れられない。企業のアンケート調査がこのことを示しているが、そんなアンケート調査は必要ない。経験でわかっているからだ。

・どうして組織ではイノベーションが起こりにくいのか

なぜ問題が解決されないかという大変興味深い発見が、マッキンゼーの調査で明らかにされている。こうしたことが起こる理由は、トップマネジメントがこのことを問題視していないからだ。

600人の経営幹部を対象に調査したところ、企業の経営幹部はなぜ自分の企業がより革新的でないかその主たる理由を、すぐれた人間がいないからだとしている。

もっと下の幹部たちは明らかに違う見方をしていた。つまり従業員の能力は適切だが、企業の風土が本来起こすべきイノベーションの活動を妨げているという見方だ。

組織に少し勤めた人ならば、どちらの側の言っていることが正しいかすぐにわかるだろう。下の幹部たちが言っていることだ。組織風土をイノベーションにとってより友好的なものに変えるには大量に経営資源を投じる必要があり、長い年月がかかる。このことをここでは詳細に論じることはできないが、唯一できることは次の一つのコメントをすることだ。企業風土はトップから変わる。チーフという頭文字のつく経営の超上層部（CEO、COOなど）が自分たちの風土は問題がないと考えるかぎり、けっして変わることはないだろう。だからこそマッキンゼーの調査は、多くの会社はなぜそんなに経営トップ層が革新的でないかをよく説明している。

組織が実際にイノベーションをどのように起こすかという観点からみれば、組織にとってとくに効果的な手段がさらに二つある。

一つは、組織の人間にイノベーションのために何が必要かを伝えること。

もう一つがイノベーション活動で従業員に自由を与えることだ。

・イノベーションのために何が必要かを伝える

ボストン・フィルハーモニック・オーケストラの指揮者ベンジャミン・ザンダーはよくビジネス界の人を相手に講演をする機会がある。そのようなとき集まった人といつも一緒に一つのゲームを行う。講演の当日、会場に誕生日あるいはその前後が誕生日の人がいるか聞き、ステージの前にその人を呼び出し、残りのグループの人に対し、「今日はメアリーの誕生日だ。みなで彼女に歌を贈ろう」と言う。それ以上何ら指示する言葉は必要なく、みな「ハッピー・バースデー、メアリー」と歌い出す。そこでザンダーは、話を始める。

「さあみなさん、今のは大変よかったですね。でもね、みなさんはもっとうまく歌えると思いますよ。さあもう一度みんなで歌ってみましょう。今度は前よりうまく歌ってくださいよ。ではお願いします」

会場は完全に黙ったまま誰一人音を発しようとしない。ぎこちない何秒かの沈黙の後、ザンダーは、何が起こったか指摘する。誰もが何をすればよいかわかっていたときは、みな簡単に行動することができた。リードされる必要はまったくなかった。しかし、どうしたらいいのか理解できていないときは、単にうまく歌えと言われただけでも行動が起こせず凍りついてしまう。

組織内のイノベーションでも、しばしばこれと同じ状況が起こっている。組織のリーダーはみなに革新的であれと熱心に説くが、みなその意味がはっきりとはわかっていない。どこへ行くのか不確かだから、どこにも行こうとしない。だからイノベーションをもっと起こしたいと考えている組織は、どんなイノベーションがもっとも価値があるのか従業員にはっきり伝えることで大いに報われるだろう。

イノベーションは、稲妻のように突然訪れることはないのだから、イノベーションを起こしたいと願っている分野で達人となるためには、誰もが莫大な時間をつぎ込まなければならない。もし組織が間違った方向を指示したら、組織の資源は膨大に浪費されることになるだろう。だから正しい方向を明確に伝えなくてはならない。たとえば、新しい方法で商品ラインを拡大するとか、新しい方法を用いラテンアメリカでビジネスを拡大するとか、新しい方法で顧客のニーズを見つけるとか、資本コストを引き下げる新しい方法を見つけるなどといったぐあいに明確にするのだ。

しかし、もっとも重要なことは全員が組織の優先順位を理解し、どこでイノベーションを起こせばよいのかがわかっているということだ。

・イノベーション活動で従業員に自由を与える

もう一つの方法は、従業員にイノベーションの自由を与えることだ。これは動機の問題として重要だ。なぜ人は「偉大な業績」を獲得するためには、厳しい訓練に臨むのかということを前章で記述してきた。

しかし、ここでも創造的な仕事については、外的インセンティブを与えないほうが人は革新的に活動できるという研究成果があることを指摘しておきたい。褒美を与えると、創造性を減退させる場合がある。すべての調査がそう示唆しているわけではないが、調査成果の示していることは直感的には筋が通っているように思える。なぜなら、やらされている人よりも内的動機に基づいてやっている人のほうが、どうしてもより創造的にみえるからだ。

だから3Mやグーグルのようにイノベーションでもっとも注目される企業は、どうしても従業員がやりたいと感じるプロジェクトに就業時間の一部、典型的には10〜20%の時間を自由に使わせている。そうした個人的なプロジェクトがいつも企業を助けるわけではない。そこにはリスクがある。

しかし、こうしたプロジェクトを採用することでもたらされるプラス面は、従業員

の自主性に任せるという方針が、信頼の風土を具体的に表し、それが従業員に広く認知されることにある。こうした信頼の企業風土は先にみたとおり、創造性への重要な貢献要素となる。こうした方針をすぐに取り入れようとしてもほとんど不可能だ。だからそういう方針を採用できる企業は競争力を維持することになる。

・イノベーションがどこからやってくるか

イノベーションがどこからやってくるか理解するのはとくに重要だ。一般的にイノベーションを起こす能力は、他の能力に比べて神秘的な才能だと考えてしまいがちだ。大部分の人にとって、偉大なテニスプレーヤーの成功が究極の鍛錬の賜物だと受け入れることに抵抗がないかもしれない。しかし、偉大なイノベーターが同じ究極の鍛錬に基づいて成功を手に入れたといわれると抵抗があるにちがいない。しかし、どちらにしても高い業績に関する説明要因は共通していることが証明されている。タフツ大学のレイモンド・S・ニッカーソン教授は次のように書いている。

「創造性を決めるものは分野に特化した知識であると研究者がその重要性をこれほどまでに訴えているにもかかわらず、一般的には過小評価されている」

最大の違いを生むのは、時間をかけてその分野の知識を習得するために、つらい思いをする決意があるかどうかにかかっている。これまでにイノベーションの重要な要素といわれるものを研究してきたデイビッド・N・パーキンズは、以下のように記している。

「個人のコミットメントとか情熱という一般的に価値が高いとされているものが、創造的思考とも関係しているということが証明されているのです。創造するという営みは、通常思われているよりずっと意図的な努力の結果なのです」

一つの分野で達人になろうとすることは、長くつらい仕事を成し遂げようとすることだ。そして意図的に革新的であろうとすることで、創造性も生まれてくる。

一般に考えられているよりも創造性は自分の手の届くところにある。すべての達人と同様に必要とされる困難な仕事に進んで取り組む気持ちがあるかどうかにかかっている。この点に関していうと、とくにイノベーションに関する研究はどんな分野にしろ、高い業績を上げるために意味ある質問を投げかけてくれる。どれだけ人生の早い時期に究極の鍛錬を始めなければならないのか。人生においてどれほど後になっても効果があるのか。

たとえば音楽のように、創造的な分野では、一般的に若い時期から鍛錬を始め、年をとるまで続けている。こうした例は、もっと深い意味があるのか。卓越した能力を獲得するには、以前より時間がかかるようになっているのだろうか。もしそうなら、助けとなるような環境はどんな役割を担っているのか。

結果としてみれば、究極の鍛錬の力は人生全体に広くいきわたっているということがわかっている。次の章でなぜそうなっているのか、またその意味するところは何なのかを考えることにしたい。

第10章

年齢と究極の鍛錬

早く始めいつまでも続けることの途方もない恩恵

鍛錬に必要な期間は延びているのか？

なぜノーベル賞受賞者は、ますます年をとってから受賞するようになっているのだろうか。実際そうなっており、しかもかなり劇的な速度でそうなっている。この理由がわかれば、卓越した能力に関する傾向と実態の多くを明らかにすることができる。多くの分野で最高水準の能力に達するのには、なぜ以前よりも時間がかかるようになってきたのか説明してくれる。この事実を知ることで、若いときから最晩年まで生涯にわたり究極の鍛錬を続けることは、なぜ効果があるのかその本質に迫ることにもなる。また将来卓越した業績の達成をめざす人を支援するには、どのような種類の仕組みが必要になるか考えるきっかけもつくってくれる。研究成果の一つには、究極の鍛錬への旅立ちを一人で行う人は、誰もいないという一貫した事実がある。

ノーベル賞受賞者や他のイノベーターの年齢が高くなっているということを発見したのは、ノースウェスタン大学ケロッグ経営大学院のベンジャミン・ジョーンズ准教授だ。同准教授は、20世紀、科学および経済分野のノーベル賞受賞者に加え、科学技術分野でもっとも著しい進歩に貢献した人物を対象とし調査を行った。ジョーンズ准教授は、こうした人たちがいつ、目覚ましい業績を上げたのか調べたところ、驚くべき事実を発見した。**たった100年の間で、業績を達成する平均年齢が実に約6歳も延びていたのだ。**その調査結果は、あらゆる点で統計的有意性の基準を満たすものだった。その裏では何かとても大きな変化が起こっていた。しかしなぜなのだろうか。

一つのわかりやすい説明は、20世紀に人間の寿命は著しく延びたというものだ。たしかにそのような事実を踏まえると、この発見はきわめて理屈にかなったものとなる。一般の人の平均年齢が延びたのと同様に、ノーベル賞授与の時点での受賞者の平均年齢は高くなってきたのだ。しかし、この説明ではつじつまが合わないことがある。科学者や経済学者が晩年になって重要な業績を残すことは、きわめてまれにしかない。だから、学者の平均寿命が65歳から80歳へ延びたとしても関係ない。さらに、長寿化と業績を生み出す年齢には関係のないことを論理的に裏づけるためにジョーンズ准教授は、人口の高齢化要因を洗練された統計手法でコントロールし、ノーベル賞受賞者の平均年齢の上昇に人口の高齢化の影響がまったくないことを証明した。

実のところ、真の理由は数々の説明の中でも、対極に位置するものだった。傑出したイノベーターの業績達成時の年齢が高齢化しているのは、年齢の高い人たちが平均を引き上げているからではなく、若いイノベーターたちが年齢を引き上げていたからだ。アインシュタインは、26歳のときの業績でノーベル物理学賞を受賞している。当時は、誰もこのことにさほど驚きはしなかった。むしろその逆だ。やはり1982年、26歳のときの業績で若くしてノーベル物理学賞を受賞したポール・ディラックは、このことに関する有名な詩で「もちろん、年齢はあらゆる物理学者が恐れる悪寒のようなものだ。30歳を過ぎたら生きながらえているよりは死んだほうがましだ」と書いている。

しかし、20世紀末に30歳前に死んでしまえば、どんな物理学者もおそらく無名に終わることになっただろう。ジョーンズ准教授によれば、1900年時点では、イノベーターがそれぞれの分野で目に見える形で貢献をしはじめた平均年齢は23歳だった。1999年には、その平均年齢は31歳へと実に8歳も大幅に上昇した。もちろん彼らがもっともすぐれた貢献をするようになるのは、さらにそれよりもずっとのちのことになるだろう。ノーベル賞受賞者や他のイノベーターが偉大な業績を上げる時点での平均年齢が高まったのは、長生きしたためではなく、貢献という名に値するものを生み出すのにそもそも長い時間がかかるようになったからだ。

この研究以外でも、こうした傾向が高度な思考活動に携わる人だけに当てはまるものではないことを示している。民間および政府の幅広い分野を百年単位でみれば、特許を初めて取得する人の年齢も6〜7歳延びている。

「事実をつき合わせると、偉大な発見をする人と普通の発明家の間にも類似する傾向があることがわかる。どうやらこれは一般的な現象のようだ」とジョーンズ准教授は結論づけている。

たしかにそれは一般的な現象だ。それは多くの人が働く分野を含めたあらゆる知識重視型の分野において起こっているからだ。知識は「偉大な業績」の基盤だ。重要な進歩が継続的に生まれている分野では、蓄積された知識を身につけるだけでも常に長い時間を要する。このことは物理学では明白だ。この分野の20世紀の巨人たちであるプランク、ボーア、ハイデルベルク、フェルミ、ファインマンやその他多くの科学者のことを思えば、今日物理学者になるにはアインシュタインの時代よりもずっと長い準備の年月が必要だ。

しかし、同じ原理は物理学や自然科学を超えて、あらゆる知識集約型の分野にも当てはまる。とくにビジネスではそうだ。経済学と企業金融の分野は過去百年で激変した。マーケティング、オペレーションリサーチ、組織行動、これらはいずれも高度の学問分野へと発展し、かつての時代に比べよりいっそう専門的な研究が求められている。絶えず、増大しつづけるアメリカの税法規定は、今や長編小説、『戦争と平和』の4倍の厚さになっている。税法を新たに学ぼうとする者が理解するのには何年も研鑽(けんさん)を積む必要がある。この「ノーベル賞受賞者効果」はこれまで述べてきた分野に限らず、それ以外の多くの分野でも起こっている。

全般的に能力水準そのものが上昇していることで、こうした傾向が強まっている。この結果、他社より抜きん出たいし思えばより徹底して準備することが求められている。第1章で見たとおり、競争が激しさを増し、進歩の方法が恒常的に改善される中、ほとんどすべての分野で能力の水準が向上している。仕事の場だけではない。大学受験に臨む子どもをもつ親ならみな、自分たちが今大学受験するのではなく、当時受験できたことをとても喜んでいるにちがいない。

「偉大な業績」を支援するのは？

あらゆる分野で優秀さへの要求水準が高まってくると、将来の達人候補が育ち、子ども時代を過ごす家庭での支援環境の重要性が増してくる。自分一人で偉大な人間になれる人はいない。**達人たちの人生の中で驚くほど共通する特徴の一つは、成長過程の決定的に重要な時期に貴重な誰かの助けを受けている点にある。**たしかに達人の中には、成長過程で貧困と障害を克服しなければならなかった者もいる。しかしそれは、助けがなかったことと同義ではない。ほとんどすべての場合、支援する環境が存在していたことが決定的に重要なのだ。

・特別な社会的・文化的状況が支援する

支援にもいくつかの段階があり、そのうちのいくつかは自分ではほとんどどうすることもできないものだ。しかし、**支援環境に関する研究の成果は、「支援環境のそれ**

ぞれの段階で自分がコントロールできる環境をつくることが大切である」という貴重な見方をもたらしてくれたことだ。キース・サイモントン学部長は「高度なレベルの専門的技術や知識は特別な社会的・文化的状況で生まれやすいようにみえる」と語っている。

たとえば、イギリスの著名な美術評論家で『芸術と文明（Civilisation）』（法政大学出版局）の著者ケネス・クラークは、「偉大な美術作品は安定した社会状況の下で創造される。戦時下の住民が偉大な彫像や交響曲を創作することはない」ということを書いている。サイモントンはその研究を通じ、「並外れた芸術家は無政府状態の時代に現れることはあまりなく、むしろ数多くの独立国家に分かれているような政治的分割状態の時代のほうがより出現しやすい」と書いている。たとえば、これはルネッサンス時代のイタリアにとても近い状況だ。文化は時代によって特定の職業活動を奨励したり妨害したりする。今日の西欧文化においては、がん治療の研究は多くの支援を受けることができる。しかし、数百年前にはインチキながん治療があちこちで見られたので、危険な偽医師とみなされたかもしれない。

・もっとも重要な支援環境を提供している家庭

もし、文化が支援環境の一連の範囲のうちもっとも広範で変わりにくい部分を占める一つの極なら、もう一方の極が家庭だ。広く行われた調査研究の結果、家庭がもっとも重要な支援環境を提供していることが判明している。自分が最終的に選択する専門分野の能力開発を始める家庭という環境は、大きな違いを生み出しうるものだ。子ども時代からみればずっとのちに能力開発の始まるビジネスや他の分野でも、家庭での効果的な能力開発支援の知見は、一般的に応用できる教訓を提供してくれる。

家庭での手助けでもっとも価値があることは、早くから能力開発ができることだ。野球のピッチングやバレエでは早い時期に始めないと、決定的に重要となる体の動きを開発することができなくなってしまう。ある時期を過ぎてしまうと骨が硬直し、変化させることが不可能となるからだ。

ピッチャーは必要なだけ腕を頭の後方に伸ばすことができなくなるし、バレリーナは十分に足を外に向けることができなくなる。少なくともいくつかの場合、脳も同様のパターンをとるようだ。バイオリニストは、演奏するとき左手の機能をつかさどる脳の部分を普通の人よりもよく使う。そして、弦を持つ右手の働きをつかさどる脳の部分を普通の人よりも使用するが、こうした脳の働きの特徴は幼少の時期にバイオリンの訓練を始めた演奏家にとくに顕著にみられる現象だ。

前述したミエリン（訓練によりゆっくりと分泌されるニューロン周辺を包んでいる物質）が脳の重要なポイントを隔離したり、強化したりするという別の効果を生む。子ども時代の訓練のほうが成人になってからの訓練よりも、より多くのミエリンを分泌させる。

プロのピアニストを対象とした研究では、16歳以前にたくさん練習をした人は、脳の決定的に重要な部分により多くのミエリンが存在していることが明らかにされている。**早く訓練を開始することで、のちの人生では入手しづらい優位性を手にすることができる。**

・時間と資源という要因

しかし、こうした優位性よりも重要な別の要因がある。それは単純に時間と資源だ。これまでみてきたとおり、どんな分野でも世界クラスの偉大な人物になろうとすれば、何千もの時間を究極の鍛錬につぎ込まなければならない。

ベルリンのバイオリニストの研究では、トップランクの演奏者になりたければ、20歳までに一万時間の練習をする必要がある。その時点では、週に28時間の一人での練習に加え、研究、個人レッスン、そのための予習と準備がさらに加わることとなる。家庭と職場に責任がある立場の成人が、金を稼ぐ代わりに金のかかる能力開発だけに時間を割くのはとても無理だ。それができるのは、子ども時代と思春期のときくらいのものだ。

こうした現実があるため、なるべく早く始めることは競争でも有利になり、圧倒的な累積した練習時間がもてるという恩恵をもたらしてくれる。早期訓練が可能な分野で遅れて訓練を開始すると、追いつこうにも、いつまでたっても追いつけないことになるかもしれない。

たとえば、トップランクに入るバイオリニストは、プロに転じても練習の手を緩めることはない。逆に練習量を増やすだろう。平均週30時間以上を一年練習したとして計算すると、累積練習時間は１５００時間以上となる。幼児のころから能力開発をしている人が活躍する分野で、もし成人になってからプロとして身を立てようと考えているなら、まず電卓で必要な累積練習時間を計算してから取り組んだほうがいい。

本書のメッセージについて世界中を講演して回るうちにわかったのだが、今日の親たちは、最適なサポート環境を整えるという特別な課題に直面している。私は、ビジネス書として販売された本書に対する親たちの強い反応を予想もしていなかった。ブラジル版が出版されたとき、私は大手ビジネス誌『Época Negócios』だけでなく、若い母親向けの雑誌『Crescer』の記者からもインタビューを受けた。アメリカでは卒業式の時期に売れ行きが急上昇した。そして何よりも、子どもたちがこのメッセージをどれほど必要としているかを熱く語る親たちの声を耳にした。そして、この彼らの叫び声こそが、私が見たものの本当の意味だと信じている。

この親たちは、私たちの文化について何かを語っている。私たちは偉業をたたえ、有名人を崇拝するが、それがどこから来るのかを事実上無視している。子どもたちは偉大なピッチャーやランニングバック、あるいはその時々のポップスターのアイドルを見ているが、おそらくそのようなスキルの裏にある途方もない労力について何も知らないだろう。

子どもたちがこうしたことを知らない理由は不思議なことではない。一流のパフォーマンスは興味深いテレビ番組になる。一流のパフォーマンスにつながる究極の鍛錬（何回も何回も繰り返し、ミスをたくさんする）は、番組にはならない。もっと一般的にいえば、偉大なパフォーマーたちがこなさなければならない過酷な練習を詳しく解説しても誰も喜ばない。幕を開けてその秘密をさらせば、パフォーマーの偉業は地に落ち、そこから魔法が消えてしまう。私たちのエンターテインメント文化では、実際には誰もがマジックを売っている。バブルをはじけさせても誰も得をしない。

それが、親たちが反応している現実なのだと思う。彼らは、現実の仕事やパフォーマンスの世界に魔法など存在しないことを知っており、子どもたちがそれを知らないことを恐れている。だから、子どもたちが大衆文化から得るメッセージとは対照的に、この書籍が「成功には代償が必要であること、そしてそう、代償を払う覚悟さえあれば成功は実現可能である」というメッセージを子どもに伝える一つの方法だと考えているのだ。

どんな家庭環境がよいのか

達人を生み出すにはどのような手助けをすればいいのかを知るのは大変重要だ。多くの研究者がその特質を明らかにしている。このテーマに関する調査研究のうち最大規模で著名なものは教育研究者ベンジャミン・ブルームが指揮をとった調査だ。ピアニスト、彫刻家、水泳選手、テニス選手、数学者、神経学者に至るまで、アメリカの多様な分野の第一線で活躍する若者120名を対象としている。本人およびその家族への広範なインタビューを通じ、ブルームの調査チームは、被験者の家庭環境にはいくつかの共通する特徴があることを明らかにした。

両親の生い立ち、職業、所得には大きな違いがあったが、いずれの家庭も子ども中心だった。子どもがもっとも重要で子どもの支援のためには何があっても一生懸命に進んで支援する両親がいるという共通点があった。両親は、強い職業倫理を信じ、それを自ら体現し子どもに示していた。遊びの前に仕事があり、義務を果たさなければならず、目標は追求されなければならないことを子どもに伝えていた。何度も引用されているブルームの調査研究の結論の中で彼はこう語っている。

「他者より秀でる、全力を尽くす、懸命に努力する、時間を建設的に使う、ということが何度も何度も強調されていた」

組織でいえば、これを企業風土と呼ぶのだろう。こうした規律と期待が家庭内で自然と満ちているのだ。若き達人の両親は、子どもの大まかな分野選択については強い指導を与えている。

しかしより具体的な分野選定では、偶然が大きな役割を果たしていることも事実だ。芸術家は芸術家の両親から、スポーツ選手はスポーツ選手の両親から、数学者や神経学者はとても学識豊かな両親から生まれる傾向が強く、**両親は子どもが幼いときから両親自身の専門分野への方向づけを行っていた。**しかし、子どもは身近にピアノがあったからピアノを学ぶようになり、水泳チームにもう一人メンバーが必要だったから水泳を始めるようになった。子どもたちが、どうしても抑えきれない気持ちから始めたわけでも、両親が強制したわけでもない。

しかし、**両親は子どもの教師を選んでいた。**よい教師の選定は、子どもの能力を高め、子どもにより高い水準で試練を与えるため両親の果たしうるもっとも重要な役割の一つだ。最初の教師は、ほとんどの場合、たまたま身近にいた人物である。地元のコーチ、学校の教師、親戚などだ。しかし、やがてよりよい教師が必要となるレベルまで子どもの能力が高まると、今度の教師は身近な存在ではなくなることが多い。両親は、子どもにとって最適な教師を探し出し、教室通いのため子どもの送迎に膨大な時間とエネルギーを費やす。最終的に達人をめざす若者は、何らかの形で名人級の教師の下で指導を受けることになる。この段階になると親子双方とも大変な時間とお金、そしてエネルギーという代償を支払うことが求められるようになる。

・企業環境に関してはどうか？

組織の場合、こうした進歩の過程を従業員への絶え間ない能力開発と同等だとみなすことができる。従業員は大人だが、職業上自分の弱い筋肉を強化するため新しい仕事の経験を自ら率先して求めることがないのは子どもと同じだ。心地よく行っていることをそのまま続けたいという誘惑はあまりに強いので、企業は両親やコーチのように従業員が能力を伸ばすようせき立てつづけなければならない。

ここで企業として学ぶべきなのは、この能力開発の過程で企業側も対価を支払わなければならないという点だ。

その対価の一つは、能力開発を支援するため有能な人材が抜けてしまうので最適な人材配置ができなくなること。

もう一つは、従業員が新しいスキルを学習している期間は、ほとんどもしくはまったく企業に生産性をもたらすことはないことだ。しかし、こうした対価は最終的には報われることを企業は理解しなくてはならない。

・大事な刺激と支援

適切な教師を選ぶことに加え、被験者の両親は、子どもの練習を見守り、十分な練習時間を確保し、しっかりとやっているかどうか確かめていた。これは、熟達するために練習がもっとも重要であるだけではなく、とくに練習嫌いの子どもが多いので、両親はいっそう子どもに注意を向ける必要があることを示している。もしこの調査研究結果が、子どもの練習に貢献する要因を指摘することができるなら、誰にとっても貴重な知見になる可能性がある。

シカゴ大学のミハイ・チクセントミハイ教授と彼の同僚は、なぜ思春期にいる一部の若者だけが他の者と比べより容易に集中し、つらい究極の鍛錬を行い、そして高い成果を出すことができるのかという調査を実施した。この調査では、二つの次元で若者の家庭環境を調べた。それは刺激と支援だ。

刺激的環境とは、多くの学びの環境と学業への高い期待を与えてくれる家庭環境だ。一方、支援的環境とは、家庭内で明確に決められた規則と役割があり、誰が何をするかについてあまり議論することなく、家族メンバーは互いに助け合う関係が存在する環境だ。研究者は家庭環境が刺激的か否か、支援的か否かで四つの組み合わせに分類した。うち三つの組み合わせをもつ家庭の若者は勉強に対する興味もエネルギーも低いことがわかった。唯一、刺激とともに支援のある家庭の若者だけが、生徒としても勉学に真剣で注意深く油断のない取り組みを示していることが確認された。

この研究成果でカギとなる点は、ブルームの研究成果とも合致している。**ブルームが調べた家庭環境は刺激を促すもので、両親は小さいころから子どもの好奇心を促**

し、子どもの質問に大変丁寧に答えていた。また、子どもを支援するためによく考え抜かれた環境で家族の誰もが明確な役割と仕事をもっており、両親は子どもの鍛錬を支援するために必要なことならどれほど大変でも実行しようとしていた。

なぜ一流の人材を安定的に供給できる組織がほんのわずかしかないのか、ここにもう一つの手がかりを見いだすことができる。ほとんどの組織は、知的には刺激的な場所ではないからだ。たとえ、仕事の分野自体がわくわくさせるようなものであっても、典型的な組織では学習機会を提供したり、従業員の好奇心を満たしたりしようとはしていない。知識欲旺盛な従業員が自主的に学ぶのにただ任せているだけだ。多くの組織は体制やサポート、つまり成功体験を積み重ねることのできる前向きな環境において明確な役割と責任を提供する代わりに、批判されないようにすることばかり考える自己保身の風土で運営されている。

こうした企業風土は不幸な現実を生み出している。家庭の支援環境に関する調査研究をみれば、なぜこうした環境がよくないのかを具体的に知ることができる。また同時にどんな組織でも適切な刺激と仕組みを従業員に提供できれば、これまでの傾向を改めることができるということもわかる。こうした支援が従業員に提供されることは、珍しいだけではなく、組織にとって大いに役立つということも明らかにしているのだ。

ビジネスで天才児をつくるべきか

早期教育によって、しばしば驚くほど若い年齢で高い水準をもつ達人を生み出せることをみてきた。調査研究の成果でその理由がわかったのだ。16歳のピアニスト、チェス競技者、体操選手などが驚くほど素晴らしい活躍をする姿をよく目にする。しかし、なぜ若い達人たちはこうした分野に限られているのだろうか。とりわけビジネスの世界では、16歳の天才児に遭遇することはないのだろうか。お座なりの答えとしては、その年の子どもは、まだ法律上契約の当事者にはなれないので小切手に署名したり、不動産賃貸契約を結んだりすることができないからだというものだ。

しかし、この質問に答えることは、いつどの特定分野で子どもの訓練を開始すべきか、それはどう行うべきか、またビジネスやその関連分野では早期能力開発の原則はどのような意味をもつのかといった、より重大な真実を明らかにしてくれる。

このように考えることで、ビジネス界や政界で傑出した存在となった私の大学時代の同級生が、なぜ学部生時代にはその将来の有望さに見分けがつかなかったのか、一方、なぜヨーヨー・マの場合その将来の地位は若くして明確だったのか、という謎も解けはじめる。その答えは、究極の鍛錬の核心に迫っている。

なぜいくつかの分野では10代の天才児の活躍を見ることができないのか。この根本理由は十代のうちでは、能力開発に十分な学習時間を累積することができないからだ。ときにはその理由は、単に体の大きさだったりする。5歳の子どもは幼児用のピアノやバイオリンで練習することはできるが、トロンボーンやダブルベースは大きすぎて演奏ができない。だから世界クラスのトロンボーンやダブルベースの奏者になるには、年齢をより重ねる必要がある。その他の分野の場合、10年の訓練でも十分ではないからだ。ここにもノーベル賞効果がみられる。数学や科学を5歳で学びはじめても、今必要とされている知識の習得だけでも少なくとも20年かかるとみられている。18歳の素粒子物理学者にお目にかかることはない。

だから、18歳のビジネス界での天才にお目にかかることはないのだろうか。18歳までに習得すべき知識量が、あまりにも多いという単なる学ぶべき量の問題なのだろうか。こうした説明は、説得力のあるものとは必ずしも思えない。そこで、科学者として給与を受け取る従業員の場合は例外とし、ここでは経営幹部に話を絞った例をみてみよう。たしかに経営で成功するために必要な技術と知識を身につけるのは大変だ。

しかし一方、きさくな経営幹部だったら、会社を経営するには普通そんなに切れる頭は必要ないと本音を言ってくれるだろう。事業部の戦略立案は大変な仕事だ。しかし、たとえばフェルマーの最終定理の証明――証明するのに357年かかった――のような仕事との比較で考えればたいして難しいわけではない。

・ビジネスにおける早期教育

ビジネススキルの訓練については、単に通常早く始めないからというところにむしろ答えがあるかもしれない。実業家が早期の能力開発に関する議論を耳にしたとしても、ビジネス界にそのような実例は一切ないと思うだろう。たとえば、水泳、芸術、数学の分野で行われているような、若者対象の徹底的な能力向上プログラムは、少なくともビジネス界では行われていない。となると質問は、そうしたことはビジネスの世界でそもそも可能かという質問になる。それが望ましいことかどうかしばらくは横において、ビジネスの知識とスキル開発を若者に行うことがそもそも可能か、また有効かについて検討したい。

答えは明らかにイエスだ。しかし、能力開発は初歩から始めなければならない。だから、5歳の子どもに資本資産価格モデルやＦＤＡ（食品医薬品局）の役割の実態など教えようとは思ってはならない。しかし、特定業界に関する事実など事業分野の基本知識から教えはじめることはできるだろう。もちろん、こうしたことは最近まで何百年にもわたって日常的に行われてきた。子どもは10歳になる前から家業について学びはじめていた。こうした見習い制度で培われた知恵を価値あるものと評価することができる。この制度のおかげで、早期能力開発の原則を守りながら、すぐれた技術をもつ指導者の下で幼少のころから特定の分野に没頭して学ぶことができる。より一般的分野の知識を除けば、かなり若い人でも特定のビジネススキルについては教え込むこともできるだろう。数学の初等コースでファイナンスの基本概念を教えるのは最適だ。

世界的に著名なコンサルタントであるラム・チャランは企業金融に対し、深い興味を抱くようになったのは、8歳で家業の靴屋の仕事を始めたのがきっかけだったと語っている。近年ではもっとも尊敬されている経営者の一人であるハネウェルの元CEOラリー・ボシディも、またマサチューセッツ州ピッツフィールドにある実家の靴屋での子ども時代の同様の経験を語るだろう。

かなり幼い子どもでも、確率や統計がビジネスでどんな意味をもつのか学習することはできる。行動ファイナンスの学問分野が明らかにしたように、こうした知識を身につけることで経済的意思決定が可能になり、多くの人が陥りやすい非合理的な意思決定を回避することができる。若手新入社員に対する企業側の最大の不満は、彼らが書いたり、話したりすることが下手だという点だ。**ビジネスという観点から若者を鍛錬し、そうしたスキルの向上を促すことはできる。**初級段階からであれば、達人となるために特定の事業分野で何年にもわたり日に数時間、能力開発に着手することも可能であるように思える。

しかし、可能かもしれないが、本当にそれでいいのだろうか。究極の鍛錬や早期の能力開発の原則を用いて、小さなJ・P・モルガンやアンドリュー・カーネギーをつくり、彼らが選挙権をもつころには企業経営の大物に仕上げるべきなのだろうか。調査研究結果はこうしたことができうると示しているし、少なくともかなり近づくことができることを示している。しかし、大部分の人はこうした考え方を直感的に拒絶している。なぜだろう。その直感の中身は検討に値する。

19世紀、仕事の性質が大きく変わり、先進国では十歳前後の子どもに特定の職業に就くためのトレーニングを開始することはなくなった。当時、大部分のアメリカ人は中学卒業程度（8年間）の学歴しかなかった。農園で働くには十分な学力だったし、またほとんどの人が農園で働いていた。しかし、産業革命によって農業がより効率的になり、より少ない人手で間に合うようになると、工場の数が急速に増え多くの労働者が必要となり、中卒程度の学力では不十分となってきた。

20世紀初頭、ハイスクールブームが沸き起こり、全米では子どもはみな8年間ではなく12年間の教育を受けるべきだという決定が次々と行われていった。当初のハイスクールの教育は職業訓練として行われていたので、数学の基礎や科学技術、産業経済を発展させる人材教育に必要な知識や技術を授けた。のちに国が豊かになるとともに、ハイスクールのカリキュラムは職業訓練の枠を超えて一般教養全般を含むものへと拡大していった。そしてより多くの生徒が大学に進学し、その大部分が一般教養課程（リベラルアーツ）を専攻した。それは20世紀の先進国の繁栄の印となった。十分でかつよく考えられた高等教育をほとんど誰もが手にすることができるようになったことを、多くの人はもっとも誇らしい功績の一つと考えているだろう。

日々の仕事や生活ではホメロスやシェイクスピアを知ることも、日本の歴史を知ることも必要ないかもしれない。同様に三角関数や化学も知る必要がないかもしれない。しかし、こうした事柄を知ることで人生がより豊かになり、より充実した人生を送ることが可能となる。

そうした観点から眺めると、**子どもに幅広い教育の機会を提供することを犠牲にしてまで毎日何時間も訓練し、21歳になるまでに一流の経営者に育成しようとすることは子どもにとって残酷なように思われる。**実際おそらく残酷だろう。しかし、こう考える際、次のいくつかの点を頭の中に置いておく必要がある。

第一に、今の社会ではビジネス以外の分野で子どもが早期教育を受けることは、社会的にみてほとんど問題はない。アール・ウッズが生後18か月のころから息子のタイガーに熱狂的にゴルフの訓練を施しても、彼のことを悪い父親だと考えたりする人は誰もいないだろう。むしろ逆にアールは素晴らしい父親である。息子のタイガーも父親にあこがれていた。

その他の分野でも若き達人たちが、自分自身で選んだ分野に注力するため他の幅広い教育を犠牲にしたとしても誰も気にはとめないだろう。レブロン・ジェームズが高校から直接プロのバスケットボールチームに転じたとき、一部には不平の声もあったがジェームズがプロ選手として大金持ちになり、人気選手となるやそうした不満があったことも今は忘れ去られている。

ポルガー三姉妹は義務教育課程を修了するためにもチェス以外の科目を学んだが、生涯学校に通うことはなかった。しかし、ハンガリーの国民は彼女たちを国民的ヒーローとして称賛している。こうした例に限らず、他の若者の高い業績を見るにつけ、達成された輝かしい業績の陰で失われたものがすっかり覆い隠されてしまっているようにみえる。仮に、同様の手法がビジネスの早期学習で応用されたとしたら、類似の成果が生じ、弊害も含め同じ結果がもたらされるのだろうか。

第二に、5歳の子どもを将来の銀行の経営者や繊維工場の工場長や小売業の戦略立案者に意図的に育てることが私たちの社会では行われなくても、他の国には躊躇しないところがあるかもしれない。急速に経済成長を遂げるアジア、アフリカ、ラテンアメリカではこうした教育の研究成果を自分たち自身の観点からみるだろうし、そうした見方が我々とまったく同じだとみなすことはできない。もしこうした国の政府や家庭が、子どもを21歳で若き天才実業家に育て、その後も能力を高めつづけていくような経営者を育てることに力を注ぐことにでもなれば、我々もそうした現実に対応し、ビジネスにおける早期教育のあり方を考え直すかもしれない。

なぜ高齢でも活躍できるのか

若い時期に目を見張る水準にまで熟達する人を見て、年齢と業績に関する重要な事実に目をくらまされてはならない。たとえ、若い人が卓越した業績を上げても通常さらにその能力は年齢とともに伸びていく。ヨーヨー・マはすでに20歳のとき、世界的なチェロ奏者だったが、40歳ではさらに円熟していた。ジェイミー・ダイモンは29歳のときすでに完成された金融サービス業界の経営幹部だったが、50歳でJPモルガン・チェースのCEOになったときには、さらに遥かにすぐれた経営者へと成長していた。何年にもわたり継続的に成長する現実を見て、多くの研究者は達人が生涯にわたりどのように成長するのか研究したいと思うようになった。こうした研究の成果は、能力はどのように加齢によって影響を受け、また受けないかを明らかにしてくれる。

もっとも確立し、もっともゆるぎない心理学の発見とは、年をとれば活動がゆっくりになるという事実だ。ものを記憶したり、不慣れな問題を解決したりするのに、60代では20代の2倍の時間が必要となる。動作もゆっくりとなり、腕や足を調和させながら動かすことはより困難になる。こうした出来事は誰もが目の当たりにし、30歳以上の人なら誰もが経験している。だからこうした避けることのできない運命が、卓越した能力をもつ達人にもいずれ訪れることになっても納得するかもしれない。時とともに心身は衰えてくる。一定の年齢を超えてもなお、トップレベルの能力を維持するのは不可能に思える。

それゆえ、いくつか有名な例があるのに、一般に、年をとると能力が低下するということが真実ではないと知ると驚いてしまう。なぜ達人は、年齢による衰えを超えて高い水準での能力が維持できるのだろうか。

一つの例をあげてみよう。２００８年1月10日、ニューヨーク交響楽団がこのオーケストラをよく知る人だけではなく、知らない人さえも驚かせるニュースを発表した。それは、同楽団の首席クラリネット奏者スタンリー・ドラッカーが２００８〜２００９年のシーズンを最後に引退するというニュースだった。音楽の愛好家は大変ショックを受けた。ドラッカーは、楽団に長く在籍していたので、彼のいないオーケストラを想像することができなかったからだ。しかし、楽団のファンでない人たちをさらに驚愕させたのは信じられない一つの事実だった。ドラッカーの履歴書は、全米の就業者全体の中でももっとも短いものの一つだろう。なぜなら、19歳で楽団に所属し、80歳で引退するまでたった一人の雇用者の下で働いていたからだ。とても長く働くことは珍しいことではないが、ドラッカーの事例は別格だ。世界で有数の一流オーケストラの首席クラリネット奏者に求められる高い水準の能力を、いったいどうすれば維持することができたのだろうか。

また、どうすれば十分に速く指を動かしつづけることができたのだろうか。

どうやって長いクラリネットの協奏曲を覚えていられたのだろうか。実はドラッカーはソリストとしては暗譜で演奏を続けていた。

・達人は自分の専門分野では能力を維持できる

ここでも達人の能力の研究成果は幅広い分野に適用できることが明らかになっている。経営、航空機のパイロット、音楽、ブリッジなどの研究では達人も高齢に伴って動作が緩慢になり、一般的能力が低下することが明らかになっている。

ただし、唯一の例外は、自分の専門分野における能力だった。たとえば、高年齢の熟達した画家の研究では、予想どおり一般的な処理速度では、たしかに衰えがみられた。一般の人の場合、こうした能力の衰えは歴然としている。心理学者は、被験者が画面の質問を見て反応し、どれだけ速くボタンを押せるか、どれだけ速く指でたたき、指の全体の動きを調和できるかを計測した。こうした動作は年齢とともに遅くなってくる。たしかに、一流ピアニストも画面選択のボタン押しでは一般の人同様に年齢とともに遅くなっていく。こうした指の操作はピアニストにとってとくに必要な動きではないからだ。

しかし、指でたたき、指で調和のある動きをするといったようなピアノに関連した技術については、ピアニストの速度が落ちることはなかった。まるで年をとってこなかったかのような指の動きをこなすことができた。同じことが他の多くの分野でも確認されている。**達人は、自分の専門分野以外ではたとえ技能に衰えをみせていても、自分の専門分野では高い水準で能力を維持しつづけることができる。**

「偉大な業績」の本質についてこれまで検討してきたことを考慮すれば、こうした研究成果を目にしてもけっして驚かされることはない。「偉大な業績」は、つまるところ人間のすぐれた一般的能力の高さに起因するものでないことを何度もみてきたからだ。達人の能力は長い年月をかけ、特定の方法で開発された特定の技から生じているからだ。だから、年齢とともに一般的能力が衰えても、「偉大な業績」の下支えをしている特定のスキルはその低下の影響を受けないのだ。年齢は必ずしもこうした特定のスキルに影響するわけではないが、でもこの説明では十分とはいえない。もっと別の話があるにちがいない。それは、年齢とともに能力の衰えをみせる達人も多くいるからだ。スタンリー・ドラッカーのように長期に活躍した人がいる一方ほんの短い期間で姿を消し、今やその名も忘れ去られている多くの達人がいる。なぜ続けられる達人がいる一方、続けられない達人がいるのか。

その答えは、そもそも達人を達人にした要素である究極の鍛錬に求めることができそうだ。単なる経験として同じことを自分の専門分野で何十年やってもそれだけで達人になれるものではないし、ましてそれでは年齢に打ち勝つことなどとうていできない。いくつかの調査研究で、単に長くやりつづけるだけでは年齢に伴う衰えを阻止するのに十分ではないことが判明している。

たとえば、建築家の場合、なかには空間認知能力を高めている人がいるかもしれない。しかし、建築家を広く被験者とする研究では、継続的に職に就いているが、際立った能力のない建築家の場合、年齢とともにその空間認知能力は衰えをみせていた。年齢に打ち勝つにはもう少し別の何かが必要となる。そのためには骨の折れる、集中を要する、考え抜かれた訓練が求められているのだ。年をとっても能力に衰えをみせず40年間弾きつづけているピアノの達人と、究極の鍛錬とはとうてい呼べそうもない練習すらずっと以前にやめてしまったアマチュアのピアニストとを比較した実験がある。達人とは異なり、アマチュアのピアニストは予想どおり、すべての人が感じる年齢による技の衰えに苦しんでいた。

これまで十分検討してきたので、究極の鍛錬がここでも役立つことには何の不思議も感じないだろう。**考え抜かれた訓練を十分に実行すると、通常回避できない自分の**

能力の限界を超えることができるようになる。この限界を超える能力こそ、達人が高齢でも高い能力を維持するカギとなる。

一流のチェス競技者を対象とした研究で、高齢者は若い競技者同様巧みに駒を動かしていたが、両者は異なる方法を用いていた。高齢の競技者は若い競技者ほど駒の動かし方の可能性を検討しない。もはやできないからだ。しかし高齢の達人はその欠陥をこれまで蓄えた駒の位置に関する知識で補っていた。もっと一般的にいうならば、達人は究極の鍛錬を継続することで年齢とともに衰退してしまう技能を維持することに成功している。そして回避できない衰えを補うため新しい技や戦略を身につけているのだ。しかも、そのアプローチは長く実行できるものだ。

ピアノの巨匠ヴィルヘルム・バックハウスは50歳のとき、自らのテクニックを維持するためエチュードの練習を増やしたと語っている。晩年になって、ピアニストのアルトゥール・ルービンシュタインは、以前のようには速くピアノを弾けないことを悟り、それを補う一つの戦略を思いついた。速いテンポの小節の前にわざと遅く弾くことで、速いテンポの小節でたとえ本来弾くべき速度より遅く弾いたとしても、小節の速度の差で聴衆の耳には十分速く聞こえたという。結果、ルービンシュタインは聴衆の前で89歳まで演奏を続け、多くの称賛を受けた。

徐々に水準が向上してきたように、練習方法を改善することで達人も従来考えられていた以上に長い間高い能力を維持できるようになった。

・練習方法の改善で能力を維持する

こうした効果は、とくにスポーツ界で劇的に現れている。プロスポーツの平均選手寿命がこの何年もじわじわと上昇している。野球のメジャーリーグでは２００７年のシーズン、アトランタ・ブレーブスのフリオ・フランコが49歳の現役選手として活躍した。これも数十年前とは歴然と異なる徹底した練習と注意深く考えられた食事という体調管理の賜物だ。フランコのトレーナーは、ニューヨークタイムズ紙のインタビューに答え、次のように語っている。

「フランコと知り合ったとき、彼と同じ年の人間を想像してフランコに接してはいけないとすぐにわかった。フランコが自分に課している規律といったらこれまでに見たこともないほど厳しいものだった」

この書籍の執筆現在、フランコはメジャーリーグでプレーしたことのある選手の中で最年長だが、それは現在の公式履歴書に１９５８年生まれと書いてあることをもとにしてのことだ。しかし、それ以前の公式履歴書には、１９５４年生まれと書いてあった。もしこのほうが正しかったとすれば、フランコは53歳のメジャーリーガーだったということになる。

他のスポーツ界でも超高齢者はいる。最近、プロのアメリカンフットボールでは、アトランタファルコンズのモーテン・アンダーセンが47歳まで活躍した。プロバスケットではヒューストン・ロケッツのディケンベ・ムトンボが42歳まで活躍した。両選手ともそれぞれのスポーツ分野で最年長記録に迫っている。なお、この最年長記録はかなり以前に、そのパフォーマンス水準がほぼ間違いなく今日より低かった当時のものだ。同じ現象は、マラソン、水泳、その他のアマチュア競技でも起こっている。長距離ランナーがより厳しくよりよく考案されたトレーニングのおかげで、これまでけっしてこの年齢では達成することができなかった高いレベルのパフォーマンスを維持できている多数の例を研究者は明らかにしている。なかには60歳のときに、50歳のときよりもよい記録を出した選手さえいた。また、２００4年には73歳の男性、伝説のエド・ホワイトロックが、マラソンで2時間54分48秒の記録をつくった。これは１８９６年のオリンピックのマラソンの金メダル選手の記録よりも4分早かった。彼は80歳を過ぎてもマラソンを続けたが、特別な能力や体格はないと主張した。「人は自分が思っている以上のことができると信じている」と彼はよく言った。

頭脳も従来信じられている以上に、人生の晩年になっても鍛えられることがわかってきている。長い間、医学界の常識では成人になると脳の中のニューロンは減るばかりで増えることなく、脳の可塑性と呼ばれる新しい課題に適応する能力も停止してしまうと考えられていた。しかしごく最近の研究では、こうした見方はどれも正しくないことが判明した。**頭脳はかなり高齢になっても外部環境が求めるかぎり、新しいニューロンを増やすことができ、年齢とともに脳の可塑性も停止しない。脳に適切な訓練を施せば――たとえば頭脳に同時に二つのことをやらせることで、晩年に最大の萎縮を見せる脳の領域でさえ可塑性が増すことがわかった。**

プロスポーツ選手が身体的老化にもかかわらず卓越した能力を示すような現象が、知的認知分野でも起こっているかもしれない。たしかにかなり高齢になっても最高水準の能力を示す実業家を目にする。

ウォーレン・バフェットは80代後半になってもまだバークシャー・ハサウェイを素晴らしい経営で率いていた。ルパート・マードックも、巨大なメディア複合体ニューズ・コーポレーションを80代に入っても積極的に拡大させた。ヘンリー・キッシンジャーは、コンサルタント、作家、講演家として90代まで仕事を続けた。サムナー・レッドストーンは、キッシンジャーと同じ年だが、90代までヴァイアコムとCBSを経営した。

これは、単に一般的な意味で平均寿命が延びているという話ではない。こうした企業の経営者を見て驚かされるのは、通常なら退職する時期から20年経過してもなお、ビジネス界のトップでバリバリ活動しているという点だ。

科学分野で一流のイノベーターを対象としたベンジャミン・ジョーンズの研究でさえ、アップデートする価値があるかもしれない。ジョーンズの研究では、イノベーションを起こすときの上限の年齢は延びていないという結果を示していた。40歳を過ぎると業績は急激に低下した。被験者の全体の平均年齢は39歳だった。しかし、この研究は１９９９年までが対象となっていた。それ以降のノーベル物理学賞の受賞者をみると明らかに受賞年齢が高まっている。受賞者の業績を生み出したときの平均年齢は41歳だった。ノーベル物理学賞を受賞したポール・ディラックが、29歳を過ぎたら「死んでしまったほうがましだ」とかつて詩に書いていたまさにその分野についての話だ。２０００年以降ノーベル物理学賞をとった22人のうちの何人かはそれぞれ、58歳、61歳、65歳で大きな業績を上げている。

・トップ水準の能力を維持する方法

どうすれば晩年になってもトップ水準の能力を維持できるかについて知見を得ることで、逆にどういった場合にそれがかなわないのかについても理解できるだろう。多くの人は能力維持に必要な究極の鍛錬をやめてしまう。十分に合理性のある意思決定かもしれないので、必ずしもそのことを非難することはできない。たとえば、プロのスポーツ選手で、すでに何百万ドルも稼ぎ、これ以上鍛錬してもほとんど得ることがなく、試合中に重大なケガをする恐れがあるなど、多くを失う可能性がある場合だ。早い段階で金持ちとなった実業家は、頑張りつづけることの意味を見いだせないかもしれない。

もっと一般的にいえば、究極の鍛錬に関して達人はいずれも絶えず費用対効果分析（損得勘定）を行っている。時が流れ損失は増えるのに、利益は減っていくからだ。これは、能力を改善することがしだいに難しくなってきていることを意味している。達人も現状の水準を維持することだけに力を入れるようになる。しかし、現状維持すら現実的でなくなると、達人は忍び寄る衰退を補うため別の方法を探求しはじめる。こうしたことをするために要する時間は過酷であり、鍛錬の継続が生み出しうるものと比べると、もはやこうした努力には価値がないと考えても無理はない。

しかしカギとなるのは、一生涯の長い時間（我々が信じているよりもはるかにもっと長い時間）に自分が選択した専門分野での能力衰退はけっして避けられないプロセスではないという点だ。それは、むしろ自分の能力にどれほどの努力を投資したいかという選択の問題となる。NBA史上第3位の通算得点記録をもつカール・マローンが、選手の高齢化についてロサンゼルスタイムズ紙にこう述べている。

「体が言うことを聞かなくなるのではなく、選手自身がこれ以上限界に挑戦することをやめるだけだ」

時間がたてば、もちろん、どんな達人でも能力は衰退していく。真剣に究極の鍛錬を行う者でさえこの忍び寄る年齢というものに打ち勝つことはできない。アルトゥール・ルービンシュタインが89歳で一般の聴衆の前で演奏活動をやめたとき、目も見えなくなり、耳も聞こえなくなっていた。もう、練習することができなかったのだ。そしてついに究極の衰退が訪れる。世界最高の達人でさえこの現実に直面しなければならない。2008年、ウォーレン・バフェットは株主にあてた手紙にこう書いている。「自分の投資ポートフォリオを、死んだあとも管理しつづけるという考え方をしぶしぶだが捨て去ることにした。それは、『既成概念にとらわれずに物事を考える』

という言葉に新しい意味を付け加える望みを捨てるということだ」

若者と老人という視点からみることで、「偉大な業績」について深い質問がわいてくる。すでにふれた問題ではあるが、今一度直面しなければならない問題だ。それは、過酷な究極の鍛錬の本質についてだ。究極の鍛錬では心地よい領域から継続的に自分を追い出さなければならない。鍛錬はつらく、日に何時間も何年も続けなければならない。では、誰がいったいこんなつらいことをやろうとするのか。**両親は子どもに訓練を強いることはできるだろう。しかし、「偉大な業績」を上げるためには、強制してはいけない。強制では集中して徹底的に鍛錬を継続させることができないからだ。**そうしたことを子どもにやらせるためには、他の何かが必要にちがいない。

人生の晩年を迎えて、スタンリー・ドラッカーは80歳まで働く必要はなかった。世界最高のオーケストラの一つの首席クラリネット奏者としての地位を保つためだけに日に何時間もつぎ込む必要もない。ウォーレン・バフェットはしようと思えば30代でリタイアすることもできた。それでもなぜ働きつづけるのか。世界トップランクであるグランドマスターになっても、大きな富が必ずしも手に入るわけではない。なのに、なぜチェス競技者は日に5時間も6時間も練習を積むのだろうか。なぜ若い実業家は、その見返りが不確実でかつ何年も先になるかもしれないのに、日常のつらい仕事に加え、より多くの知識やスキルを身につけようと日々懸命に頑張るのだろうか。

「偉大な業績」は究極の鍛錬でもたらされるが、それは厳しい訓練の賜物であることを知っている。究極の鍛錬はとてもつらい訓練なので、本当にとてつもない動機づけをもたらしてくれる情熱なしには実行することはできない。だからこそ、達人の情熱がどこからわいてくるのか知る必要があるのだ。

第11章

情熱はどこからやってくるのか

「偉大な業績」に関するもっとも深い疑問

荒川静香の2万回の尻もち

2006年、イタリアのトリノで行われた冬季オリンピックで金メダルを獲得した荒川静香が、金メダル獲得までどんなことを経験したか考えてもらいたい。金メダル獲得には普通の人から見て不可能としか思えないような動きを完璧にこなす能力が求められている。

荒川静香の特技は、レイバックイナバウアー（上半身を反らしながら足を前後に開き、つま先を180度開いて真横に滑る演技）から3回のジャンプコンビネーションへとつなげる動きだ。荒川静香は、金メダルを獲得する技をすべてマスターするのに19年かかった。スケート選手を対象とした研究で、一流選手ではない人たちは自分がすでに「できる」ジャンプに多くの時間をつぎ込んでいることがわかった。一方、トップレベルの選手は自分が「できない」ジャンプにより多くの時間を費やしていた。オリンピックで最終的にメダルをとる種類のジャンプであり、そうしたジャンプをマスターするには何度も転ばなければならないのだ。

スケートで転倒すれば、薄い着衣なのに、硬くて冷たい氷に尻もちをつくということになる。電卓を使って計算してみるだけで、荒川静香は、金メダルをとるまでに少なくとも2万回も容赦なく冷たい氷面にお尻を打ちつけたことになる。しかし、こうした尻もちは報われ、その結果、オリンピックでの栄光、国民的称賛を得ることにつながり、イナバウアーは突然日本中で流行することとなった。

荒川静香の物語はそれ自身として意味があるだけではなく、比喩としても価値がある。強烈な2万回の尻もちが「偉大な業績」の源泉だからだ。なぜ人は何年も先になならないと手に入らない報酬のために努力をするのかという疑問を、この事実は提起している。これは卓越した能力の研究に関する重大な問題だ。ある意味では、無限に深い問題でもある。それは人が自らの人生をどのように決定するかということでもあり、どのような種類の情熱が人を駆り立てるのかという問題でもある。

この質問は人間心理に深く入り込む必要があるので、誰もそこまで到達することはできない。それに答えようとすれば心理学の領域を超え、精神分析の領域に入らなければならないこともある。だからといって、それがブラックホールであったり、追求する望みがなかったりするというわけではない。むしろそれとは逆に多くの研究成果は、なぜ達人たちがそのような代償を支払うのかについて興味深いヒントを提供してくれる。研究成果を自分自身に当てはめて考えてみれば、この質問に自分ならどのように答えるべきかというヒントにもなりうる。

外的動機と内的動機

「偉大な業績」を手に入れる動機を知るうえで大切な質問がある。それは、動機が外的か内的かというものだ。人は内側から動機づけられて行動しようとするのか、それとも外的にやらされることが動機となるのか。大部分の人は、動機は究極的には内的でなければならないと信じている。なぜなら、人は自らの衝動強迫(自己の意思、願望をかなえようとする強い衝動)をもっていないかぎり、外部からの強制では、究極の鍛錬に伴う苦痛や犠牲に耐えることはできないと考えているからだ。多くの研究もこうした見方を支持している。とくに創造性に関する動機づけの研究は、外的か内的かに焦点を絞って調査している。

この調査は二つの理由で役に立ち、重要だ。

多くの分野において、創造性は卓越した能力のうちもっとも高いレベルの能力とみなされている。なぜならすでに先人が達成したものを超えて新しい貢献をもたらすからだ。

また一方、創造性を発揮するには、あらゆる分野で徹底的に絞り込まれ集中的に行われる鍛錬が必要とされる。こうした要素のある鍛錬を持続するのは、もっともつらく困難を伴うものだ。

多分野を調査する多数の研究から、一貫して発見することは「高い創造的な成果を上げる人は、内的な動機も高い」ということだ。創造的な人は課題（どうやってこの問題を解決できるのか）に集中する。自分自身（この問題が解ければ、私にどう役立つのか）に集中しているわけではない。科学と数学の分野ですぐれた能力をもつ若者はそうでない同年代の者に比べ、より内的動機づけが強い傾向がある。重要な発見をする科学者は、専門分野で情熱的に取り組んでいることがわかっている。幅広い分野の創造的活動で成果を上げた人は、自分の専門分野（科学、ビジネス、芸術）の重要な疑問や問題に没頭し、こうした課題に何十年も取り組もうとする気持ちに駆られている。

どの観点からこの問題をみても結果は同じように思える。数々の心理学テストで内的動機づけが高いと評価された人は、一貫して創造的と評価される作品を生み出していてその結果、その分野の最前線を押し広げていく可能性が高い。逆にいえば、仕事で創造性を要求される人（芸術家、基礎科学研究者）は、内的動機づけのテストで安定して高い評価を得ている。

・フローという概念

シカゴ大学の心理学者ミハイ・チクセントミハイ教授は、究極の鍛錬が求めているものと内的動機づけを結びつけると考えられるいくつか存在するかもしれないメカニズムのうちの一つを提唱している。チクセントミハイ教授の提唱する有名な「フロー」という概念は、人が仕事に完全に熱中すると時間がゆっくり流れるように感じ、喜びが高まりほとんど苦痛がなくなる心理状況を指す。この心理的に「ハイ」になる状況は、取り組んでいる課題がその人の技能にマッチしているときに発生する。簡単すぎると退屈になり、難しすぎれば苛立ち(いらだ)を覚える。仕事を覚えていくにつれ、より高い目標に見合うだけの高い技術をもって挑戦していかなければフローを経験し続けることはできない。創造的分野で活動する多くの人はフローの経験を求めて現状の能力を超え、懸命に努力しつづけ、究極の鍛錬と同じプロセスをとると同教授は主張している。

フローの概念は、訓練にかかわる動機の謎の一つをひょっとすると説明できるかもしれない。ただし、それは大部分で「かもしれない」にとどまる。というのも、調査研究がいまだ結論をみていないからだ。しかし究極の鍛錬の概念は、実際の世界で小さな矛盾にぶつかりつづけている。理論的にいって、鍛錬は本質的におもしろいものではない。自分ができないことを絶えずやろうと努めることが求められるからだ。だから繰り返し失敗するし、このことは理屈に合っている。しかし、調査研究では、少なくとも一流のスポーツ選手たちは、反対のことを報告している。レスリング、スケート、サッカー、フィールドホッケー、そして武道において「練習」が楽しさの基準でかなり高い評価を得ている。1999年のニューヨークタイムズ紙でテニス選手のモニカ・セレスはこう語っている。「練習がとにかく好きなの。繰り返し行う、あの練習よ」

こうした報告は、前述のエリクソンがバイオリニストの気持ちを記述したものとは好対照をなす。バイオリニストは練習時間のことを、憂鬱な時間の使い方と評価している。スポーツ選手の場合、練習がある種、仲間との活動の一つなのに、バイオリニストの場合は違うかもしれない。しかし、何年にもわたって徹底的に練習を続けられる者にとっては、練習が何らかの形で自らの内的な欲求を満たしているのではと疑わざるをえない。とても楽しいフロー状態をつくり出すという練習の役割がその理由の一部であると考えれば。

また、さらに意味深いことが同時に起こっていると考えれば、たしかにつじつまも合う。科学や数学のようにいくつかの分野では、夢中になれる問題がそばにあることが一流の人間の動機づけになる。いくつかの分野で若き達人の研究を行ったベンジャミン・ブルームは、若いころから被験者の何人かがこうした動機づけをもっていたことを発見している。そして次のように記している。ほとんどの数学者は、試験で高い得点やよい成績をとったり先生からよい評価を受けたりすることよりも、問題の新しい解答方法を発見する喜びのほうがはるかに重要だとみなしていた。科学者を対象とする多くの研究でも、同様の発見が報告されている。科学者は新しい問題を見つけると興奮し、単にその解決策だけではなく解決策を見つけるプロセスそのものにも喜びを見いだしている。

・ビジネスでのモチベーション

ビジネスでのモチベーションというテーマは、調査研究、書籍、記事、コンサルティングにおいて絶えず探求されつづけている。ハーバードビジネスレビュー本誌から抜き出して刊行された史上2番目に多く売れた記事は、1968年のモチベーションに関するものだ（史上最高のベストセラーは「時間管理」に関する記事だ）。しかしその記事で扱っている調査の大部分は、一般的に従業員はどうすれば動機づけられるかに焦点を絞ったもので、一流の人材の動機づけを対象とするものではなかった。さらにこのテーマでより細分化された分野を対象に研究がなされ、幅広い動機となる要素が発見されている。そのほとんどすべては内的動機に関するもので、達成への欲求、他者に対する力の欲求、世の中でよりよいことをしたいという欲求を含んでいる。しかし、そうした動機のほとんどは外的動機ではない。もっとも傑出した経営幹部や起業家をみれば合点がいく。生涯使いきれないほどお金を十分稼ぎ、これ以上望みようもないくらいの名誉や名声を手にしたあとも長きにわたり働きつづけ、より偉大になろうと努力しつづけている。内的動機が群を抜いてもっとも力強い。

しかし、それがすべてであるはずがない。たしかに内的動機づけの全体への影響は圧倒的かもしれない。しかし達人でも、ＤＮＡの構造を見つけようと懸命になって、ここぞというときは、ほとんど休みなく働きつづけていた。それは他の研究チームと競争していることを知っていたからだ。アレクサンダー・グラハム・ベルも電話の開発で同様の働き方をしていた。イライシャ・グレイと競争していたことをグラハム・ベルも自覚していたからだ。結局ベルは特許申請の際わずか数時間の差でグレイを破った。このような人たちは、夢中になれるものや喜び以上のものに強く動機づけられている。

ハーバードビジネススクールのテレサ・アマバイル教授は、創造的な成果を生み出す動機づけに関する調査を広い範囲で行い、当初次のような仮説を立てた。

「内的動機は創造性につながるが、外的動機はむしろ害になる」

なぜ彼女が外的動機づけを有害なものとみなしたのか、容易に理解できる。多くの調査研究結果がそのことを示しているからだ。たとえばアマバイル自身が参加した調査プロジェクトでは、女子学生が紙でコラージュをつくるように求められた。そして、半分の被験者は作品が美術学校の大学院生に評価されると告げられた。残り半分の被験者には、作品自体は評価されず、被験者の心理状況を研究しているだけだと伝えておいた。実際に作品が芸術家グループによって評価されてみると、評価を受けると告げられていたグループの作品は著しく創造性に欠けていた。他の調査研究でも作品を外部からコントロールしようとすると、創造性に欠ける作品となってしまった。人から見られているだけでも創造性にとっては有害なのだ。報酬が提供されてしまうと生み出そうとした作品は創造的ではなくなってしまう。

こうした結果はこれまでにも何度も繰り返されてきた。しかし、別の研究は他の方向に進み、何か別のものを見つけていた。

外的な動機づけにもいろいろなタイプがあるのだ。外的動機づけのすべてが抑制的なものではない。そのうちのいくつかは、創造性を向上させるように思えるものもあった。ことに、内的動機を強化する外的動機は、かなり効果的に作用する可能性がある。たとえばどのようなものだろうか。

能力の承認が、創造性の発揮には効果的動機づけであることがわかった。一方、単に能力だけを判断されるという状況に置かれると、創造性が減少する傾向がある。個人の業績へのフィードバックは、もしその方法が正しければ、本来は創造性を高める可能性がある。具体的には、「建設的で、本人に脅威を与える内容ではなく、仕事の結果に焦点を置いたフィードバックであること」が必要だ。人格評価をしてはいけない。

「すなわち、本人がやりたいと感じることを手助けするようなフィードバックが効果的だ」

　または、普通、創造性を制御するとみなされている直接的に報酬を与えることでさえも役に立つ場合がある。その場合その報酬は、「わくわくするような、アイデアを追求するための時間や自由や資源といったもの」で、これらが正しい報酬の条件である。こうした調査の成果を踏まえ、アマバイルは当初立てた自らの仮説を修正するに至った。その修正された仮説とは、「内的動機は最善のもので、抑制的な外的動機は創造性において有害である。しかし内的動機を強めるような外的動機づけは高い効果をもちうる」というものだ。

　これまで創造性における動機の問題を詳しく検討してきた。これまでみてきたとおり、動機の問題を突き詰めていくと、高業績を生み出す際に伴うつらさになぜ人は耐えられるのかという、重大な問題について多くを学ぶことができる。広い視点に立つことで、特定の状況の下では外的動機づけが役に立つという、さらなる証拠も明らかにすることができる。

　たとえば、創造的と呼ばれている仕事の多くの部分は、あまり創造的とはいえない。いったん課題が特定され、解決されると——これが創造的な部分だが——後は課題の解決策を評価し、何をしたかを記述し、そしてそのことについて他の人に伝える必要が生まれる。こういった一連の仕事をコツコツやるのはつらくなることもある。これまで述べられたようなタイプの外的動機づけは、こうした創造的な部分の後の作業を続けるのに役に立つことがある。

より本質的には、特定の分野で技能を身につけることは究極の鍛錬の大きな目的の一つだが、外的動機づけによって助けられることもある。とくに初期の場合はそうだ。ブルームの研究で紹介されているエリートにとっても訓練当初は、多くの外的動機づけが必要とされた。

多くの両親がそうしてきたように、エリートの両親もやはり彼らに練習させた。いよいよというときには、直接的な脅迫を用いる。しかし、こうした脅迫はしばしば彼らの内的動機づけをうまく利用した。

直接的な脅迫とは、ピアノの練習をしないとおこづかいをあげないわよといった類いのものではなく、ピアノを売るわといったものだ。あるいは、水泳の練習に行かなければ土曜日の夜は外出禁止よといった類いのものではなく、水泳教室をやめさせるわよといったものだった。だから子どもがピアノや水泳が本当に大事だと思っていなければ、両親の言うことも効きめがないだろう。

他の外的動機づけもまた重要だ。外的動機づけは、子どもがつらさにめげることなく究極の鍛錬をやり遂げることを支援するために効果的であるだけでなく、創造性について、アマバイルが特定した効果的な外的動機づけとまったく一致している。コーチや先生からのフィードバックは子どもが課題に集中し、うまく行えるようにすることに力を入れており、他者との比較をすることはない。本人の能力の成長記録をとりつづけ、それを子どもに見せて、成長を確認させることで子どもの能力を発展させることに成功している教師もいた。リサイタルやコンテストも動機づけの役割を果たした。賞をとったりうまくなったりすることはほめられることにつながるからだ。うまくできた結果、注目と称賛を得ることは大きな動機づけになる。

しかし時間の経過とともに「やがて生徒たちは自分自身の動機づけに責任をもつようになる」とブルームは報告している。

子どもたちは自分たちで目標を設定する。外的動機づけはここでも重要な役割を担っている。生徒は、人前での演奏やコンクールを上手にこなしたいと願った。しかし、それは一部でしかなく、本当に気にしているのは、自分が進歩しているかどうかということだ。こうしたイベントを通じ、トップレベルのライバルに出会うことになる。この結果、「生徒は、できるだけ高いレベルに到達するには何をしなければならないのか、自分自身で理解すること」になる。それゆえ、動機はより上手にできたという称賛を受けるだけではなく、心のうちで一番になりたいという内的動機へと高まっていく。

組織はどうやって失敗するのか

この問題については、「偉大な業績」についての他の調査結果がそうであったようにほとんどの組織は従業員が高いレベルで能力を発揮するのを妨げている。妨げるという点に関しては見事なまでに従業員を管理してしまっている点に注目する必要がある。人は内的動機がもっとも強いので、自分の選んだプロジェクトにおいては情熱的かつ効果的に働くものだ。しかし、どれだけの企業がこのことを許しているだろう。第9章でも述べたとおり、そのようにした企業は傑出した結果を生み出していた。しかし、その他の多くの企業はこうした企業からけっして学ぼうとはしない。経営者は、自分たちは事業経営を行っているのであり、得体のしれないものに従業員を取り組ませておくわけにはいかないと反対するかもしれない。かまわない。しかし、そういう経営者は自分の企業が生み出すアイデアが、競合他社に比べてよくないことに文句をつけてはならない。従業員が情熱に欠けていたり、取り組みがよくなかったりすることにも文句は言ってはいけない。

多くの企業で行われているフィードバックのうち、脅迫的ではなく建設的で、個人ではなく仕事に焦点が当てられているものはどれほどあるだろうか。多くの企業ではあるべき姿とはまったく逆のフィードバックが従業員に対し行われている。不運な従業員に対してどうすればよくなるかではなく何を間違えたかを伝え、変えなければならない態度や性格といった個人的特徴を指摘している。こうしたものはすべてフィードバックを受ける側にとっては忍び寄る、解雇という名の恐怖に結びつく。これは、生徒の能力を向上させるために厳しい課題を生徒が頑張りぬくように支援する有能な教師やコーチの用いる方法とは正反対であり、驚き啞然（あぜん）とさせられる。日々厳しさをもって自らの能力向上に努めようとする従業員のやる気を失わせる仕組みとして、これ以上有望なものを企業が考えつくことは困難だろう。

報酬に関していえば、ほとんどの企業では報酬には常に自由よりも大きな責任が伴っている。組織で昇進することになれば常に責任も増すことになる。しかし、昇進により自分で決められることが多くならなければ、報酬は負担となってしまうだろう。

外的動機づけは、定義から考えても企業が従業員に提供できる唯一の動機づけかもしれない。しかし、大部分の企業はまったくうまく提供できていない。

その証拠に、とくに成人の場合、改善という困難な仕事に粘り強く取り組もうとする動機は、ほとんどが内面から生まれるものである。次の疑問は、それがどのようにしてもたらされるかだ。すなわち、情熱はどこからやってくるのか。情熱をもっている人ともっていない人とを分けるものは何か。いくつかの事例では少なくともこうした情熱は真に生まれつきのものだと主張する研究者もいる。

ずいぶん前にボストンカレッジの心理学教授であるエレン・ウィナーは、特定の分野に幼いころから懸命に取り組もうとする子どもたちの抑えられない願望を「熟達への渇望」という素晴らしい言葉で表現した。たとえば、10か月で絵を描きはじめ（平均的な子どもは2歳で描きはじめる）、そのうち「朝起きるとベッドから出る前に、紙と描くものが欲しい」とわめいていたピーターの例をウィナーは書いている。ベッドを出るとその後、ピーターは取りつかれたようにほぼ一日中、しかも毎日何年もの間、絵を描きつづけた。そしてついにピーターの作品は高度なものとなり、同年代の子どもが描く作品をはるかに超えるものとなった。

芸術だけではなく音楽、チェス、数学などを含む多くの分野で、ピーターのような早熟の子どもたちが存在する。こうした子どもたちの物語にはまったく驚かされる。普通の子はほとんどの場合、練習させなければやらないのに、こうした子どもたちの場合、訓練から遠ざけることのほうが困難だ。こうした子どもたちの能力は、同年代の能力をはるかにしのぐものだ。こうした強烈な物語は我々に何を語ってくれるのだろうか。

可能な一つの説明は、こうした子どもたちは特定の分野で活動したいという衝動強迫をもって生まれているというものだ。究極の鍛錬を行うことで、子どもはとても熟達する。莫大（ばくだい）な時間をこうした鍛錬にあてるからだ。この説明によれば、奇跡も才能によるものではないということになるし、十年ルールも間違っていることにはならない。こうした子どもたちは、同年代の子どもに比べはるかに高い水準まで熟達してしまう。しかし、世界クラスからは、程遠い。世界クラスの達人になるにはさらにずっと長い時間が必要となる。この理論においても、なぜこうした子どもがそのような特定の衝動強迫をもって生まれたかは依然謎のままだ。これまで早熟な天才が現れたいくつかの分野として、絵を描くこと、ギターを弾くこと、本を読むこと、チェスをすることなどがあげられるが、子どもをこうした活動に衝動的に駆り立てるような遺伝子は、ゲノム解析ではいまだ発見されてはいない。

ウィナーやその他の研究者が支持している別の説明は今までの説明とはむしろ反対だ。衝動的な訓練が高い能力を生み出すのではなく、高い能力が衝動的な訓練を生み出すという説明だ。この説明では子どもは訓練をしたいという衝動をもって生まれてきたのではなく、特定の分野において平均的な子どもよりも早く学ぶ能力をもって生まれてきたと説明される。こうした子どもは始終練習しているので、自分に新たな訓練目標を設定して自分の能力を開発していく。なぜなら、学ぶことそれ自身が報われるものと感じているからだ。

この高い能力が衝動的な訓練を生み出すという説明は、究極の鍛錬のメカニズムを実行させるための別の提案ではないということに留意してほしい。ウィナーはこうした早熟の子どもたちはただ単に勤勉であるだけではなく、他の子どもたちと質的に異なっていると主張している。それぞれの分野で高い学習能力をもつことに加え、早熟の子どもたちはとくに芸術の分野においては平均よりも高い確率で左利きもしくは両手利きで、言語能力が弱い場合が多い。

この説明方法では、すべてのケースを説明することはできないように思える。たとえば、進歩を遂げていたからといって、10か月のピーターが抑えきれないくらいの衝動で絵を描いていたとはとうてい思えないからだ。

この理論に基づく説明では、その前の衝動強迫の理論での説明同様、いったいどこから生まれつきの要素がもたらされるのか（この場合、特定の分野で学びの苦労を克服できる能力をもつ子どもは、どのように生まれてくるのか）はいまだ謎のままである。

どちらの説明――生まれつきの衝動や能力――でも納得しがたいのでもう一度考えてみると、おそらくどちらの理論も焦点がずれているように思え、いっそうこうした理論の説明は腑に落ちなくなってしまう。見つけようとしている動機は主として内的なものだ。その事実から、達人はいったいどのような特徴をもって生まれてきたのだろうかという疑問を抱くようになる。しかし、大部分の人が前提にしているほど、そのことは重要な問題ではないのかもしれない。内的なものは必ずしも生まれつきなものではない。人間の特徴や行動の多くは、長い経験の結果発達していくという考え方は疑いがないところだ。自分自身の生活がそのよい例だ。探そうとしている内的動機はおそらく時間とともに発達してくるのだろう。

ここで天才児に焦点を当てたくなる。なぜならこうした天才児は幼いころから明らかにある種の動機をもっているため、そうした能力は生まれつきなものにちがいないと思わせるからだ。たぶんいくつかのケースではそうなのかもしれないし、他のケースではそうではないかもしれない。

ウィナーはヤニという中国人の少女のケースを例にあげている。ヤニは、5歳のころには中国の伝統的な絵画を驚くほど巧みに描くことができた。ヤニの父親は画家だった。この少女は父親のアトリエで、父親の傍らで絵を描きながら毎日多くの時間を過ごしたとウィナーは報告している。ヤニが天才であったことは確かだ。しかし入手できる証拠からは、画家の父親と多くの時間を過ごして受けた影響以外に、本当に何か生まれつきなものがあったとか、練習への衝動強迫により動機づけられていたと結論づけることは難しい。

生まれつきとしか思えない天才児の場合でさえ、研究してみても、「偉大な業績」の背後にある情熱を理解する手助けにはあまりならない。なぜならこうした天才児の大部分は、我々が知るかぎり、将来大人になって必ずしも達人にはならないからだ。達人になる者も何人かはいる。しかし、頂点に達するほど長期間にわたり徹底、集中して日々の研鑽(けんさん)を継続できる者がほとんどいないからだ。こうした天才児がこの世にもたらしてくれるものが何であれ、それは一時のまばゆいばかりの輝きであり、やがてそのほとんどが消えうせていく星のように思える。

チェスの天才少年、ジョシュ・ウェイツキンの実話は、映画『ボビー・フィッシャーを探して』で取り上げられているが、ウェイツキンはサイコロジートゥデイ誌で次のように語っている。

「チェスでもっとも才能をもった子どもたちの大部分はつぶれていく。この子たちは幼いころに勝者だと告げられ、大人になり必然的に壁にぶつかると超えることができずに、自分のことを負け犬にちがいないと思うのだ」

逆にいえば、一流の達人になる人たちは、子どものころは、ほとんど天才児ではなかった。ビジネスの世界ではまさにそうだ。ウェルチもロックフェラーも若いうちに将来成功するだろうという気配を少しも示してはいなかった。

40歳前に国内もしくは海外で高い評価を勝ち得た、超一流の能力をもつ人たちを対象としたブルームが行った大規模な科学的調査のうち、もっとも注目された研究成果の一つをみてみよう。

たとえば、この調査の対象となった24人のピアニストの場合、いずれも世界的なヴァン・クライバーンやレヴィントリットというコンクールで最終選考に残ったファイナリストばかりが被験者となっている。こうしたファイナリストは、誰もが訓練を強制されていた。ハイハイをしているときから、ピアノに向かうことに夢中になっているような子どもたちとはまったく対照的だ。同様に、将来水泳のチャンピオンになった子どもをもつ両親で、子どもたちの能力が最終的にどうなるか予想できた者は誰もいなかった。物語は繰り返すのだ。たとえ11、12歳の年齢に達しても、将来卓越した能力の持ち主になれるかどうか予想することは難しいだろう。

動機の源を探求するという目的から考えて、より重要なことは、もう一つの共通したテーマだ。それは子ども時代を過ぎて程遠くないある時点から将来本当の達人になる者は、自分の専門分野へ取り組む姿勢が、傍目(はため)に見ても明らかに違ってくることだ。ある瞬間から、こうした若者は強い内的動機づけをもちはじめるのだ。

被験者のピアニストの一人は、15歳のとき人生が変わる経験をしたことを報告している。そのとき本人は一人の偉大なピアニストが演奏しているところから、3フィートしか離れていないところに座っていた。

「躍動的な旋律、豊かな表現力、研ぎ澄まされたままでの透き通った音と柔らかな音にただただ圧倒されていたことを覚えている。そのときから私はピアノに取り組むことを真剣に考えるようになった。ピアノで遊ぶことをやめ、暗譜で2時間好き放題弾くこともやめ、懸命に精進した」

ブルームの研究で被験者となったすべてのピアニスト同様、このピアニストも子どものころはピアノのレッスンを強要されていた。彼がいかなる意味でも、生まれつきの動機づけや高度な学習能力をもって生まれてきてはいなかったといって、差し支えないように思える。しかし、彼はその瞬間に、その後ピアニストとしての人生を送るよう突き動かす内的動機に目覚めたのだ。

偶然のちょっとした成功が偉業につながる

向上しようとすることを続けられるのはいったいどうしてなのかという疑問への答えは明らかになりつつある。情熱自体、生まれつきなものではなく、むしろ高い水準の技能と同じで、努力して身につけていくものだ。これは我々の実生活にも当てはまる。世界クラスの達人たちは自己の能力を向上させるための動機づけをする力をもっているのだ。しかし、その多くも初めからそうだったわけではない。これまで、音楽やスポーツのように早い時期から訓練を始めることが可能な分野で、将来「偉大な業績」を上げるようになる若者たちの大部分は、当初は訓練を強制される必要があることもわかった。

特定の分野の仕事を始める前に、基礎となる知識を身につけるのに何年もかかる、ビジネスや高度な科学の分野では、若き青年になっても将来のスターは少しも動機づけられていないかもしれない。

スティーブン・バルマーとジェフリー・イメルトのケースを考えてみよう。彼らは、マイクロソフトとGEという世界でもっとも価値のある企業のCEOになった時期もあった。あまり知られていないが、彼らは22歳のとき、シンシナティのプロクター・アンド・ギャンブル（P&G）で隣り合わせに座り、ダンカン・ハインズのブラウニーミックスを販売する仕事をしていた。彼らはけっして野心に燃えていたわけではなかった。二人とも、キャリアプランも具体的なキャリア目標ももっていなかった。

彼らが毎日午後にやっていた、メモ用紙をくしゃくしゃに丸めてゴミ箱でバスケットボールをする姿を目にしても、彼らの将来の業績を予想するのは難しかっただろう。後にイメルトが回想したように、「私たちはけっして月給取りにはなれなかった」。その後二人の若者はビジネススクールに進学した（バルマーはスタンフォード大学、イメルトはハーバード大学へ）。やがて一般的な意味だけではなく、ビジネスの世界でトップに上り詰める。二人はそのために必要な特定の技能を習得し、並外れた働き方をする動機を身につけた。集中した働き方で二人は有名になった。当初からこうした働き方をしなかったことだけは確かだ。

・乗数効果

優秀になるための動機は、一見当初から完全に身についていたかのように思える。しかし、実はそれが育てるものであるとするならば、それはどのように育っていくのだろうか。何人かの研究者はそれぞれ、独自にその答えとなるようなあるメカニズムを提案した。提唱されたメカニズムは、とても魅力的だ。なぜ特定の人が高いレベルの技能を身につけると同時に、いっそう高度な仕事をこなすために必要な強い動機を身につけることができるのかを説明してくれるからだ。コーネル大学のステファン・J・セシィ、スーザン・M・バーネット、カナヤ・トモエはこれを乗数効果と呼んだ。

基本となる考え方はとても単純だ。ある分野で偶然起こったちょっとした優位性が、一連の出来事を生み出し、それがのちにはるかに大きな優位性につながっていく。論文の中でこれらの研究者は、次のように記述している。

目と手の調和、前腕の力、反射神経が普通よりもちょっと高い能力をもつ人を想像してほしい。当初は、クラスメートとの野球で少し上手なだけで満足していたかもしれない。こうした満足のおかげでより練習するようになり、学校のグラウンドだけではなく放課後や週末も一緒に野球をしてくれる人を熱心に探すようになるかもしれない。野球チーム（学校のチームだけではなく、サマーリーグのチームなど）に入ろうとテストを受けるかもしれない。コーチをつけるかもしれない。テレビ中継で野球を見て、試合の内容を議論するかもしれない。そうした人は野球の技術を磨くため、ますます恵まれた環境に自分の身を置くようになる。こうした要因はやがて滝のようになって押し寄せてくる。初期には一見弱くみえるような要因のもたらす効果を乗数化するからだ。他の分野でもそうしたプロセスが展開されることを容易に想像することができる。研究者は、一般的な効果を次のように記述している。

「能力が一段高まるごとに一段よい環境がもたらされてくる。それが次から次へ繰り返され、よりよい能力の向上につながっていくのだ」

この乗数効果は、やがて起こる能力の向上を説明するだけではなく、能力の向上を促す動機も同時に説明してくれることに注目しなくてはならない。それは、少年野球選手の満足感がいっそう練習することにつながったのと同じだ。研究者が提案している一連の出来事は、ブルームの研究で報告されている将来達人になる若者の実際の経験と驚くほど似ている。ブルームは次のように語っている。

「ほとんどの分野で、こうした若者たちの大部分が他の生徒より学ぶのが速い子どもだと最初の教師からみなされていた。本当に他人より速かったかどうかはさておき、こうした教師から受けたよい学習者というお墨つきは、彼らにとって一つの大きな動機づけとなった。教師はこうした生徒を優秀な学習者と認め、そのように扱った。そして生徒もこのことに誇りをもつようになった」

こうした生徒ははっきりと動機を育むようになっている。ブルームは続けてこう語っている。

「習いはじめのころに才能を認められたことで、子どもたちの自分自身の才能への投資はより大きなものになった。もはや両親や先生を喜ばせることに大きな動機があるのではない。今や自分にとって特別な関心分野となったのだ」

この乗数効果は、究極の鍛錬の基礎理論の中にも埋め込まれている。アンダース・エリクソンとその同僚たちによって証明されたように、初心者の技量は大変未熟なので、初心者の場合、究極の鍛錬をほんの少ししか実行できない。しかし、そうした少しの練習が本人のスキルを向上させ、そうすることでより多く練習ができるようになり、その分だけ本人のスキルが上昇する。

「我々の分析の枠組みでは、新たに獲得された技能と能力が上昇した分だけ、究極の鍛錬での我慢できる程度が上がっていく」

この理論は他の研究者とも共通している。初心者は、一日一時間以上の練習に耐えられない。ときにはそれさえもできない。しかしいったんトップ水準の達人となれば、一日4〜5時間の鍛錬にも耐えることができる。「練習が能力を生み出す」とか、「高まった能力が練習を耐えられるようにした」とか別々に語ることは、正しくない。一方が他方を強化し合っていたからだ。

この乗数効果の証拠がもつ説明力は高い。それは、なるほどと思わせるだけではなく、他の多くのことも説明してくれる。さらに乗数効果は、こうした効果の引き金となるものは何かという大変重要な問題を提起している。事の始まりのちょっとした違いがどういうわけかある均衡を崩し、動機づけと能力を高めると同時に自己回転を始めさせる。

ではその最初のちょっとした違いはどこから始まるのか。セシィとその同僚は、当初その小さな違いは遺伝的なものだと考えていた。たとえば、普通の子どもより目と手の調和やその他の特性がよいので野球で多少優位性を手に入れたのは、生まれつきの才能に基づくと考えた。こうした可能性は当然否定できるはずがない。ことに遺伝によって大きな影響を受ける身体的特徴や遺伝的な能力を伴う知能などその他の特性が、乗数効果を引き起こすことは想像できることだ。たとえ遺伝的部分の重要性について議論があるにしても、どちらにしろちょっとした優位性こそすべてなのだ。

第3章で知能や一般的能力は、達人の能力の説明要因としては世の中で信じられているよりかなり小さいことをみてきた。たとえ多くの分野で知能は能力に与える決定的な要因ではないとしても、幼いころのちょっとした知能の優位性が、後年になって卓越した能力を生み出すかもしれない乗数効果の引き金となることがある。しかし、こうした一般的特徴がすべての場合において、乗数効果を引き起こすことを保証してくれるものではないのは明らかだ。

もし野球で優位性をもつ子どもが野球など聞いたこともない時代と場所に生まれたとしたら、不幸なことになる。ある状況では乗数効果を引き起こせたと考えられるのに、別の状況では何の効果も生み出すことはないからだ。こうした数えきれないシナリオは、容易に想像することができる。

もっとずっと興味深い可能性は、生まれつきの特性とまったく関係のない出来事や状況が乗数効果を引き起こす場合があるというものだ。かなりよく起きるように思えるそうした例は、特定の分野で他人よりも早く訓練を始める場合に起きる。研究者の多くは、習いたてのころ、普通、ほとんどの分野で自分の技量を世界トップレベルと比較するのではなく、同年代の他の者と比較することがわかってきた。

10歳のタイガー・ウッズが、一流プロゴルファーにとって脅威になるとは誰も思わなかった。重要なのは、他の10歳の子どもたちと比べ、タイガーがずっと素晴らしかったことだ。同世代の人間よりも能力を高めるよい方法の一つは、タイガー・ウッズがやったように人より早く始めることだ。それによって究極の鍛錬の累積量を増やすことができる。どんな年代であれ際立った存在になることは注目され称賛される素晴らしい方法だ。注目され称賛されれば、乗数効果への燃料となるうえ、生まれつきの能力に依存しないで究極の鍛錬をやり遂げられるようにしてくれる。水泳、体操、チェス、バイオリン、ピアノの分野では人生の早い段階で鍛錬を始めた人たちが達人になっていることは注目に値する。

乗数効果に火をつける他の方法は、競争者が少ないところで学びはじめることだ。十万人の同世代が住む街より百人の同世代の人間が住む町で数学の天才児になるほうが簡単なことだろう。ブルームの研究の対象となった若い達人の多くは、同じ経験をしていると報告されている。地元では有名で、一段階上の競争にだけ臨み、少なくとも自分と同じくらいの能力の同世代の多くの人間に遭遇する。一人のピアニストは、音楽を専攻する優秀な学生が通う音楽学校に入学したときのことを思い出し、次のように語っている。

「それはショックだった。自分はそれまで隔離された状態で素晴らしい能力をもっていると思い込まされていた。本当に上手な人に出会い、その事実を受け止めることは簡単なことではない」

しかし、それでも大丈夫だ。こうした若者もこのころまでにはやりつづけるための動機（内的動機）をすでに身につけていたからだ。だが仮に若いころ、自分は特別な存在ではないというメッセージを受けていたとしたら、こうした内的動機を身につけることはできただろうか。

ハワード・ガードナーは、アインシュタインやストラヴィンスキーなどの卓越したクリエーターたちを研究し、こうした模範的クリエーターは普通、大都市の出身者ではないことを明らかにしている。当初、大都市に比べより小さな町の環境でその技術を磨いていた。その後トップの座を得る挑戦に臨んだ。

乗数効果は、反対からでも引き起こすことができるのだろうか。若いころに小さい町で多少高い能力をもっていることで大きな称賛を受け、そのことが厳しい訓練に必要な動機をつくる。しかしそのプロセスが巡回的であることを考えると、高い能力から究極の鍛錬を始めるのではなく、先に大きな称賛を受けることによって究極の鍛錬を始めることもできるのだろうか。

すなわち、誰かに「あなたは特別に素晴らしい」と言ってもらうことは、より多くの練習をする動機づけになるだろうか。そして、さらにより大きな称賛を受け、より練習する。それは延々と続く。これもつじつまが合っているように思える。思い出していただきたい。ブルームによれば、被験者には学ぶのが速いという証拠はなかったが、教師はこうした生徒を学ぶのが速いとみなしていた。ブルームは、より一般的にはこうだと報告している。

「教師はすぐにこうした生徒を特別な学習者と認め、そのように扱った。そして生徒たちは、そのことを大変誇りに思うようになった」

加えて、こうした多くの生徒の両親は普通の親がそうであるように実際に根拠があるかなしかにかかわらず、自分の子どもは特別だと言っていた。またここでも、いかなる生まれつきの能力からも独立した要素が乗数効果を生み出し、少なくともそうした乗数効果にチャンスを与えることが可能なように思える。

手元にある証拠に基づけば、可能なだけではなく実際起こりそうにさえ思える。しかし、このことは証明されてはいない。この可能性を突き止めるために必要な厳格な調査はいまだ完了していない。将来なされるかもしれないし、たぶんなされるだろう。ステファン・セシィと彼の同僚たちは次のように確信している。

「究極の鍛錬を早く開始したり、学習者をより多く称賛したりするといった環境要因がダイナミックな乗数効果を生み出せるかどうかは、実験で証明しうる課題だ」

しかし今のところ、「このことは実証研究上、まだ十分検証可能な方法では行われていない」。だから、たしかなことはいまだわかっていない。

あなたは自分を信じているか？

その結論は、我々の分析にとって大いに意味あるものだ。調査についていえば、これまでにすべてを語り尽くした。動機の問題に関してだけではなく、もっと重要な意味において最後の結論を述べようと思う。

卓越した業績の源泉はどこにあるのかという我々の探求は過去の多くの間違いを経て、逆に多くの役に立つ知識を得ることができた。そしてついに厳しい訓練に耐えるだけの情熱がどこからやってくるのかという問題にたどり着いた。またそのことについても多くを学んだ。もっとも重要なことは、情熱が突然現れておのずと完成されていくものではないということだ。そうした情熱を自ら育んでいくためには、子ども時代がとくに重要だというヒントも学んだ。研究者のアンダース・エリクソンは次のように語っている。

「研究の最先端は子育てが対象となっている。子どもに圧力をかけすぎると子どもは怒り出すだろう。親としては子どもが独立した個人としてこうした厳しい訓練に入ることを決定できるよう育てることが必要だ。親がそうしてやることで、子どもが自分の意思に基づいて長い時間をかけてこうした厳しいレベルに到達する必要があることを子ども自身が自覚するのだ」

たしかにそういうことかもしれない。しかしエリクソンが言うように研究の最先端は進んでおり、高業績の秘訣（ひけつ）に関する研究がすべて終わったわけではない。

所詮この問題の核心には到達することができない。なぜ特定の人が何年もあるいは何十年にもわたり、自らを痛めつづけるような厳しい訓練に毎日身をさらし、ついには世界のトップクラスに達することができるのか、一般論としては、そのことを十分説明することができない。もはや科学者から助言を求めることはできないところまで、この問題を検討してきた。

ここからは、検討してこなかった唯一の場所、自分の心の内側を見つめはじめる必要がある。高業績を上げるCEOやウォール街のトレーダー、ジャズピアニスト、訴訟弁護士や他のスターパフォーマーなどになるために必要となる膨大な努力をさせるものはいったい何だろうか。何がそうさせるのだろうか。そのこだわりの強さの答えは、あなたが次の二つの基本的な問いに、どう答えるかにかかっている。

あなたが本当に欲しいと思っているものは何か。

あなたが本当に信じているものは何か。

本当に、深く求めているものを知ることは、欠くことのできない要素だ。「偉大な業績」を上げる人間になるには、これまでにしたことのないような投資をしなければならないからだ。この先何年もの間、目標に向けて自分の人生を完全につぎ込まなくてはならない。とてつもない力でその目標をつかみ取ろうとする者だけが成功するのだ。私たちはどの分野でもトップに上り詰める人は、普通は犠牲を払わなければならないことはわかっている。たとえ結婚やその他の人間関係がこのプロセスを耐え抜いたとしても、自分の専門分野以外での興味を通常維持することはできない。

ハワード・ガードナーは、7人の「偉大な業績」を上げた達人の研究をしたあと、次のように語っている。

「継続して努力をしつづける結果、偉業を上げたクリエーターたちは個人的な人間関係をたいていの場合犠牲にしている」

このような人々は取りつかれたように自分の課題に取り組み、社会活動や趣味にはほとんど興味を示さない。こうしたことは、称嘆すべき自己犠牲や目標の設定のように聞こえるかもしれないが、しばしばもっと深い問題をはらんでおり、ときには醜い問題にもなりうるものだ。ガードナーはまた、次のようにも語っている。

「自信は利己主義や自己中心性やナルシシズムと結びついている。こうした創造的分野で活躍する人は、ひどく自己陶酔に浸っているようにみえる。自分のプロジェクトにどっぷりとつかり、他人を犠牲にしてでも自分のプロジェクトを推し進めようとする」

周囲の人の怒りと裏切りを買う卓越した偉業者の話は、けっして珍しくはない。目標の追求にあたって受け入れなくてはならないものは何だろう。最終的に成功を手にするまで、つらく終わることのない課題に取り組み、人間関係や他の興味を一切放棄してまで自分を専心させるものはいったい何だろうか。望むものが何であれ、多くの場合、達人がどれほどそれを強く望んでいるかということなのだ。

2番目の問いは、より意味深いものだ。

あなたが信じているものは何なのかというものだ。

この問題に関して、自分に選択権があると信じているのだろうか。適切に考案された鍛錬を集中して毎日数時間何年もの間実行すれば、あなたの能力は劇的に向上し、ついには頂点に至ると心の底から信じているのだろうか。もし信じているなら、努力によって少なくとも偉業が達成される可能性は残されているといえる。

しかし、もし必要だと信じている生まれつきの能力や一般的能力の水準を欠くため、あなたの能力は永遠に制約されると考えているなら、そうした鍛錬はけっしてやり通すことはできないだろう。

それゆえ、能力について私たちのもつ信念は、悲劇的なまでの制約条件となる。「偉大な業績」を上げた人はみなその過程で大変な困難に遭遇している。そのことに例外はない。もし正しい訓練を行えば問題は克服できると信じているなら、少なくともこれまでにないほど素晴らしい能力を手に入れることができるだろう。しかし偉業を生み出す過程で出合う障害を、「偉大な業績」に必要な才能が自分には欠けている証拠だと考えたとたん、信念という観点からの論理的帰結として鍛錬を続けることをきっぱりとあきらめてしまうものだ。

心から「偉大な業績」の源と信じていることが、今後どの程度自分の能力が伸びうるかそのベースを決定してしまう。

確信を簡単に与えてくれるものなどない。トップレベルの能力を手に入れる代償はとてつもなく大きく、そのためこうした代償を支払う準備のある人が多くないのも当然だ。しかし同時に、少数ではあるものの、偉業を成し遂げた人たちのやり方を見習うことで、誰にとっても能力向上のチャンスがあることも事実だ。

「偉大な業績」は、必ずしも神によって事前に定められた人だけのものではない。
「偉大な業績」はあなたにもそして誰にでも手に入れることができるのだ。

謝辞

フォーチュン誌の同僚であるジェリー・ユージームが私のオフィスに入ってきて、ビジネスにおける偉大なパフォーマンスに関する特集号に何か書きたいかと尋ねてこなかったら、この本は書かれなかっただろう。私はその質問をされるのをずっと待っていたのだ。私はこのトピックについて、自分が思っていた以上に強い見解をもっており、好奇心も旺盛だった。

でき上がった記事は、私がこれまで書いたどの記事よりも強烈な反響を呼んだ。たしかに多くのEメールが届いたが、それ以上に、読者の心に深く届いたようだ。ビジネス誌の記事にはあまりない反応である。私は、もっと言うべきことがあるのではないかと思っていた。

ありがとう、ジェリー。そして、ハンク・ギルマン、エリック・プーリー、そしてこの記事の出版を手伝ってくれたフォーチュン誌の他の編集者たちにも感謝する。

本書で何度かお会いしたフロリダ州立大学のコンラディ・エミネント・スカラー、アンダース・エリクソン教授は、時間と考えを非常に惜しみなく提供してくださった。おわかりいただけると思うが、過去40年にわたる彼の研究は、彼自身の、あるいは同僚たちとの共同作業によって、本書で紹介する多くのアイデアの基礎を形成したのである。彼がいなければ本書は書けなかったのだから。

ペンギン・グループUSAのエイドリアン・ザックハイムと彼のチームは、あらゆる場面で励まし、サポートしてくれた。

ウィリアムズ&コノリーのボブ・バーネットとディニーン・ハウエルは、いつものように私の代理人としての仕事を見事にこなしてくれた。

そして何よりも、この時期には想像以上に大変な仕事だとわかっていたはずのこのプロジェクトに、理解とサポートをしてくれた家族に感謝しなければならない。

訳者あとがき――『新版　究極の鍛錬』に寄せて

人生は一度しかない。本当に手に入れたいと思い、あこがれているものを才能がないと簡単にあきらめてしまう人生でいいのだろうか。

著者ジョフ・コルヴァンは生まれつきの才能の役割に関する世の中の思い込みに対して、鋭い問題提起をし、再評価を与えている。

情報化と国際化が進む中、今日ほど個人の能力の高さが求められる時代はない。心理学の最先端の分野の一つである「達人研究（expert study）」の成果を手がかりに、著者は「究極の鍛錬（原文：deliberate practice）」というハイパフォーマンスを上げる人々の鍛錬方法に共通する要素を明らかにしている。ともすれば敬遠されがちな心理学分野の学術論文を丹念に読み込み、ジャーナリストならではの手慣れた文章で、こうした要素をわかりやすく私たちに共有している。

「究極の鍛錬」には次のような共通要素がある。

①指導者が設計した体系立った鍛錬メニュー。
②能力向上に伴う課題の高度化。
③自分の弱点にフォーカスした反復練習。
④訓練直後に受けるフィードバックに基づく訓練の深化。
⑤精神的につらい。
⑥けっしておもしろくはない訓練内容。

しかし「究極の鍛錬」が有効に機能するには、十年ルールといわれるような一定以上の累積鍛錬量が必要であり、人より早く始めることは有利となる一方、卓越した水準を生涯にわたり維持するには継続が欠かせないとも説いている。幼児教育、生涯教育の両面からも多くの重要な提言が記載されている。

訳者は、この本に出合って以来、自らが熟達したいと考えている分野について、確信をもって鍛錬を続けることが可能になった。その一つが学術レベルでも通用する英語の習得だった。この書籍のメッセージに大いに勇気づけられた私は、留学から戻って以降さびついてしまった英語力を、50歳を過ぎてから「究極の鍛錬」の手法に従って学ぶことで、以前よりはるかに高い水準にすることができた。その結果、この英語力も加点要因となり、私は早稲田大学のビジネススクールで教える常勤教員になることができた。

しかし、けっして楽しいとはいえないこうした「究極の鍛錬」を長きにわたって実行するためにはいったい何が必要なのか。この本質的な問いに対する、「私たちが自らの能力をどれだけ信じるかにある」とする著者の結論は明確であるが厳しい。

『生まれつきの才能は過大視されている（Talent Is Overrated）』という本書の英文原書のタイトルは、格差社会が課題視される今日の日本において重要なメッセージを提供している。自らの能力を信じ、「究極の鍛錬」を活用することで、生まれつきの才能を理由にこれまであきらめていた自らの夢に向かって生きていくことの大切さと難しさをじっくり考えさせてくれる良書である。

今回著者が新版を出そうとするその意図は、多くの賛同者がいる一方で、客観的で科学的な著者の主張をどうしても受け入れられない天賦の才能にこだわりすぎている人々に対する説得の挑戦であり、その試みは高く評価したい。

人生にはコントロールできる要素とできない要素がある。あなたが目標とする分野において、凡庸なレベルからあなたがめざす熟達レベルにまで達することは、人生におけるコントロールできる要素であることを本書を通じて確信してほしい。人生百年時代といわれる中、本書の説く「究極の鍛錬」をベースにご自身の密(ひそ)かな夢を実現していただきたいと思う。

本書の翻訳にあたっては、企画・編集の段階から編集者の武田伊智朗さんに大変お世話になり、感謝申し上げたい。

参考文献

第 1 章　世界的な業績を上げる人たちの謎

ある種の会計士の能力がなぜしだいに落ちるかについての調査研究。
Jean Bedard, Michelene T. H. Chi, Lynford E. Graham, and James Shanteau, "Expertise in Auditing," Auditing 12（suppl., 1993）, pp. 1-25.

経験が必ずしも卓越した能力につながらないということを示した研究の素晴らしい要約（臨床心理学者、外科医、その他本章で引用された職業に関する研究を含む）。
Colin F. Camerer and Eric J. Johnson, "The Process-Performance Paradox in Expert Judgment : How Can Experts Know So Much and Predict So Badly?" in K. Anders Ericsson and Jacqui Smith, eds., "Toward a General Theory of Expertise : Prospects and Limits"（New York : Cambridge University Press, 1991）, pp. 195-217.

「経験の罠」
The description of "the experience trap" is in Kishore Sengupta, Tarek K. Abdel-Hamid, and Luk N. Van Wassenhove, "The Experience Trap," Harvard Business Review, February 2008, pp. 94-101.

内科医の医学知識テストでの点数が経験とともに下がっていることに関する調査。
N. K. Choudhry, R. H. Fletcher, and S. B. Soumerai, "Systematic Review : The Relationship Between Clinical Experience and Quality of Health Care," Annals of Internal Medicine 142（2005）, pp. 260-73.

心臓の鼓動やＸ線を使った内科医の診断能力が低下する問題。
K. A. Ericsson, "Deliberate Practice and the Acquisition of Expert Performance in Medicine and Related Domains," Academic Medicine 10（2004）, S70-S81.

過去２世紀の技術能力水準が高まってきたことを示す研究。
Roy W. Roring and K. A. Ericsson（in preparation）, "The Measurement of the Highest Levels of Productive Thought : An Application to World Championship Performance in Chess."

コペンハーゲン大学のニエル・H・セシャ博士の研究。
Gina Kolata, "Bigger Is Better, Except When It's Not," The New York Times, September 27, 2007, P.G1.

マイクロソフト、P&Gなどの企業がどのように企業価値をつくってきたのかのデータに関しては、EVAディメンションのラッセル3000指数に載っている企業データから計算。

エクソンモービルの現金に関する資料は同社の2006年度財務諸表に基づく。CEOレックス・ティラーソンの引用は2007年3月1日に行われた単独インタビューより抜粋。

ジョシュ・ビリングスに関する引用はマーク・トウェイン、アーテマス・ウォードなどのアメリカ作家からのものである。私はビリングスが一番よいと思ったが、もっと確たる意見があれば喜んでうかがいたい。

第2章　才能は過大評価されている

イギリスにおける学生の音楽の業績に関する研究。
John A. Sloboda, Jane W. Davidson, Michael J. A. Howe, and Derek G. Moore, "The Role of Practice in the Development of Performing Musicians," British Journal of Psychology 87（1996）, pp. 287-309.

フランシス・ゴルトンの重要性は、彼の主要作品が今でも出版されているという事実から明らかだ。本章で引用したものは次の出典による。
Francis Galton, "Hereditary Genius : An Inquiry into Its Laws and Consequences"（Amherst, N.Y.: Prometheus Books, 1869/2006）.

本章で簡単にふれた傑出したピアニストたちの研究は、のちにより詳しく検討するがこの分野における画期的な研究で、下記の著作に基づいている。
Benjamin S. Bloom, ed., "Developing Talent in Young People"（New York : Ballantine Books, 1985）.

モーツァルトの能力開発に関する研究は主にテンプル大学のロバート・W・ワイズバーグ教授の業績に基づいており、とくに下記の二つの文献が有意義である。
Robert W. Weisberg, "Creativity and Knowledge: A Challenge to Theories," in Robert J. Sternberg, ed.,Handbook of Creativity（New York : Cambridge University Press, 1999）, and Robert W. Weisberg, Creativity : Beyond the Myth of Genius（New York : W. H. Freeman & Co., 1993）.

音楽家の卓越した技能を比較する早熟指標は下記の文献に基づく。
A. C. Lehmann and K. A. Ericsson, "The Historical Development of Domains of Expertise: Performance Standards and Innovations in Music," in A. Steptoe, ed., Genius and the Mind（Oxford : Oxford University Press, 1998）, pp. 67-94.

ニール・ザスラウのとてもおもしろくかつ博識あふれる論文。
Neal Zaslaw, "Mozart as a Working Stiff," in James M. Morris, ed., On Mozart（New York:Cambridge University Press, 1994）.

アレックス・ロスの引用。
Alex Ross, “The Storm of Style,” The New Yorker, July 24, 2006.

アール・ウッズが息子のタイガーをどのように育てたのかについての説明。
Pete McDaniel, Training a Tiger : A Father's Guide to Raising a Winner in Both Golf and Life（New York: HarperCollins, 1997）.

さらにタイガー・ウッズの能力開発に関する有益な情報を提供する資料。
Lawrence J. Londino, Tiger Woods : A Biography（Westport, Conn.: Greenwood Press, 2006）.

ジャック・ウェルチについての話は長年私が彼について直接知っていることに加え、下記の著書によった。
Jack Welch with John A. Byrne, Jack : Straight from the Gut（New York : Warner Business Books, 2001）.

ビル・ゲイツとジョン・ロックフェラーとデイヴィッド・オギルヴィに関しての大部分は下記文献による。
Bill Gates, The Road Ahead（New York : Viking Penguin, 1995）; Ron Chernow, Titan : The Life of John D. Rockefeller, Sr.（New York : Random House, 1998）; and David Ogilvy, Confessions of an Advertising Man（New York : Atheneum, 1963）.

ウォーレン・バフェットの話はフォーチュン誌の偉大な記者キャロル・ルーミスによる多くの記事だけではなく、私自身による多くの公式および非公式の面談に基づく。ルーミスの下記の記事はとくに洞察に富むものだ。
Carol J. Loomis, “The Inside Story of Warren Buffett,” Fortune, April 11, 1988.

第 3 章　頭はよくなければならないのか

学部生 SF を含む研究を初めて記載した学術論文。
K. A. Ericsson, W. G. Chase, and S. Faloon, “Acquisition of Memory Skill,” Science 208（1980）, 1181-82.
この研究は多くの論文で詳しく引用されている。加えてエリクソン教授とこの実験結果について直接面談し、1978 年 7 月 11 日に行われた調査時のオーディオテープを同教授から提供いただいた。それに基づいて本章では記述している。

ジェームズ・R・フリン教授は知能に関するとても思慮深い研究者である。
James R. Flynn, What Is Intelligence?（New York : Cambridge University Press, 2007）.

セールスパーソンに関する研究。
Andrew J. Vinchur, Jeffrey S. Schippmann, Fred S. Switzer III, and Philip L. Roth, “A

Meta-analytic Review of Predictors of Job Performance for Salespeople," Journal of Applied Psychology, 83, no. 4（1998）, pp. 586-97.

競馬予想家に関する研究。
Stephen J. Ceci, and Jeffrey K. Liker, "A Day at the Races: A Study of IQ, Expertise, and Cognitive Complexity," Journal of Experimental Psychology : General 115, no. 3（1986）, pp. 255-66.

インターナショナルマスターレベルのチェス競技者の中には、平均知能指数以下しかもたない者がいるという研究結果は驚くと同時に興味深い発見の一つだ。
J. Doll and U. Mayr, "Intelligence and Achievement in Chess-A Study of Chess Masters," Psychologische Beiträge 29（1987）, pp. 270-89.

チェス競技者に関する調査で彼らがどのようにチェス盤の駒の位置を覚えているかに関しては、「偉大な業績」の研究においてきわめて重要だ。なぜならば、見た目にはとてつもない記憶力をもっていると思われるチェスの達人たちの能力は、実は開発されたものであり、チェスだけにしか機能しないもので、生まれつきなものでも一般的なものでもないことを明らかにしたからだ。こうした研究の基礎は３人の研究者によってもたらされた。一人はオランダの研究者Ａ・Ｄ・グルート。1946年に書かれた博士論文であり、1965年に英文に翻訳された。他の２人はウィリアム・チェースとハーバート・サイモンで彼らの研究によって、チェスの達人は実戦での駒の位置は多く覚えられても任意に並べられた駒の位置については素人と変わらぬ記憶力しか示さないことを明らかにした。
A. D. de Groot, Thought and Choice in Chess(The Hague: Mouton, 1946/1965); W. G. Chase and H. A. Simon, "Perception in Chess," Cognitive Psychology 4 (1973), pp. 55-81; and W. G. Chase and H. A. Simon, "The Mind' s Eye in Chess," in W. G. Chase, ed., Visual Information Processing（New York : Academic Press, 1973）, pp. 215-81.

ロバート・ルービンの話は2007年３月23日に行われた彼との単独インタビューと彼自身の下記の著作による。
Robert Rubin and Jacob Weisberg, In an Uncertain World（New York : Random House, 2003）.

第４章　世界的な偉業を生み出す要因とは?

ジェリー・ライスに関する基本的な事実は、公表されているものがとても幅広く存在しているが、彼の記録に関する具体的なものはNFLの公式サイト（www.nfl.com）による。

西ベルリンの音楽学校のバイオリニストに関する研究は、とても影響力のある論文である。究極の鍛錬の枠組みの基礎になっているもので、次の文献に基づいている。
K. Anders Ericsson, Ralf Th. Krampe, and Clemens Tesch-Römer, "The Role of Deliberate Practice in the Acquisition of Expert Performance," Psychological Review 100, no. 3（1993）, pp. 363-406.

第 5 章　何が究極の鍛錬で何がそうではないのか

究極の鍛錬の具体的要素については、下記で引用した基礎となる論文による。しかし、こうした究極の鍛錬の諸要素の詳細については、十分に討議されていない。こうした要素はのちに発表された多くの論文でより深く検討されている。そのよい例として次の文献がある。
K. Anders Ericsson, "The Acquisition of Expert Performance: An Introduction to Some of the Issues," in K. Anders Ericsson, ed., The Road to Excellence : The Acquisition of Expert Performance in the Arts and Sciences, Sports, and Games（Mahwah, N.J.: Lawrence Erlbaum Associates, 1996）.

モー・ノーマンの説明は下記の第 1 章による。
Janet L. Starkes, Janice M. Deakin, Fran Allard, Nicola J. Hodges, and April Hayes, "Deliberate Practice in Sports : What Is It Anyway ?"

クリス・ロックがマディソンスクエアでの新年ライブに向けどのように準備したかについて、究極の鍛錬の要素を詳しく説明している新聞記事。
David Carr, "Hard at Work on New Year's Eve," The New York Times, December 28, 2007.

ポルガー三姉妹の説明についての記事。
Carlin Flora, "The Grandmaster Experiment," Psychology Today, July/August 2005 ; and Serena Allott, "Queen Takes All," The Telegraph, January 16, 2002.

"Girl stuns chess world". The Spokesman-Review. Spokane, Wash. Associated Press. 1988-11-02. p. A1.

Allott, Serena (2002-01-16). "Queen takes all". London: Telegraph Media Group Limited. Retrieved 2010-04-25.

Kasparov, Garry (2007). How Life Imitates Chess: Making the Right Moves, from the Board to the Boardroom. Bloomsbury Publishing PLC USA. ISBN 9781596913875.

プロの歌手が素人とは異なる練習方法をとることについての文献。
C. Grape, M. Sandgren, L. O. Hansson, M. Ericson, and T. Theorell, "Does Singing

Promote Wellbeing? An Empirical Study of Professional and Amateur Singers During a Singing Lesson," Integrative Physiological and Behavioral Science 38（2003）, pp. 65-74.

生まれつきか育成かという能力開発における厳格な相対立する議論を、とくに熱っぽく記述した資料。
David S. Moore, "The Dependent Gene : The Fallacy of 'Nature vs. Nurture' "（New York : Owl Books, 2001）.

過去30年間の達人の能力研究がなされるまで、心理学者の間での支配的な見方はもっとも高いレベルの能力というものは、ほとんど物事が自動化してできるようになるというものだった。このことに関する標準的な記述として次の文献がある。
P. Fitts and M. I. Posner, "Human Performance"（Belmont, Calif.: Brooks/Cole, 1967）.

達人たちが高いレベルを維持している理由の一部は、自動化を避けることによるという見解は下記の文献に基づく。
K. Anders Ericsson, "The Influence of Experience and Deliberate Practice on the Development of Superior Expert Performance," in K. Anders Ericsson, Neil Charness, Paul J. Feltovich, and Robert R. Hoffman, eds., The Cambridge Handbook of Expertise and Expert Performance（New York : Cambridge University Press, 2006）.

第６章　究極の鍛錬はどのように作用するのか

テニス選手が、相手のサーブの行方を相手の体の動きを通じて察するということの文献。
C. M. Jones and T. R. Miles, "Use of Advance Cues in Predicting the Flight of a Lawn Tennis Ball," Journal of Human Movement Studies 4（1978）, pp. 231-35.

同様の発見が他のいくつかのスポーツにおいてもなされている。最近のこうした話題を論じた一般的な議論として、次の文献がある。
A. Mark Williams, Paul Ward, and Nicholas J. Smeeton, "Perceptual and Cognitive Expertise in Sport : Implications for Skill Acquisition and Performance Enhancement," in A. Mark Williams and Nicola J. Hodges, eds., "Skill Acquisition in Sport : Research, Theory, and Practice"（Abingdon, U.K.: Routledge, 2004）.

一流のタイピストがテキストの先を読むという研究成果。
T. A. Salthouse, "Effects of Age and Skill in Typing," Journal of Experimental Psychology : General 113（1984）, pp. 345-71.

本章の後半で言及するパイロットの研究のみならず、危険な状況に運転手がどのように対応するかについて。
Francis T. Durso and Andrew R. Dattel, "Expertise and Transportation," in K. Anders Ericsson, Neil Charness, Paul J. Feltovich, and Robert R. Hoffman, eds., "The Cambridge Handbook of Expertise and Expert Performance"（New York : Cambridge University Press, 2006）.

一流の大道芸人たちが、ボールの軌道上の頂点だけを見ているということを発見した調査。
P. J. Beek, Juggling Dynamics（Amsterdam : Free University Press, 1989）.

本章の後半で引用した心理学者やカウンセラー、放射線医がどのように問題を識別したり克服したりするかについての文献。
Cambridge Handbook: Michelene T. H. Chi, "Laboratory Methods for Assessing Experts' and Novices' Knowledge."

本章で取り上げている人工知能コンピュータ全般についての文献。
Bruce G. Buchanan, Randall Davis, and Edward A. Feigenbaum, "Expert Systems: A Perspective from Computer Science."

この章のジェフリー・イメルトの発言に関する文献。
Thomas A. Stewart, Growth as a Process : The HBR Interview, "Harvard Business Review", June 2006.

長期ワーキング記憶の論理的フレームワークを提示している論文。
K. Anders Ericsson and Walter Kintsch, "Long-Term Working Memory," Psychological Review 102, no. 2（1995）, pp. 211-45.

野球の様子を記述したものを読みカギとなる出来事をどのように記憶するか調査した研究。
H. L. Chiesi, G. J. Spilich, and J. F. Voss, "Acquisition of Domain-Related Information in Relation to High and Low Domain Knowledge," Journal of Verbal learning and Verbal Behavior 18（1979）, pp. 257-74.

長年、究極の鍛錬に対応することで、体がどのように変化を示すのかに関する実証の概略およびこうした事実を支持するエリクソンが編集した論文。
experience and deliberate practice in the Cambridge Handbook.

脳の変化の要約。
Cambridge Handbook : Nicole M. Hill and Walter Schneider, "Brain Changes in the Development of Expertise : Neuroanatomical and Neurophysiological Evidence about Skill-Based Adaptations."

第 7 章　究極の鍛錬を日常に応用する

ベンジャミン・フランクリンの自伝は、とうの昔に著作権保護の期間を過ぎ、オンラインで簡単に手に入る。

仕事の一環として、究極の鍛錬を行うための指針のベースとなる自己規制に関する調査。
Cambridge Handbook: Barry J. Zimmerman, "Development and Adaptation of Expertise : The Role of Self-Regulatory Processes and Beliefs."

ハーバードビジネススクールのマイケル・ポーター教授と彼自身が図書館で行った特定の企業調査に関して、どのように 20 時間で勉強するかについての記述は私とポーター教授との忘れがたい面談に基づいている。30 年前の記述による。

ベテランと新前の消防士が火災をどのように認識するかに関する研究。
G. A. Klein, "Sources of Power : How People Make Decisions"（Cambridge, Mass.: MIT Press, 1998）.

第 8 章　究極の鍛錬をビジネスに応用する

次の人物に言及し引用した内容は、各人との単独インタビューによる。
Jeffrey Immelt, Kenneth Chenault, Noel Tichy, Colonel Thomas Kolditz, David Nadler, John McConnell, Ram Charan, Colonel Stas Preczewski

この章の多くの部分はヒューイット・アソシエイツが行った 2007 Top Companies for Leaders project による。
この調査では世界の 500 社が参加し、ヒューイットはそれぞれの企業から徹底的に情報を入手し、経営陣と面談を行い、財務分析を実施。その結果入手した膨大なデータの中には面談記録も含み、フォーチュン誌代表者に提供された。
フォーチュン誌はこの提供を受け、2007 年 10 月 1 日号において私の記事に加え、この調査の長い要約を発表。

チームに関する記載やなぜチームがうまくいかないかに関しては、私がフォーチュン誌に書いた次の記事に基づいている。
"Why Dream Teams Fail" in the edition of June 12, 2006.

第 9 章　革命的なアイデアを生み出す

この章の実証の多くは第 2 章でも引用したロバート・ワイズバーグ教授の次のペーパーに基づいている。
"Creativity and Knowledge: A Challenge to Theories,"

教育と創造的卓越性の逆U字形を示しているということを明らかにした調査。
D. K. Simonton, "Genius, Creativity, and Leadership" (New York : Cambridge University Press, 1984) .

異なるかさをもつ水入れを用いた有名なルーチンスの研究は次の文献に基づいている。
A. S. Luchins and E. H. Luchins, "Rigidity of Behavior" (Eugene, Ore.: University of Oregon Press, 1959) .

ジョン・ヘイズ教授による作曲家、画家、詩人の研究は次の文献に基づいている。
J. R. Hayes, "Cognitive Processes in Creativity," in J. A. Glover, R. R. Ronning, and C. R. Reynolds, eds., Handbook of Creativity (New York : Plenum, 1989) .

ハワード・ガードナー教授の7名の著名な創作家の素晴らしい研究は次の文献に基づいている。
Howard Gardner, Creating Minds (New York : Basic Books, 1993) .

ワイズバーグ教授のワトソンとクリックがどのようにDNAの構造を明らかにしたかの詳細な記述とワットの蒸気機関とホイットニーの綿繰り機の業績について。
Creativity : Beyond the Myth of Genius,
ここでさらにワイズバーグ教授はコールリッジの起源についてありうる説明を試みている。

FLYペントップコンピュータと関連する商品についての開発について書かれたニューヨークタイムズ紙の記事。
Janet Rae-Dupree, "Eureka! It Really Takes Years of Hard Work," The New York Times, February 3, 2008.

ビッグC、リトルC、ミニCの創造性についてのコメント。
Ronald A. Beghetto and James C. Kaufman, "The Genesis of Creative Greatness: Mini-c and the Expert Performance Approach," in High Ability Studies 18, no. 1 (2007) , pp. 59-61.

マッキンゼーのイノベーションに関する研究。
Joanna Barsh, Marla M. Capozzi, and Jonathan Davidson, "Leadership and Innovation," The McKinsey Quarterly, no. 1 (2008) , pp. 37-47.

レイモンド・S・ニッカーソンの引用。
Raymond S. Nickerson, "Enhancing Creativity," in Robert J. Sternberg, ed., Handbook of Creativity (New York : Cambridge University Press, 1999) .

デイビッド・N・パーキンズの引用。
David N. Perkins, "The Nature and Nurture of Creativity," in B. F. Jones and L. Idol,

eds., Dimensions of Thinking and Cognitive Instruction（Hillsdale, N.J.: Erlbaum, 1990）.

第 10 章　年齢と究極の鍛錬

ノーベル賞受賞者と他のイノベーターたちがなぜ年をとってきたのかということに関する論文。
Benjamin F. Jones, "Age and Great Invention," NBER Working Paper no. 11359（2005）.

キース・サイモントンの支援環境に関するコメント。
"Historiometric Methods."

ベンジャミン・ブルームの若者の創造的発展に関する重要な研究は第 2 章の注釈を参照。

よく練られていてかつ刺激のある家庭環境の重要性を示した研究。
M. Csikszentmihalyi, K. Rathunde, and S. Whalen, Talented Teenagers : The Roots of Success and Failure（New York : Cambridge University Press, 1993）.

高齢に関する多くの調査の中には、老化に伴いピアノの演奏家は一般的な能力では能力の低下を示すもののピアノに関する能力が落ちないという点について。
the Cambridge Handbook : Ralf Th. Krampe and Neil Charness, "Aging and Expertise."

フリオ・フランコの履歴書についての説明。
Ben Shpigel, "Breakfast at Julio's," The New York Times, March 1, 2006, p. D1.

高齢のスポーツ選手全般に関する素晴らしい新聞記事。
Martin Miller, "Raising the Bar at 40," Los Angeles Times, September 29, 2003.

第 11 章　情熱はどこからやってくるのか

できないジャンプにより時間をかけるエリートスケート選手を発見した研究。
Janice M. Deakin and Stephen Cobley, "A Search for Deliberate Practice : An Examination of the Practice Environments in Figure Skating and Volleyball," in Janet L. Starkes and K. Anders Ericsson, eds., Expert Performance in Sports: Advances in Research on Sports Expertise（Champaign, Ill.: Human Kinetics, 2003）.

チクセントミハイが内的動機の源泉の可能性があるとして指摘するものは、究極の鍛

錬の特性とマッチしているように思える。このことについては評価の高い彼の次の著作による。
M. Csikszentmihalyi, Flow : The Psychology of Optimal Experience（New York : Harper & Row, 1990）.

テレサ・アマバイルの創造性と動機についての大変広範な業績の全体像ならびに個別の研究と掲載された記事について。
Mary Ann Collins and Teresa M. Amabile, “Motivation and Creativity,” in Robert J. Sternberg, ed., Handbook of Creativity（New York : Cambridge University Press, 1999）.

多くの素晴らしい例を含むエレン・ウィナーの議論についての要約。
Ellen Winner, “The Rage to Master: The Decisive Role of Talent in the Visual Arts,” in K. Anders Ericsson, ed., The Road to Excellence : The Acquisition of Expert Performance in the Arts and Sciences, Sports and Games（Mahwah, N.J.: Lawrence Erlbaum Associates, 1996）.

若き天才チェス競技者たちの悲しい運命についてのジョシュ・ウェイツキンの引用に関してはサイコロジートゥデイ誌の記事による。

ジェフリー・イメルトならびにスティーブン・バルマーが22歳のころ隣り合わせになっていた話はイメルトとの単独インタビューによる。

乗数効果についての記述。
Stephen J. Ceci, Susan M. Barnett, and Tomoe Kanaya, “Developing Childhood Proclivities into Adult Competencies: The Overlooked Multiplier Effect,” in Robert J. Sternberg and Elena L. Grigorenko, eds., The Psychology of Abilities, Competencies, and Expertise（New York : Cambridge University Press, 2003）.

この分野を開拓した研究者としてのエリクソンに関する引用については彼への単独インタビューによる。

Talent Is Overrated by Geoff Colvin

This edition published by arrangement with Portfolio, an imprint of Penguin Publishing Group, a division of Penguin Random House LLC through Tuttle-Mori Agency, Inc., Tokyo

【著者】

ジョフ・コルヴァン（Geoff Colvin）

フォーチュン誌上級編集長。アメリカでもっとも尊敬を集めるジャーナリストの一人として広く講演・評論活動を行っており、経済会議「フォーチュン・グローバル・フォーラム」のレギュラー司会者も務める。1週間に700万人もの聴取者を集めるアメリカCBSラジオにゲストコメンテーターとして毎日出演。ビジネス番組としては全米最大の視聴者数を誇るPBS（アメリカ公共放送）の人気番組「ウォール・ストリート・ウィーク」でアンカーを3年間務めた。ハーバード大学卒業（最優秀学生）。ニューヨーク大学スターン・スクール・オブ・ビジネスでMBA取得。アメリカ、コネチカット州フェアフィールド在住。本書はビジネスウィーク誌のベストセラーに選ばれている。

【訳】

米田 隆（よねだ・たかし）

早稲田大学国際ファミリービジネス総合研究所招聘研究員、公益社団法人日本証券アナリスト協会プライベート・バンキング（PB）教育委員会委員長、株式会社青山ファミリーオフィスサービス取締役。

早稲田大学法学部卒業。日本興業銀行の行費留学生として、米国フレッチャー法律外交大学院修了、国際金融法務で修士号取得。金融全般、特にプライベート・バンキング、ファミリービジネス及びファミリーオフィスの運営、ファミリーガバナンスの構築、新規事業創造、個人のファイナンシャルプランニングと金融機関のプライベート・バンキング戦略などを専門とする。

著書に『世界のプライベート・バンキング［入門］』（ファーストプレス）、訳書に『50歳までに「生き生きした老い」を準備する』（ファーストプレス）、『ファミリービジネス 賢明なる成長への条件』（共訳、中央経済社）などがある。

新版　究極の鍛錬

2024年3月 1 日　初版印刷
2024年3月10日　初版発行

著　者　ジョフ・コルヴァン
訳　者　米田 隆
発行人　黒川精一
発行所　株式会社サンマーク出版
〒169－0074 東京都新宿区北新宿2－21－1
電　話　03(5348)7800
印　刷　共同印刷株式会社
製　本　株式会社若林製本工場

定価はカバー、帯に表示してあります。
落丁、乱丁本はお取り替えいたします。
ISBN978-4-7631-4124-8 C0030
ホームページ　https://www.sunmark.co.jp